Inhalt

Vorwort – unbedingt lesen

„Wie das 20. Jahrhundert das der Atomforschung und der Molekularbiologie war, so wird das 21. das Jahrhundert der Hirnforschung sein."[1]

Lernen – angeblich die Fähigkeit, die im Besonderen die Gattung Mensch besitzt und die den *homo* erst so richtig *sapiens* macht – passiert im zarten Baby- und Kleinkindalter zunächst völlig unabsichtlich. Sogar im Mutterleib findet bereits eine Entwicklung geistiger Funktionen statt, z. B. wenn das Kind Höreindrücke registriert (die Herztöne der Mutter, Stimmen, Musik von außen), wenn es Bewegungen wahrnimmt.

Lernen macht Freude, meistens auch dann noch, wenn im Kindergarten- und Grundschulalter immer mehr die bewusste Lernabsicht auf den Plan tritt. Das Lernen mit Spaß und Freude ändert sich jedoch leider oft grundlegend: Mit zunehmender Schuldauer macht sich immer mehr der Frust bemerkbar. Dies ist umso bedauerlicher, als gerade positive Gefühle (unter anderem aus Gründen, die in der Tiefe des Gehirns liegen) für das Lernen wichtig sind.

Wir sollten uns überhaupt mehr auf die biologischen Vorgänge besinnen, wenn wir lehren und lernen: Nicht **gegen** das, sondern **mit** dem Gehirn lernen!

Biologische Erklärungen für neue Lehr- und Lernmethoden heranzuziehen ist durchaus en vogue: Es gibt einen Boom an angeblich „biologisch begründeten" Methoden, die aber nicht selten in den Bereich der Scharlatanerie gehören. Gerade in Lehrer- und Elternkreisen scheinen „Wundermittel und -methoden" besonders anzukommen. Soll man diesen (marktorientierten) Unfug einfach ignorieren?

Manche WissenschafterInnen meinten, es sei zu dumm, sich mit derlei Unsinn zu befassen.[2] Doch: Angesichts des großen Zulaufs zur „Esoterik der Schule" ist es dringend notwendig, die fundierte Erforschung der gehirnbiologischen Grundlagen geistiger Prozesse voranzutreiben.

Als einer der Ersten trat Frederic Vester für die Beachtung biologischer Gegebenheiten beim Lehren und Lernen ein.[3] Gerhard Preiss wurde in diesem Zusammenhang mit seinem interdisziplinären Ansatz (Hirnforschung und Pädagogik), für den er den Begriff „Neurodidaktik" eingeführt hat, wichtig.[4]

Mittlerweile haben sich auch andere WissenschafterInnen des Themas angenommen und durch Bestseller für Breitenwirkung gesorgt.[5] Angesichts der Ergebnisse der PISA-Studie erwartet man sich auch in der öffentlichen Diskussion Hilfen aus der Neurobiologie.[6] Renommierte Zeitschriften widmen der Materie ganze Serien![7]

Manche der gehirnbiologisch orientierten Lernmethoden basieren auf Erkenntnissen der Gehirnhälften-Forschung. Allerdings werden diese Erkenntnisse zum Teil völlig falsch wiedergegeben oder zumindest mit unzulässigen Interpretationen versehen. Dass unkonventionelle Lehr- und Lernstrategien so sehr in Mode gekommen sind, liegt unter anderem an den Problemen der konventionellen schulischen Lehrtradition. Neue Ansätze könnten hier sehr viele positive Aspekte beisteuern und Einstellungsänderungen herbeiführen; manche Erklärungen sind jedoch gar zu einfach und wissenschaftlich unhaltbar.

„Man sollte alles so einfach wie möglich machen, aber nicht einfacher!" Gemäß diesem Motto Albert Einsteins wurde das vorliegende Buch verfasst. Es trägt zwar wissenschaftlich korrekte Informationen zusammen, ist jedoch nicht für ForscherInnen geschrieben. Es richtet sich an Studierende, Lernende, Lehrende und alle „AlltagsanwenderInnen", die etwas mehr über die „Faszination Gehirn" wissen wollen.

Natürlich müssen wichtige Aspekte der Forschung unberücksichtigt bleiben. Und natürlich können die Konsequenzen für die Praxis oft nur angedeutet werden – das ist schon eine Frage des Buchumfangs.

Jedes Kapitel beginnt mit einer Übersicht („Worum geht es?") und beinhaltet eine Zusammenfassung des Merkstoffs, der Kerninformationen („Zum Kern der Sache!") mit allenfalls möglichen Tipps, Ratschlägen und Konsequenzen für die Lehr- und Lernpraxis. Dadurch sollen alle Lehrenden und Lernenden eine Hilfe bekommen, um Lernvorgänge besser zu verstehen und somit erfolgreicher zu gestalten.

Gerade die Lehrenden sind aufgerufen, sich mit den Ergebnissen der Hirnforschung zu befassen und sich um die Umsetzung wichtiger Erkenntnisse zu bemühen, wenn sie ExpertInnen sein wollen.

Der Abschnitt „Was sonst noch interessant ist" am Ende jedes Kapitels bietet – etwas wissenschaftlicher – Zusatzinformationen und wichtige Forschungsergebnisse, die den Horizont derer, die sich auch hier noch lernfreudig erweisen, sicherlich wesentlich erweitern werden.

Viel Freude und Erfolg beim Lesen und Umsetzen in Ihrem Lehr- und Lernalltag!

Hans Schachl

Elf Gebote für gehirngerechtes Lehren und Lernen

Die Gehirnforschung steckt im Vergleich zu anderen Wissenschaften erst in den Kinderschuhen. Dennoch ist einiges schon so weit gediehen, dass ein Versuch der „Nutzbarmachung“ für die Lehr- und Lernpraxis möglich und erlaubt ist. Obwohl zum oft missbrauchten Schlagwort geworden, soll der Begriff „gehirngerechtes Lernen“ auch hier verwendet werden, weil er am besten ausdrückt, was zu tun ist: Wir können nicht gegen unsere Biologie lernen, sondern müssen sie optimal nützen, indem wir ihr „gerecht“ werden. Auch der Autor wird sich bemühen, diese Forderung in die Tat umzusetzen: Er hat dazu elf Gebote für gutes Lehren und Lernen – eigentlich uralte Schulmeisterweisheiten – zusammengestellt, deren Anwendung im Buch immer wieder sichtbar werden wird.[8] Die Herleitung dieser Gebote und ihre ausführliche biologische Begründung erfolgen an den entsprechenden Stellen im Text. Dennoch seien diese Gebote hier als eine Art Leitprogramm vorangestellt:

Erstes Gebot: ÜBERBLICK vor Einzelinformationen!

Bevor Details gelernt werden, soll stets ein Überblick versucht werden. Dadurch sucht das Hirn nach schon vorhandenen Speicherplätzen, legt neue an und ist damit bestens vorbereitet auf die Wahrnehmung von Einzelinformationen.

Anlegen und Verwenden von Strukturen ist besonders wichtig!

Zweites Gebot: TRANSPARENZ der Lehr- und Lernziele!

Durch die Beantwortung der Frage nach dem Wozu wird dem Lernenden der Sinn des ganzen Lernens vermittelt. Es ist altbekannt: Wenn klar ist, warum ich mich mit einer Sache beschäftigen soll, bin ich lernbereiter und für diese Sache eher „auf Empfang geschaltet“.

Drittes Gebot: INTERESSE wecken!

Neugierde ist die beste Voraussetzung, um Neues aufzunehmen und zu behalten: Interesse schafft positive Gefühle, die eine unverzichtbare Basis für effizientes Lernen darstellen.

Anknüpfen an Bekanntes, Einbeziehung eigener Erfahrungen, aber auch Neues, Faszinierendes wecken Interesse!

Viertes Gebot: WIEDERHOLEN!

„Repetitio est mater studiorum“ (Die Wiederholung ist die Mutter der Studien), das wussten schon die Römer. Diese alte Weisheit wird durch die moderne Hirnforschung eindrucksvoll bestätigt: Wenn Nervenschaltkreise öfter betätigt werden, werden sie stabiler.

Hausaufgaben sind also durchaus sinnvoll, allerdings vorwiegend als Üben des schon Verstandenen.

Wiederholen kann man in verschiedenen Variationen. Auch hier gilt ein Römerwort: „Variatio delectat!“ (Abwechslung schafft Freude!) Stures, mechanisches Auswendiglernen (ohne Verstehen) ist nicht gefragt!

Im Kontext dieses Buches sollen zwei Methoden besonders erwähnt werden: Zusammenfassen des Wesentlichen (des Kerns der Sache) und Vergleichen mit dem Überblick.

Fünftes Gebot: MEHRERE SINNE ansprechen!

Informationen sollen nicht nur über die Wege Auge und Ohr ins Gehirn gelangen, sondern auch über das Begreifen mit dem Tastinstrumentarium. Dadurch werden sie mehrfach vernetzt und damit dauerhafter in den Schaltkreisen gespeichert.

„Begreifen" heißt immer: Selber-Machen. Selbst etwas tun und es anderen erklären – auch dabei findet Lernen oft in sehr effizienter Weise statt.

Sechstes Gebot: Auf die GEFÜHLE achten!

Durch Angst und Stress wird der Weg der Information ins Gedächtnis behindert. Für eine dauerhafte Speicherung sowie für einen erfolgreichen Abruf der Information aus dem Gedächtnis sind positive Gefühle notwendig. Deren Rolle beim Lernen und Denken ist anatomisch und physiologisch eindeutig nachweisbar.

Siebtes Gebot: RÜCKMELDEN!

Lernen ist sinnlos, wenn man keine Kontrolle darüber hat, ob überhaupt das Richtige gelernt wurde. Hirnbiologisch gesehen kann die Bedeutung einer möglichst baldigen Rückmeldung nicht hoch genug bewertet werden: In der Phase, in der der Prozess der Speicherung in den Nervennetzen noch im Gang ist, sind „Reparaturen" leichter möglich als nach erfolgter Fixierung. Umlernen ist somit immer schwieriger als Neulernen.

Dieses Rückmelden kann durch Fremd-, aber auch durch Selbstkontrolle erfolgen. Beim Rückmelden nicht vergessen: Loben! Verstärken, bekräftigen!

Achtes Gebot: PAUSEN einlegen!

Die Hirnchemie braucht Zeit, um in Ruhe – nicht gestört durch neue, möglicherweise ähnliche Informationen – am Stoff arbeiten zu können. Man nennt diesen Vorgang „Konsolidierung" (Festigung).

Es gibt vielerlei Pausen: Sie können schlafen, spielen, Musik hören, Sport betreiben etc. Die Tätigkeiten sollen möglichst „bewegte" sein – und keinen Bezug zur vorherigen Arbeit haben.

Denn um die Konsolidierung nicht zu stören, ist es notwendig, die Ähnlichkeitshemmung zu verhindern, die durch das zeitlich zu nahe Präsentieren ähnlicher Stoffe entsteht. Verwirrung stellt sich dann ein, der Stoff kann sich nicht in Ruhe setzen.

Neuntes Gebot: In der richtigen REIHENFOLGE lehren und lernen!

Ein roter Faden, der sich logisch durch die aufeinander folgenden Lernschritte zieht, bewirkt, dass im Gehirn der neue Stoff wirklich mit dem dazupassenden alten Bereich vernetzt und damit „sinnvoll" wird (vgl. auch das nächste Gebot).

Durch die Vorinformation wird auch das Verstehen erleichtert; damit wird das Lernen stressfreier.

Zu ähnliche Stoffe dürfen nicht nacheinander gelernt werden – dadurch entstehen Interferenzen, Überlagerungen, die den Lernvorgang hemmen.

Zehntes Gebot: VERNETZEN!

Viele Experimente der kognitiven Psychologie zeigen, dass unser Gedächtnis vernetzt arbeitet (Assoziationen, ...).

Der „biologische Apparat" Gehirn ist (so wie alles in der Natur) in seinen Verschaltungen extrem vernetzt. Die ganze Welt ist ein hochkomplexes, vernetztes System:

Vernetzen bedeutet unter anderem Lernen in Zusammenhängen, mehrere Sinne ansprechen (fünftes Gebot), fächerübergreifendes und projektorientiertes Lernen.

Elftes Gebot: Beachten der individuellen BEGABUNGEN!

Dieses Gebot ist kein Anhängsel, sondern ein wichtiges Prinzip der Neurodidaktik:[9] Es gilt herauszufinden, wo die Stärken und Interessen liegen, um sie besonders zu fördern. Die noch bessere Nutzung der Bildungsressourcen hat auch für die Sicherung und den Ausbau des viel zitierten Wirtschaftsstandortes große Bedeutung.[10]

Dieses elfte Gebot bedeutet aber auch, Lernschwächen durch individuelle Förderung zu reduzieren bzw. abzubauen.[11]

Erstes Kapitel:
Das Organ, das sich selbst erforscht

Allein die Tatsache, dass Sie dieses Buch freiwillig in die Hand genommen haben, lässt ein gewisses Interesse (drittes Gebot!) vermuten. Dies ist ein entscheidender Vorteil gegenüber dem „pflichtigen“ schulischen Lernen: Hier ist es oft nicht einfach, das Interesse zu wecken oder wach zu halten.

Da genügt es natürlich nicht, dass die Lehrkraft bekannt gibt, worum es geht: Eine Reihe von methodischen Tricks, manchmal schon fast wie bei einem Magier, ist erforderlich. Aber wie soll die Schule mit den viel besseren Mitteln der Medienwelt konkurrieren?

Warum haben Sie dieses Buch wirklich in die Hand genommen? Was hat Ihr Interesse geweckt? Was erwarten Sie sich persönlich von diesem Buch?

Bevor Sie weiterlesen: Überfliegen Sie noch einmal das Inhaltsverzeichnis, um das gesamte „Feld“ zu strukturieren (ÜBERBLICK)! Sie entdecken dabei folgenden Aufbau des Buches:

Aufbau des Buches
1. Das Gehirn und seine Bestandteile
2. Die Informationsaufnahme ins Gehirn
3. Das Speichern der Informationen
4. Stress
5. Philosophisches

Nun wissen Sie, in welchem größeren Rahmen das erste Kapitel steht.

Worum geht es?

Das erste Kapitel behandelt

- den **Gehirnaufbau** (der evolutionären Entwicklung folgend) und die wichtigsten **Aufgaben der Gehirnteile** – als Fundament für das „Erkenne dich selbst!“ und für die weiteren Kapitel;
- die **„Talente“ der beiden Gehirnhälften** als Basis für eine kritische Diskussion der „Links-Rechts-Hemisphären-Geschichten“;
- zusätzlich Interessantes.

Die Evolution hat uns mit der Frucht vom Baum der Erkenntnis die Fähigkeit zum Denken, aber auch einen manchmal vielleicht als bitter empfundenen Beigeschmack beschert: Wir sind unablässig gefordert, die eigene Natur zu erkennen.
„Wir tragen in uns eine Seele, die wir nicht kennen, und werden von ihr getragen. Wenn sich das Rätsel auf zwei Beine stellt, ohne gelöst zu werden, dann sind wir an der Reihe ... Denn wir sind das Rätsel, das niemand löst ... Wir kommen und gehen, ohne Klarheit zu erlangen."[12]

Das „Erkenne dich selbst!" (Inschrift am Tempel zu Delphi) ist zum bestimmenden Thema geworden. Dabei stoßen wir auf eine prinzipielle Schwierigkeit: Kann ein System sich je ganz selbst verstehen?

Der amerikanische Nobelpreisträger Steven Weinberg spricht von einer „hartnäckigen Doppelrolle", wenn wir zugleich als Forscher und als Forschungsobjekt auftreten.[13] Ein Dilemma, das uns letztlich auch in der Erforschung des Kleinsten zu schaffen macht: Bei jedem Messen (Erforschen) einer bestimmten Sache verändern wir deren Zustand und kommen daher zu keinem exakten Ergebnis.[14]

Trotz der prinzipiellen Unmöglichkeit einer absolut exakten Erforschung seiner selbst hat das Gehirn doch schon manches von seinen Geheimnissen preisgegeben und das, obwohl wir erst am Anfang dieser wichtigen und faszinierenden Forschung stehen.

Beginnen wir nun unsere spannende Reise mit dem Blick auf die Evolution des Gehirns!

Von Lucy zu Einstein

Es war ein weiter Weg von Lucy, einer Hominidendame aus Äthiopien, deren drei Millionen Jahre altes Skelett lange Zeit als das älteste Zeugnis eines menschlichen Vorfahren galt,[15] bis zu Albert Einstein und seinem „Weiteres Nachdenken ergab".[16]

Dass der Mensch mit seinem Denkorgan das Produkt der Evolution ist, bezweifeln heute nur mehr wenige. „Der Geist fiel nicht vom Himmel!", formulierte Hoimar von Ditfurth in einem seiner großartigen Bücher.[17]

Speziell der Vergleich mit den Affen macht deutlich, dass wir gemeinsame Vorfahren haben: Dies belegen nicht nur Schädelform, Hirnstruktur, Ähnlichkeiten im Verhalten, sondern vor allem auch Untersuchungen am Immunsystem und an der Erbsubstanz.[18]

Das menschliche Gehirn mit seinen Fähigkeiten und seiner Komplexität hat sich in einer langen Geschichte unter zum Teil wesentlich anderen Bedingungen entwickelt, als wir sie heute vorfinden. So wurde unsere Informationsverarbeitung sicher nicht auf die Geschwindigkeiten ausgerichtet, die wir heute mit unseren Autos fahren.

Wann hat unsere Denkvergangenheit begonnen?

Wir müssten bei der Ur-Ur-Sache anfangen, dem Bigbang, dem Urknall, durch den unser Universum mit allen lebensnotwendigen Bausteinen entstanden ist.

„... als der Anfang aller Geschichten in einem kompakten Kern aus undetonierter Schöpferkraft Platz gehabt hat ..."[19]

Oder noch früher?

Aristoteles sprach vom „unbewegten Beweger", der den ersten Anstoß gab, andere sagen Gott. Warum es den Urknall gab, was vor diesem Elementarereignis war, das gehört zu den Glaubensfragen. Alles aber, was sich aus diesem Anfang ergeben hat, ist legitimer Gegenstand naturwissenschaftlicher Forschung.

Der schon eingangs zitierte Steven Weinberg hat mit den Mitteln der theoretischen Physik, also mit mathematischen Methoden, auf der Basis der so genannten Hintergrundstrahlung (Überreste von Strahlung als Folge des Urknalls) zum Anfang des Universums zurückgerechnet. Dieser liegt im riesigen Zeitraum von vor etwa zehn bis zwanzig Milliarden Jahren!

Was allerdings 0,000000000001 Sekunden nach dem tatsächlichen Bigbang alles passiert ist kann angeblich sehr genau beschrieben werden.[20]

Wir können hier auf die Entstehung unserer Grundbedingungen (Entstehung des Sonnensystems, unseres Planeten vor ca. 4,5 Millionen Jahren, der Atmosphäre, der Urmeere, der ersten Lebensmoleküle, der unterschiedlichen Lebensformen) nicht eingehen.[21] Der Schritt von den ersten Lebensformen bis hin zum Denken war jedoch kleiner als der, der vom Molekül zum Leben führte.

Das Tierische in uns

Lange Zeit galt die Ansicht, dass sich während der Evolution das Gehirn hierarchisch weiterentwickelt hat: Nach McLean[22] ist das Hirn eine Art „archäologische Ausgrabungsstätte", wobei die oberen Schichten aus der jüngsten Hirnstruktur, dem Neocortex, bestehen. Darunter liegt das Hirn der urzeitlichen Säugetiere, das limbische System. Der älteste Hirnteil ist das Reptilienhirn, der Hirnstamm.

Diese Ansicht wird heute angezweifelt; man nimmt eher eine parallele Entwicklung der verschiedenen Hirnstrukturen an.[23]

Dennoch: Wie bei den Tieren dienen auch unsere „tieferen" Hirnteile der Selbst- und Arterhaltung, sowohl lebenswichtig als auch nicht selten zerstörerisch. So sind unsere Verhaltensweisen auch von primitiveren Hirnarealen beeinflusst, manchmal auch gesteuert.

Diese Erkenntnis ist für das Verständnis unseres Wesens von großer Bedeutung. Zumindest im Balzverhalten unterscheiden sich Männer nicht von anderen Männchen bei den Säugetieren, wenn man ihre Hormonausschüttungen betrachtet.[24]

Zur Auflockerung:
Was halten Sie von Lachen als „Zähnezeigen mit Luftausstoßen", Bringen von Geschenken ins „fremde Revier", Küssen als „ritualisiertes Füttern", ...?

Über die Weiterentwicklung der Affen kommt es schließlich zum „Quantensprung", zur Evolution des Geistes. Der „weise Mensch" tritt auf den Plan:

„Dann sprach Gott: Lasst uns Menschen machen als unser Abbild, uns ähnlich. Sie sollen herrschen über die Fische des Meeres, über die Vögel des Himmels, über das Vieh, über die ganze Erde und über alle Kriechtiere auf dem Land. Gott schuf also den Menschen als sein Abbild; als Abbild Gottes schuf er ihn."[25]

„Wenn sich der Mensch, die kleine Narrenwelt,
Gewöhnlich für ein Ganzes hält;
Ich bin ein Theil des Theils, der Anfangs alles war,
Ein Theil der Finsterniß, die sich das Licht gebar."[26]

Zum Nachdenken:
„Wenn es da draußen nichts mehr gäbe, wäre es eine ziemliche Platzverschwendung!"[27]

Näheres über die Evolution unseres Denkens finden Sie im Abschnitt „Was sonst noch interessant ist" (Seite 38ff).

Die Teile in der Hand

Auch wenn die Gehirnteile und ihre Aufgaben hier systematisch und nacheinander besprochen werden, dürfen wir nie vergessen, dass all diese Gehirnregionen nicht isoliert, sondern über viele Kabelleitungen miteinander vernetzt sind. Und: Das Ganze ist letztlich notwendig, um die höchste Funktion zu ermöglichen, den „Geist". Beachten wir also, was schon Goethe seinen Mephisto sagen ließ:

„Wer will was Lebendiges erkennen
und beschreiben,
Sucht erst den Geist heraus zu
treiben,
Dann hat er die Teile in seiner Hand,
Fehlt leider! Nur das geistige Band!"

Beginnen wir die Reise in der „Tiefe" des Gehirns!

Das Reptil in uns

Der primitivste Gehirnteil ist das Reptilhirn, der so genannte **Hirnstamm**. Er besteht aus Mittelhirn, Brücke und verlängertem Mark.

Das Mittelhirn

Es ist ein Koordinationszentrum, das Informationen aus Seh-, Hör- und Riechbahn und aus dem Großhirn bekommt und unter anderem Pupillenweite, Entfernungseinstellung der Augenlinse und die Augenbewegungen reguliert. Umschaltstellen einer zweiten wichtigen motorischen Bahn, der so genannten extrapyramidalen Bahn – wichtig für die Feinabstimmung der Bewegungen –, sind im „roten und schwarzen Kern". (Die Parkinson-Krankheit ist durch einen Abbau der Nervenzellen im schwarzen Kern bedingt.)

Brücke und Kleinhirn

In erster Linie besteht die Brücke aus Leitungsbahnen vom Großhirn zum Kleinhirn. Auch Teile des Atemzentrums liegen hier.

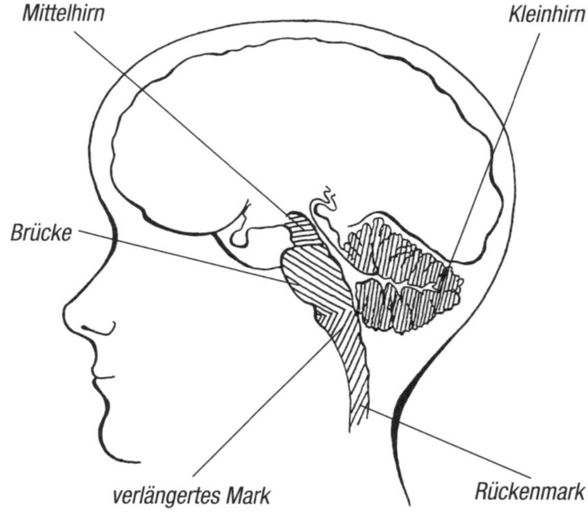

Das Kleinhirn hat die Aufgabe, Haltung und Bewegung zu koordinieren (Regulation von Gleichgewicht und Muskeltonus). Dazu erhält es Meldungen von allen Sinnesorganen und vom Großhirn.

Die Tatsache, dass für die Kommunikation zwischen Großhirn und Kleinhirn (und umgekehrt) die dicksten Nervenfaserbündel verwendet werden, kann durch die Funktionen für Bewegungs- und Gleichgewichtssteuerung allein nicht begründet werden. Auch die erstaunliche Zahl von Nervenzellen (angeblich fünfmal mehr als im Großhirn, trotz nur eines Sechstels des Volumens) weist darauf hin, dass das Kleinhirn noch mehr können muss. So werden heute Mitwirkungen an höheren geistigen Prozessen wie Sprache, Wahrnehmung und vor allem Gedächtnis angenommen und teilweise auch schon nachgewiesen.[28]

Verlängertes Mark

Hier werden Funktionen wie Saugen, Kauen, Schlucken, Erbrechen, Speichelsekretion gesteuert. Im verlängerten Mark (das ins Rückenmark übergeht) befinden sich lebenswichtige Regulationszentren für Atmung, Herz-Kreislauf, Blutdruck.

Hier liegt auch ein wesentlicher Teil des Retikulären Aktivierungssystems (Formatio reticularis). Dieses Gebiet hat die Aktivierung zur Aufgabe: Es werden Informationen aus den Sinnesorganen kontrolliert, das Großhirn wird gleichsam vorbereitet. Dem Aktivierungssystem werden umgekehrt aber auch von der Großhirnrinde Impulse zugeleitet, die sein Erregungsniveau kontrollieren.

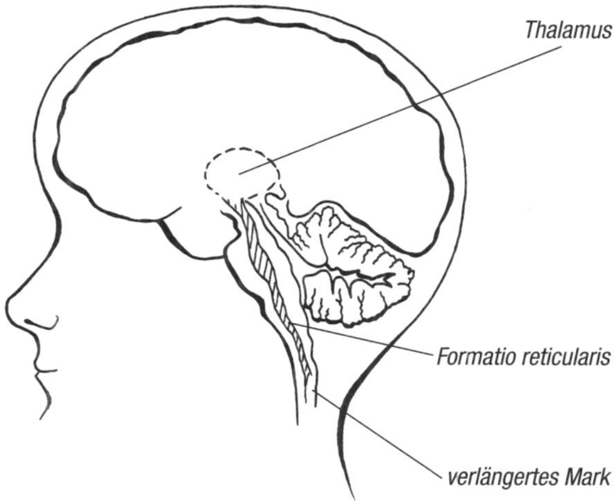

Die Formatio reticularis spielt somit eine bedeutende Rolle bei der Informationsaufnahme (Aktivierung, Aufmerksamkeit) und damit beim Lernen. Wahrscheinlich sind auch die positiven Auswirkungen, die Entspannungstechniken auf Lernprozesse haben, im Zusammenhang mit den Vorgängen im Aktivierungssystem zu sehen. (Eine nähere Behandlung erfolgt im zweiten Kapitel im Abschnitt „Auf Empfang geschaltet".)

Fassen wir zusammen:

Der Hirnstamm ist der älteste Teil des Gehirns und besteht aus Mittelhirn, Brücke und verlängertem Mark (mit Formatio reticularis). Hier werden vor allem lebenswichtige Grundfunktionen gesteuert.

Gehen wir zur nächsten Etage im evolutionären Gebäude:

Die Welt der Triebe

Diese Region, in der lebenswichtige Grundfunktionen und auch die Triebe gesteuert werden, wird **Zwischenhirn** genannt. Es besteht im Wesentlichen aus dem paarig angelegten Thalamus, dem darunter liegenden Hypothalamus sowie aus Epiphyse und Hypophyse. Erwähnenswert ist auch noch die Sehnervenkreuzung am Boden des Zwischenhirns.

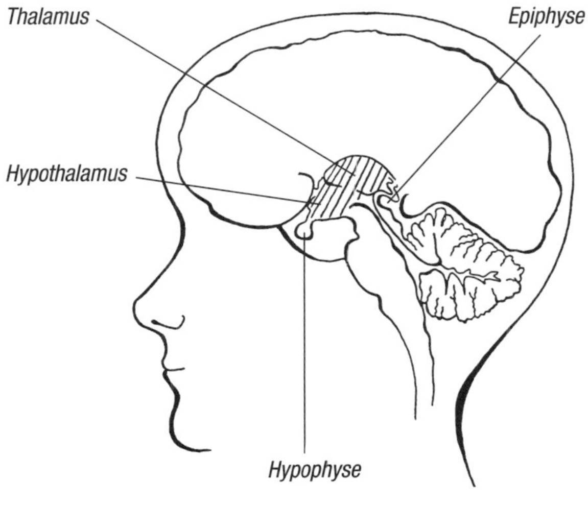

Der Thalamus

Der Thalamus ist eine zentrale Umschaltstation aller Bahnen von den Sinnesorganen zum Großhirn. Die Schaltstellen liegen in bestimmten Kerngebieten: Der so genannte Mittlere Kniehöcker ist Umschaltstelle für die Hörbahn, der Seitliche Kniehöcker ist Umschaltstelle für die Sehbahn.

Durch seine Vernetzung mit allen Teilen des Gehirns ist der Thalamus sowohl an den Gefühlen als auch an Lern- und Denkprozessen beteiligt (vgl. zweites Kapitel, „Auf Empfang geschaltet" und „Die Rolle der Gefühle").

Der Hypothalamus

Der Hypothalamus ist Teil einer hierarchischen Struktur: Er ist der Hypophyse, dem Mittelhirn, dem verlängerten Mark und den Reflexzentren im Rückenmark übergeordnet und steuert diese. Dem so genannten limbischen System und natürlich auch dem Großhirn ist er untergeordnet.

Er hat vielfältige Aufgaben:

- Er koordiniert die vegetativen („automatisch" ablaufenden) Körperfunktionen (wie z. B. Blutdruck, Verdauung, Kreislauf).
- Er verknüpft vegetative und hormonelle Vorgänge (über die Hypophyse), z. B. bei Stress.
- Er hält das „innere Milieu" (Körpertemperatur, Salz-Wasser-Haushalt, ...) konstant.
- Er steuert elementare Verhaltensweisen (zur Art- und Selbsterhaltung) wie Abwehr, Nahrungsaufnahme und Fortpflanzung.

Die Hirnanhangdrüse (Hypophyse)

Wie der deutsche Name sagt, „hängt" die Hypophyse unten am Gehirn, durch einen dünnen Stiel mit dem Hypothalamus verbunden. Obwohl sehr klein (sie wiegt nur etwa 0,5 Gramm), hat sie eine enorme Bedeutung: Sie ist eine Art Hauptproduktionsstätte und Steuerzentrale für die **Hormone.** Ein normales Leben ohne Hypothalamus und Hypophyse ist nicht möglich.

Der vordere Teil, der Hypophysen-Vorderlappen, produziert und speichert sechs Hormone, darunter ein Steuerhormon für die Nebennierenrinde. Dieses spielt im Stressgeschehen eine wichtige Rolle und wird uns deshalb im vierten Kapitel beschäftigen. Die Hormone werden über die Blutbahn an ihren Bestimmungsort (z. B. die Nebenniere) gebracht. Ausgelöst wird diese Ausschüttung durch chemische Stoffe, die durch den Stiel vom Hypothalamus kommen.

Der hintere Teil der Hypophyse ist ein direkter Teil des Hypothalamus; dort werden ebenfalls zwei Hormone gebildet.

Die Epiphyse

Senkrecht unter dem Balken, der die beiden Gehirnhälften verbindet, auf dem Dach des Zwischenhirns, liegt ein kleines Gebilde, das wegen seiner Ähnlichkeit mit dem Zapfen einer Kiefer (Zirbe) auch Zirbeldrüse genannt wird. Der große Mathematiker und Philosoph Descartes hielt sie für den Sitz der Seele bzw. des Geistes! Angeblich deswegen, weil die Epiphyse im Gegensatz zu vielen anderen Gehirnteilen nicht paarig, sondern isoliert und außerdem im Zentrum angeordnet ist. Eine der Skizzen von Descartes lässt jedoch auch eine andere Spekulation zu: Er hat – offensichtlich aufgrund genauer Sezier-Beobachtungen – die Zirbeldrüse in die Nähe der Sehnervenkreuzung gezeichnet und damit auch eine Verbindung zu den Augen hergestellt: Die

Seele, der Geist braucht eine Verbindung zur Außenwelt! Diese Skizze hat aus der heutigen Sicht der Forschung einen geradezu prophetischen Charakter: Die Epiphyse benötigt tatsächlich Informationen über die Lichtverhältnisse, um davon abhängig das Hormon Melatonin zu produzieren. Die Nervenbahn, die der Drüse diese Information „von außen“ bringt, ist mittlerweile bekannt: Zusätzlich zu den Hauptleitungen des Auges, den Sehnerven, die über den Thalamus zum hinteren Teil des Gehirns laufen, zieht eine kleine Begleitbahn zunächst zum Hypothalamus und dann weiter zur Epiphyse. Unter dem Einfluss des chemischen Botenstoffes Noradrenalin (auch ein Stresshormon; vgl. viertes Kapitel, „Die Stressbiologie“) wird dann in der Drüse das besagte Melatonin erzeugt. Dieses Hormon wird ausschließlich hier produziert!

Obwohl die Funktion der Epiphyse und damit auch des Hormons noch immer nicht restlos geklärt ist, gibt es doch manche beeindruckende Forschungsergebnisse:
Die Produktion von Melatonin ist von der Helligkeit abhängig; bei Dunkelheit ist sie hoch, bei Licht niedrig. Die Zirbeldrüse ist somit an der Steuerung des Schlaf-Wach-Rhythmus beteiligt, die Verabreichung von Melatonin macht schläfrig. Auch durch längere Flugreisen kommt dieser Rhythmus durcheinander; die Folgen sind unter dem Begriff Jetlag bekannt.[29] Bestimmte Formen der Depression treten häufiger im Winter auf. Eine Therapie besteht darin, die Patienten vermehrtem Licht („strahlenden Wänden“) auszusetzen. Eine Arbeit über Hirnströme bei Lernprozessen ergab je nach Ableitungszeitpunkt signifikante Unterschiede: Frühling und Vollmond beeinflussen die Ströme beim Lernen positiver, man scheint wacher zu sein! SchülerInnen mit Lernstörungen reagieren möglicherweise empfindlicher auf Mondphasen und Jahreszeiten.[30]

Vieles ist jedoch noch zu klären, vor allem das Wie dieses Einflusses. Einige Ansätze weisen einen möglichen Weg: Elektromagnetische Wellen können die Informationsübertragung zwischen den Nervenzellen beeinflussen,[31] die Epiphyse scheint auf magnetische Wirkungen anzusprechen.[32] Physikalisch ist klar, dass mehr Licht (also elektromagnetische Wellen) mehr Energie bedeutet.

Strahlung, Wellen, Magnetfelder und Lernen? Man darf gespannt sein, was die Forschung in diesem Grenzgebiet an Entdeckungen bringen wird.

Das Zwischenhirn besteht aus Thalamus, Hypothalamus, Hypophyse und Epiphyse.

Hier werden die vegetativen und hormonellen Vorgänge sowie die elementaren Triebe gesteuert. Außerdem stellt dieses Gebiet eine zentrale Schaltstelle zum Großhirn dar.

Gefühle und vieles mehr

Die Säugetiere sind von der Evolution mit einem neuen „Überbau“ über das Zwischenhirn ausgestattet worden, mit den aus heutiger Sicht alten Teilen des nunmehrigen Großhirns. Diese Regionen, verbunden mit Teilen des Zwischen- und Mittelhirns, werden als **limbisches System** bezeichnet.

Mit „aus dem Bauch heraus entscheiden“ meinen wir, dass wir gefühlsmäßig agieren. Warum dann „aus dem Bauch heraus“? Dieser Ausdruck weist darauf hin, dass wir Gefühle im Bauch spüren. Die Psychosomatik weiß – oft sehr belastend und „kränkend“ – um diesen Zusammenhang zwischen Gefühlen und vegetativen Vorgängen (Magen-Darm-Probleme bei Stress etc.). Auch evolutionär gesehen ist es verständlich, dass die für das Überleben wichtigen Körperfunktionen die Zentrale massiv beeinflussen. Daher führen wesentlich mehr Nervenleitungen vom Bauch zum Gehirn als umgekehrt. Ob man deswegen ein zweites Gehirn, das „Bauchhirn‘ annehmen muss, bleibt zumindest fraglich.[33]

Tatsache ist, dass das limbische System im Gehirn die wesentliche Rolle des Zusammenspieles von Körperfunktionen, Gefühlen und Geist innehat.

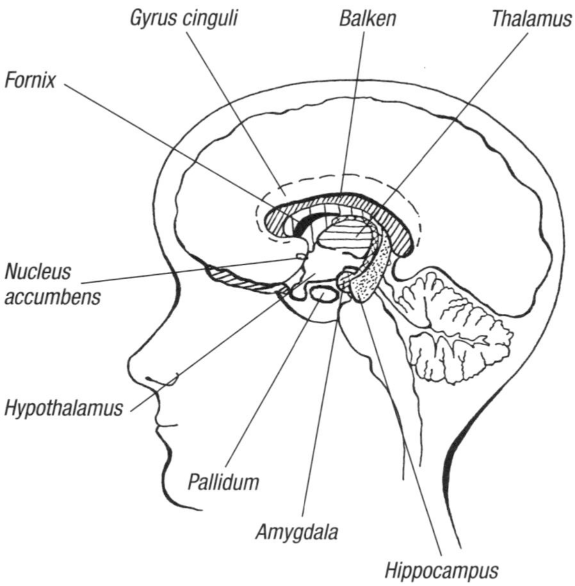

Der Name kommt von *limbus* („Rand, Saum“) und wurde deswegen gewählt, weil wichtige Teile dieses Systems an der Unterseite des Großhirns ring- bzw. saumförmig angeordnet sind. Dazu gehören unter anderem: Hippocampus (übersetzt „Seepferdchen“ oder auch „Pferderennbahn“), Gyrus cinguli, Pallidum, Nucleus accumbens, Riechhirn, Teile des Thalamus, Verbindungen zum Hypothalamus, Fornix, Amygdala („Mandelkern“) sowie Mittelhirnteile.

Die starke Vernetzung so vieler Teile erklärt auch die unterschiedlichen Funktionen des limbischen Systems:

- Es ist ein übergeordnetes Steuerzentrum für vegetativ-hormonelle Vorgänge.
- Es regelt und koordiniert die Körperrhythmen (Wach-Schlaf-Zyklus).
- Es ist verantwortlich für alle Ausprägungen von Emotionen („Emotionalhirn“) bis hin zu Lust und Sucht.[34]
- Es spielt bei der Informationsverarbeitung und damit auch beim Lernen eine wichtige Rolle.

Das Zusammenspiel von Gefühlen und Lern- und Denkprozessen wird im zweiten Kapitel bei den Abschnitten „Auf Empfang geschaltet“ und „Die Rolle der Gefühle“ Thema sein.

Das ständige Wechselspiel zwischen dem, was wir fühlen, und dem, was wir denken, funktioniert in der Regel harmonisch.

Doch schon Goethe wusste, dass diese Harmonie nicht immer gegeben ist, wie sein „Faust" kundtut:

„Zwei Seelen wohnen, ach! in meiner Brust,
Die eine will sich von der andern trennen;
Die eine hält, in derber Liebeslust,
Sich an die Welt mit klammernden Organen;
Die andre hebt gewaltsam sich vom Dust
Zu den Gefühlen hoher Ahnen."

Tatsächlich gibt es eine Art Kluft im Menschen: Die Leitungsbahnen zwischen dem Stirnhirn und dem limbischen System sind eher dürftig ausgebildet. „Das Stirnhirn sitzt dem limbischen System auf wie ein Reiter auf einem Ross ohne Sattel; es kann sehr leicht ‚abgeworfen' werden."[35]

Nicht von ungefähr kommen Redensarten wie „Liebe macht blind!" oder „Das Herz hat Gründe, die die Vernunft nicht kennt!". Laut einer kernspintomografischen[36] Untersuchung von Bartels[37] genügt angeblich schon ein Blick auf das Bild des/der Geliebten, um die Funktionen mehrerer Hirnregionen zu beeinträchtigen.

Das limbische System umfasst Teile des Mittel- und Zwischenhirns sowie die unteren Abschnitte des Großhirns. Es ist eine Art Gefühlszentrale. Als solche ist es auch an Lernvorgängen beteiligt.

Der Homo sapiens erscheint

Die vorläufig letzte Stufe der Evolution hat das Großhirn gebracht, das den ach so weisen Menschen befähigt hat, „nicht nur den Höhlenbären auszurotten und den Nachbarn, den Neandertaler, sondern auch weiter den ganzen Planeten zu ruinieren", wie der große österreichische Biologe Rupert Riedl 1976[38] schrieb.

Dieser Schritt zum Großhirn hat uns Sprache, Kultur, Intelligenz gebracht, aber auch den Druck, über uns selbst nachzudenken, über unser Woher und Wohin.

Wo und wie wird das Reich der Ideen[39] produziert? Die Grundlage all dieser geistigen Funktionen ist die oberste Schicht des Großhirns, die drei bis fünf Millimeter dicke Hirnrinde. Diese graue Substanz (auch Neocortex genannt) besteht aus einer riesigen Zahl von Nervenzellen. Um möglichst viel Oberfläche zu gewinnen, hat sich die Evolution den Trick der Falten und Furchen einfallen lassen: Ausgebreitet würde die Hirnrinde eine Fläche von vier DIN-A4-Seiten umfassen!

Die tiefste Furche teilt das Großhirn in zwei Hälften, die an der Unterseite über den so genannten **Balken** (eine Art Daten-Highway) permanent Informationen austauschen.

Bei genauerer Betrachtung der Großhirnrinde können wir mehrere Lappen, die so genannten **Hirnlappen,** unterscheiden.

Die Großhirnrinde umfasst ca. 70 Prozent aller Nervenzellen des gesamten Zentralnervensystems. Unter dieser grauen Substanz befindet sich die weiße Substanz, die aus den Nervenleitungen besteht. Durch elektrische Reizungsversuche, durch Beobachtungen nach Hirnverletzungen sowie Gewebeuntersuchungen konnten bereits um 1900 unterschiedliche Rindenfelder entdeckt werden: Brodmann unterteilte die Großhirnrinde in 52 Felder und ordnete jedem eine Nummer und eine Funktion zu.[40]

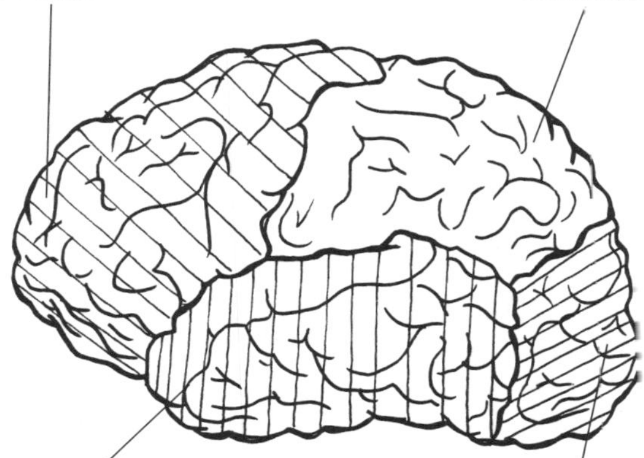

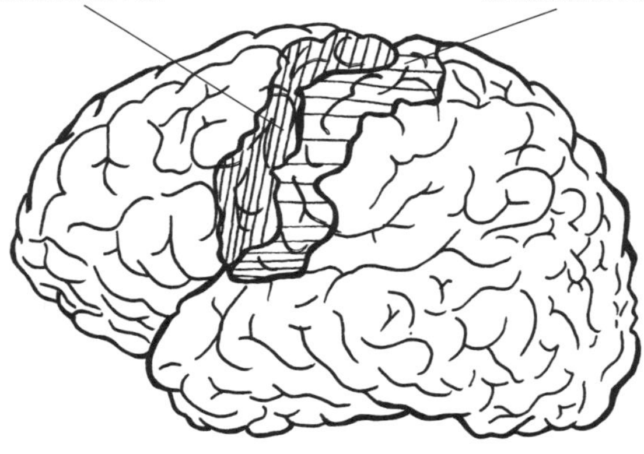

Zwei gut „vermessene" Beispiele sind das motorische und das sensorische Feld.

Stellen Sie sich vor, einer bestimmten Stelle Ihres **motorischen** Feldes wird über einen dünnen Draht ein winziger Stromstoß verpasst. Plötzlich bewegt sich der kleine Finger Ihrer linken Hand, ob Sie es wollen oder nicht. Ein kleines Stückchen weiter, und es ist die große Zehe! Werden Sie an einer bestimmten Stelle Ihres **sensorischen** Feldes gereizt, haben Sie die **Empfindung,** jemand würde Sie auf dem Handrücken berühren.

Im Gegensatz zu den Entdeckern dieser Felder (Brodmann, Penfield, Rasmussen) legen neuere Ergebnisse (von Graziano) nahe, dass nicht einzelnen Muskeln einzelne Punkte zugeordnet sind, sondern dass Neuronen**gruppen** für benachbarte Körperbereiche (z. B. Greifen der ganzen Hand) zuständig sind.[41]

Sie können also jede Bewegung oder Empfindung auf der „Landkarte" Ihres Gehirns auslösen. Hier ergibt sich ein erstaunliches Bild: Die Größe der Gebiete in den motorischen und sensorischen Feldern verhält sich nicht maßstabgetreu zu den entsprechenden Körperflächen, die diese

Felder zu regeln haben. Wenn man die Größenverhältnisse zeichnerisch darstellt, ergibt sich ein verzerrtes „Menschlein“ (lateinisch *homunculus):*

Diese ungleichgewichtige Zuteilung von Plätzen im „zentralen Computer“ ist durchaus plausibel: Hände und Gesicht haben sich für die Informationsverarbeitung im Laufe der Evolution eben als bedeutsamer, überlebenswichtiger als andere Körperteile herausgestellt und mussten dadurch auch entsprechend mehr Kapazitäten bekommen.

Dass Händen und Gesicht im Gehirn so große Bedeutung zukommt, kann auch umgekehrt interpretiert werden: Für die Informationsverarbeitung haben sie sich nicht nur als besonders bedeutsam erwiesen – es kann auch kaum ohne sie gelernt werden. Gerade Tast- und Sehsinn sind äußerst wichtige Sinneskanäle für effizientes Lernen.

Von großer Bedeutung sind neue Erkenntnisse, die die **Plastizität** dieser Hirnfelder nachweisen: Ungerleider[42] konnte kernspintomografisch zeigen, dass schon einfache Fingerübungen zu einer Vergrößerung der für die Fingermotorik zuständigen Hirnbereiche führten. Dies geschah dadurch, dass ursprünglich nicht für die Finger vorgesehene Felder in Anspruch genommen wurden. Auch Nobelpreisträger Sakmann[43] konnte diese Plastizität durch Verlagerung von Funktionen in andere – nicht geschädigte – Felder zeigen.

Aus diesen Forschungen resultiert viel Hoffnung z. B. für Schlaganfallpatienten, aber auch die Begründung für gezielte Förderung lernschwacher Kinder.

Neben den schon oben erwähnten motorischen und sensorischen Gebieten sind noch zwei weitere so genannte primäre Areale zu erwähnen, das zentrale Verarbeitungsbüro für visuelle Eindrücke im **Hinterhauptslappen** und das Partnerinstitut für Höreindrücke im **Schläfenlappen.** Alle übrigen Regionen der vier Lappen der Großhirnrinde (Stirn-, Scheitel-, Schläfen- und Hinterhauptslappen) sind nicht einer bestimmten Sinnesart zugeordnet, sondern gehören allen Sinnen in vielfacher Vernetzung. Man nennt diese Gebiete wegen ihrer Verknüpfung **Assoziationsfelder.** Höhere Funktionen (Sprache, Gedächtnis, Denken, ...) benötigen immer mehrere, wenn nicht sogar alle Areale.

In welchen Feldern etwa „passiert Sprache“?

Beteiligt sind die Felder Broca (zuständig für Sprachproduktion und -koordination), Wernicke (Sprachverständnis), Gyrus angularis (Lesezentrum), natürlich die Motorikfelder des Gesichts und der Luftregelung sowie der Stirnlappen, der die „Oberkontrolle“ ausübt:

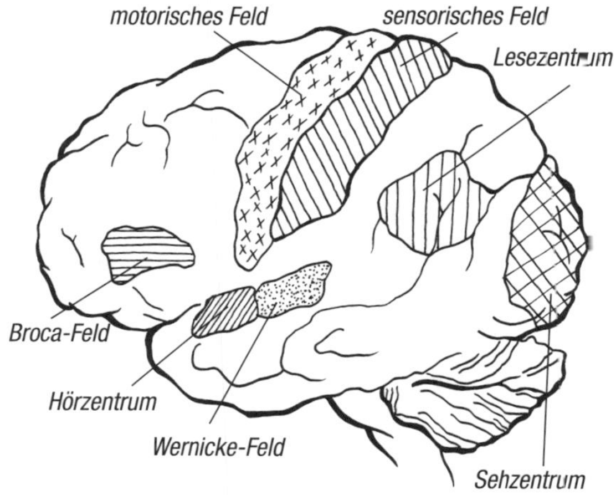

Der **Stirnlappen** ist der evolutionär jüngste Teil des Gehirns und hat daher auch einen beträchtlichen Anteil an den höchsten Funktionen: Intelligenz, Persönlichkeit, Charakter, Denken, Vernunft.
Die Leitungsbahnen zwischen Stirnhirn und limbischem System sind im Vergleich zu anderen Kommunikationswegen im Gehirn mit geringeren Kapazitäten ausgelegt. Ist das der Grund, warum manchmal die Gefühle über die Vernunft siegen?
Verletzungen am Stirnlappen führen zu Aufmerksamkeits- und Wahrnehmungsstörungen, Beeinträchtigungen der Emotionskontrolle, der Fähigkeit zum Erkennen von Zusammenhängen.

Ein für Außenstehende durchaus interessantes Fallbeispiel:

Sicherlich haben Sie keine Schwierigkeiten, diese Abbildung sinnvoll zu interpretieren bzw. zu verstehen!

Die bedauernswerten Patienten (mit Verletzungen oder Krankheiten des Stirnhirns) treffen jedoch Aussagen folgender Art: „Achtung Lawine!" oder „Da kann man sich verletzen!" und Ähnliches. Sie sind nicht in der Lage, die Details der Abbildung in ein sinnvolles Ganzes zu bringen, sondern sind „gefangen" von einem Element, zu dem sie irgendwelche Geschichten konstruieren.

Einen ersten Einblick in die Funktion der Emotionskontrolle im Stirnlappen bekam man durch den Fall „Phineas Gage": Phineas Gage war im 19. Jahrhundert beim Eisenbahnbau in Amerika beschäftigt. Durch die vorzeitige Explosion einer Sprengladung drang eine Eisenstange durch die Wange in seinen Kopf ein, zerfetzte einen Großteil der Verbindungsleitungen vom limbischen System zum Stirnlappen und schlug ein Loch durch das Schädeldach, durch das sie wieder hinausflog.

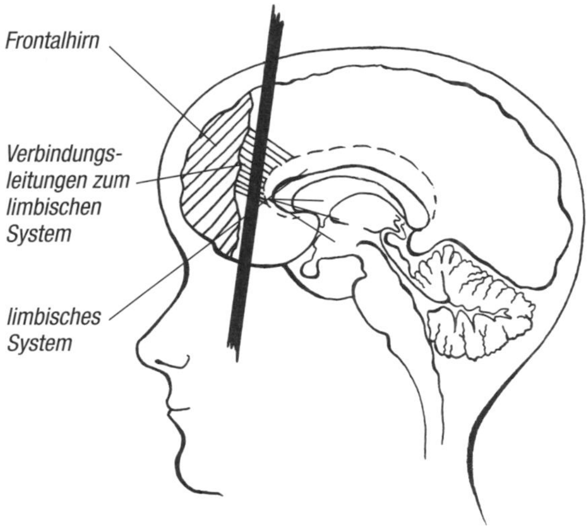

Der Mann überlebte diese schwere Verletzung zwar, aber der Unfall machte aus ihm einen anderen Menschen. Intellektuelle Probleme wurden keine beschrieben, wohl aber enorme Veränderungen seines Verhaltens: Aus einem vormals gutmütigen wurde ein unbeherrschter Mensch, der kaum mehr Kontrolle über sein Verhalten zu haben schien und dessen Emotionen oft als völlig unpassend empfunden wurden.

Das Großhirn (mit Großhirnrinde) ist in vier Lappen gegliedert. Hier werden nicht nur Bewegungen und Empfindungen gesteuert bzw. erzeugt, sondern auch alle geistigen Funktionen.

Nutzen Sie Ihre rechte Hälfte!

„Die ganze Sache mit rechtem und linkem Gehirn ist außer Kontrolle geraten."[44]

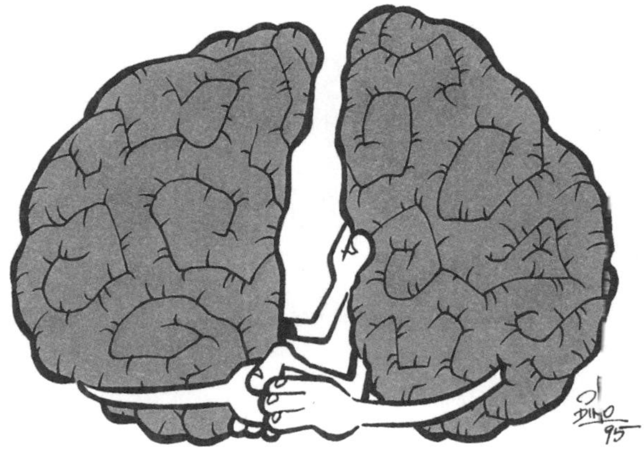

Wie schon im Vorwort angesprochen, werden die angeblich so unterschiedlichen Funktionen der beiden Gehirnhälften (Hemisphären) als „wissenschaftliche Basis" für die Forderung nach einem „anderen" Lernen herangezogen: So gibt es Kurse in Kindergärten und Wirtschaftsunternehmen für rechtshemisphärisches Denken (Kreativität und Intuition) und auch für die Schule werden Methoden angeboten, die die „Linkslastigkeit" abbauen sollen. Und der Markt boomt!

Was ist wirklich dran an der Behauptung, dass unsere beiden Hälften unterschiedliche Aufgaben zu erfüllen haben?

Untersuchungen zu den verschiedenen Funktionen ermöglichte eine besondere Operationsmethode, die „Split Brain"-Technik, erstmals angewendet 1940, ausgebaut 1960 vom Amerikaner Bogen:[45] Um die Ausbreitung der Epilepsie zu verhindern, wurde bei den Patienten der Balken (das *Corpus callosum*) durchtrennt.

Dadurch wird der Stromfluss zwischen den beiden Gehirnhälften unterbrochen und die übergroßen Stromwellen, die bei einem epileptischen Anfall auftreten, bleiben wenigstens auf eine Hälfte beschränkt. Durch die Entwicklung psychologischer Testverfahren konnte vor allem der spätere Nobelpreisträger (1981) Sperry um 1964 (gemeinsam mit seinem Kollegen Gazzaniga) die Verhaltensauswirkungen dieser Operationen erstmals genauer beschreiben.

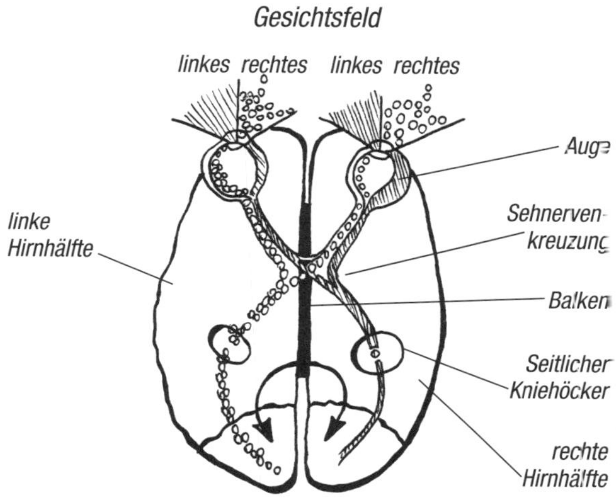

Schon lange vor den Sperry-Experimenten war durch elektrische Reizversuche an der Oberfläche des Gehirns entdeckt worden, dass die Steuerung von Bewegungen kontralateral erfolgt: Wenn Sie die Finger Ihrer rechten Hand bewegen, kommen die Befehle dazu aus Ihrer linken Gehirnhälfte.

Auch die Sehnerven wechseln im so genannten *Chiasma opticum,* der Sehnervenkreuzung, an der Gehirnbasis auf eine besondere Art (zur Hälfte) die Seite: Die Informationen aus der rechten Gesichtshälfte werden in die linke Hemisphäre projiziert, diejenigen der linken Gesichtshälfte gelangen ins rechte Gehirn.

Wird einem Split-Brain-Patienten in nur einer der beiden Gesichtsfeldhälften ein optischer Reiz dargeboten (etwa ein Bild), so wird damit auch nur eine seiner beiden Gehirnhälften zur Verarbeitung aufgefordert. Das bedeutet: Die beiden Hemisphären lassen sich getrennt ansteuern.

Sehen wir uns dazu folgendes Experiment an:[46]

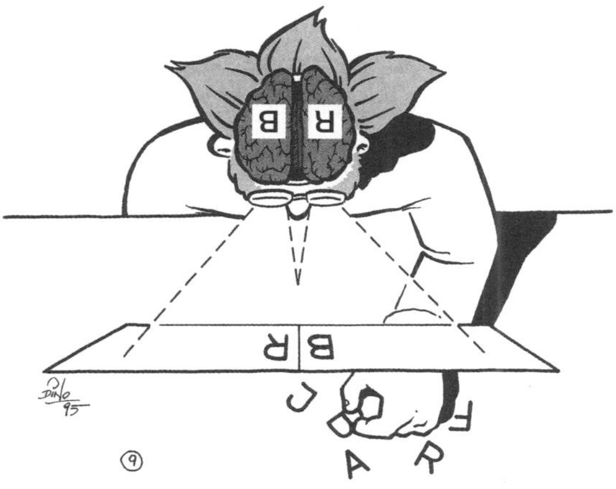

Auf dem Bildschirm vor dem Patienten wird in das linke Feld ein B projiziert.

Die Versuchsperson kann das **B** nicht benennen, wohl aber kann sie aus einer Anzahl vor ihr liegender Buchstaben ein B durch Ertasten mit der linken Hand heraussuchen.

Das bedeutet: Das **B** wird registriert und „erkannt“, kann aber nicht versprachlicht werden. Da man von der kontralateralen Bewegungssteuerung weiß, kann man nun auf die Tätigkeit der einzelnen Gehirnhälften schließen: Das Bild des B gelangt über das linke Gesichtsfeld in die rechte Gehirnhälfte. Da die Versprachlichung („B!“) nicht funktioniert, kann man folgern, dass die Sprache offenbar in der linken Hemisphäre verwaltet wird und durch das Kappen der Leitung keinen Zugang mehr zur erkennenden rechten Hälfte hat. Da aber die Bewegung der linken Hand rechts gesteuert wird, ist diese Informationsverbindung möglich: Die Hand greift nach dem erkannten Buchstaben.

Gesunde Personen können über den Balken die Informationsverarbeitung koordinieren: Sowohl Erkennen als auch Versprachlichen und auch Begreifen sind möglich.

Auf diese Weise und vor allem auch durch Beobachtungen nach Ausfällen von Hirnteilen (z. B. nach Schlaganfällen) fand man folgende unterschiedliche Funktionen der beiden Hemisphären heraus.

Linke Hemisphäre: logisches Denken, Sprache, analytisches Denken.

Rechte Hemisphäre: Musikalität, Kreativität, räumliches Vorstellungsvermögen, Emotionalität. Dennoch kann man nicht so einfach von „linken und rechten Funktionen“ reden, wie genauere Experimente zeigen (mehr dazu ab Seite 26)!

Ein heißes Eisen stellen die geschlechtsspezifischen Unterschiede des Gehirns dar: Unterscheiden sich männliches und weibliches Gehirn? „Grad und Art der Geschlechtlichkeit eines Menschen reicht bis in den letzten Gipfel seines Geistes hinauf“, sagte schon Nietzsche.

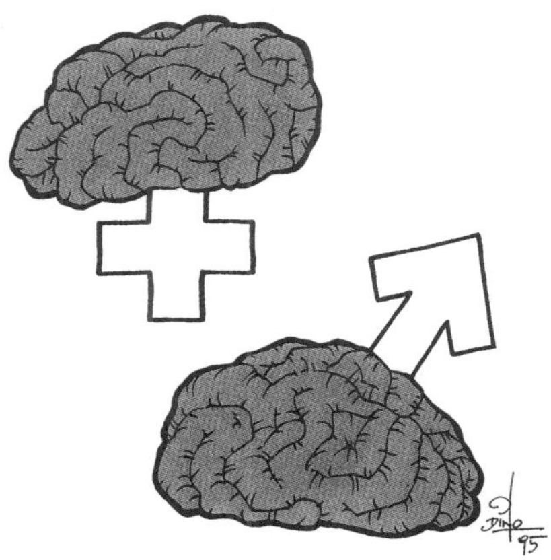

Folgende Phänomene in der Sprachentwicklung sind schon seit langem bekannt: Mädchen lernen schneller lesen als Knaben, haben weniger Lesestörungen. Demgegenüber zeigen Knaben schon früh eine Überlegenheit bei visuell-räumlichen Fähigkeiten.[47]

In diversen Tests[48] haben die Ergebnisse bei Frauen und Männern auffällige Unterschiede gezeigt: Männer verfügen im Allgemeinen über ein besseres Abstraktionsvermögen, räumliches Vorstellungsvermögen, mathematisches Schlussfolgern, Werfen und Fangen. Frauen erkennen zusammenpassende Objekte schneller, haben eine höhere Wahrnehmungsgeschwindigkeit, sie zeigen größere verbale Gewandtheit, Überlegenheit bei Rechenaufgaben und manuellen Präzisionsaufgaben.

Wie entstehen solche Unterschiede? Sind es Erziehungsgewohnheiten, Klischees? Oder gibt es **biologische** Ursachen?

Das scheint tatsächlich der Fall zu sein: Die genannten Leistungsunterschiede korrelieren mit dem Testosterongehalt. Das heißt, es haben z. B. Frauen mit einem höheren Testosterongehalt „männlichere" Leistungsergebnisse. Die Hormonabhängigkeit kognitiver Leistungen ist nicht nur geschlechtsspezifisch, sondern auch vom Jahresrhythmus (Testosteronschwankungen bei Männern) und Monatsrhythmus (Östrogen bei Frauen) her unterschiedlich.[49]

Es gibt auch Hinweise darauf, dass Östrogen das Wachstum von Nervenzellen sowie die Ausbildung von Kontakten (Synapsen) fördert, und zwar speziell im Hippocampus, in einer Hirnregion, die für Lernen und Gedächtnis große Bedeutung hat.[50] Ist damit die angeblich bessere Lernfähigkeit von Mädchen erklärbar? Sicher nicht allein, aber ein Faktor könnte es sein.

Die Geschlechtshormone leiten bereits in der vorgeburtlichen Phase eine unterschiedliche Entwicklung des Gehirns ein. Durch die Einwirkung von Geschlechtshormonen wird nämlich der Feinbau des Gehirns insofern beeinflusst, als sich die Schaltungen zwischen den Nervenzellen auf unterschiedliche Weise entwickeln: So wirkt die Umwelt von Anfang an bei Frauen und Männern auf unterschiedlich verschaltete Gehirne ein.[51] Es könnte sein, dass durch diese Hormone sich auch das Corpus callosum, der Balken zwischen den Gehirnhälften, bei Frauen besser entwickelt – denn die beiden Gehirnhälften scheinen bei Frauen besser zusammenzuarbeiten als bei Männern.

Es gibt eine große Anzahl von Untersuchungsergebnissen, die darauf hindeuten, dass bei Männern sowohl für sprachliche als auch räumliche Gehirnfunktionen die Zuordnung der Hemisphären leichter möglich ist. Bei Frauen ist die funktionelle Trennung weniger klar: „Je weiblicher das Hirn, desto diffuser sind die Hirnfunktionen verstreut."[52] Das bedeutet keineswegs, dass Frauen „diffuser" denken als Männer! Eher sind damit die „speziell weiblichen" Fähigkeiten erklärbar, wie etwa bessere Eloquenz, größere Emotionalität, … Oder ist damit gar das „Geheimnis der weiblichen Intuition" entschlüsselt?[53]

Abschließend (zum Trost für uns Männer): Frauen und Männer differieren in den kognitiven Fähigkeiten mitunter wesentlich, aber nicht in der Gesamtintelligenz.

Hemisphärenforschung – kritisch betrachtet

Lässt sich die geistige Welt wirklich so säuberlich wie ein Pfirsich in zwei Hälften zerlegen?[54]

Der Mythos von den **zwei Gehirnen,** der von den Split-Brain-Experimenten seinen Ausgang genommen hat, wird schon durch differenziertere Experimente ins Wanken gebracht. Viele Untersuchungen, bei denen visuelle Reize in der einen oder anderen Gesichtsfeldhälfte präsentiert werden oder akustisches Material den beiden Ohren getrennt geliefert wird, haben zwar die unterschiedlichen Spezialisierungen der beiden Hirnhälften bestätigt. Meist aber handelte es sich um zahlenmäßig nur geringfügige Effekte, die noch dazu von Experiment zu Experiment variierten. Vor allem gab es jedoch Unterschiede von Person zu Person, z. B. in Abhängigkeit vom Ausgangsniveau des jeweiligen Hirnstrombildes.[55]

Wie „einseitig" ist die Sprache?

Dass die Sprache in bestimmten Gehirnregionen lokalisierbar sei, diese Annahme wurde lange Zeit gestützt durch Beobachtungen an PatientInnen, die durch Schlaganfälle an Aphasien (Sprachausfällen) litten. So gibt es eine typische Störung beim Ausfall der Broca-Region, eine andere bei Schädigung des Wernicke-Areals (vgl. erstes Kapitel, „Der Homo sapiens erscheint"). Nach neueren Befunden ist diese Beschreibung für mindestens 25 Prozent der Fälle nicht so eindeutig: Trotz Schädigung des Broca-Gebietes gibt es dann keine typische Broca-Aphasie, sondern Mischsymptome. Dies bedeutet, dass eine so klare Lokalisation von Sprache, wie sie früher behauptet wurde, nicht haltbar ist.

Das gestörte Feld ist vermutlich auch für das Funktionieren anderer Gebiete mitverantwortlich und hat so dort entsprechende negative Auswirkungen. Diese Beobachtungen passen gut zur Ansicht, dass das Gehirn ein „komplexes Netzwerk mit dynamisch wechselnder Verschaltung" ist.[56]

Ein aktuelles Modell der Sprachverarbeitung[57] zeigt diese Dynamik sehr deutlich:
Die erste Stufe ist die akustisch-phonetische Analyse in der Hörregion des Gehirns, und zwar links **und** rechts. Links (und teilweise auch rechts) werden dann Syntax und Semantik (Sinnhaftigkeit) untersucht, und zwar im Schläfen- und Stirnlappen. Die Satzmelodie wird vorwiegend rechts (im Schläfenlappen) verarbeitet. Interessant ist, dass für das Verstehen der Gebärdensprache die gleichen Gebiete wie bei gesprochener Sprache zuständig sind. Das Argument von Gegnern der Gebärdensprache, es gäbe keine Sprache ohne Sprechen, scheint damit widerlegt zu sein.[58]

Die Ergebnisse der Split-Brain-Untersuchungen wurden zum Teil unterstützt durch Hirnstrommessungen und durch Experimente mit dem Wada-Test (mit Hilfe eines Betäubungsmittels kann jeweils eine Gehirnhälfte lahm gelegt werden). Bei Experimenten dieser Art konnte man Zusammenhänge zwischen Händigkeit und Lage des Sprachzentrums feststellen: 96 Prozent der RechtshänderInnen sprechen links, aber nur 15 Prozent sprechen rechts **und** links!

Interessant ist die Tatsache, dass das Sprachfeld (*Planum temporale* genannt) bei den RechtshänderInnen in der linken Gehirnhälfte **sichtbar** größer bzw. dicker ist als in der rechten Hälfte, bei manchen LinkshänderInnen umgekehrt.

Für die Erklärung der Händigkeit werden u. a. evolutionäre und genetische Programmierung sowie prä- und perinatale Einflüsse diskutiert.[59] Der Zusammenhang zwischen Sprache und Händigkeit ist zwar vorhanden (siehe oben), aber angesichts der Vernetzung von links- und rechtshemisphärischen Regionen bei der Sprachverarbeitung doch nicht so dramatisch, dass z. B. eine eindeutige Verursachung von Sprachstörungen ableitbar wäre, obwohl andererseits doch eine Reihe von Problemen mit Händigkeit korrelieren.

Es gilt nach wie vor: Eine Umschulung auf die „schöne" Hand ist weder notwendig noch sinnvoll, sondern durchaus mit Risiken behaftet und daher strikt abzulehnen. Individualisierte Schreib- und Sprachförderung sind in der Schule (je früher, umso besser) ganz besonders wichtig.

Und: LinkshänderInnen sind nicht andersartig oder gar gestört, sondern sollen in ihrer Persönlichkeitsentwicklung unterstützt werden: „Selbstbewusste Linkshänder können die von Rechtshändern diktierten Lebensbedingungen ändern … Der Markt muss reagieren und geeignete Produkte bereitstellen."[60]

„Rechtslastigkeit" von Musik und Kreativität?

Die Ergebnisse aus vier Forschungsbereichen (Split-Brain, Untersuchung von Hirnverletzungen, Betäubung einer Gehirnhälfte und Hörexperimente) zeigen deutlich, dass Musik keineswegs nur in der rechten Hemisphäre verarbeitet wird. Dabei zeigen sich nämlich Parallelen zwischen der Verarbeitung von Musik und Sprache, keine Gegensätze.[61]

„Rechte" Kreativität: Geistesblitze entstehen meist nicht aus dem Nichts heraus, sondern brauchen Vorarbeit und somit linkshemisphärisches Denken, genauso wie die abschließende Bewertung dieser kreativen Prozesse. Kreativität ist also eine Sache des **gesamten** Gehirns.[62]

„Einseitigkeit" von Emotionen?

In umfangreichen Hirnstromuntersuchungen stellte man fest, dass die rechte Hemisphäre grundsätzlich stärker an der Wahrnehmung von Emotionen beteiligt ist als die linke.
Andere Hirnstromuntersuchungen[63] zeigen, dass bei traurigen Menschen die rechte, bei glücklichen jedoch die linke Hirnhälfte aktiver ist.
Entscheidend für die stärkere oder schwächere Beteiligung der einen oder anderen Hälfte dürften die unterschiedlichen Facetten von Emotionen sein: So gibt es bei sprachlicher Ironie, bei emotionsgeladenen Bildern, bei der Gefühlsfärbung in der Intonation von Sprache etc. unterschiedliche Rechts-Links-Aktivierungen.
Zwar zeigen viele Studien, dass emotionale Signale stärker rechts verarbeitet werden, doch die emotionale Kommunikation ist so vielschichtig, dass man eine totale Zuordnung zur rechten Hirnhälfte nicht behaupten kann.[64]

Einer der bedeutendsten Hemisphärenforscher, Levy, sprach bereits 1986 in einem Artikel mit dem bezeichnenden Titel „Das Hirn hat keine bessere Hälfte" davon, dass der Mythos von den zwei Gehirnen auf folgender irrigen Voraussetzung gegründet sei: „Da jede der Hirnhälften spezialisiert war, müsse sie wie ein völlig eigenständiges Gehirn funktionieren. Tatsächlich ist das genaue Gegenteil richtig. In dem Maß, wie Hirnregionen differenziert sind, müssen sie ihre Aktivitäten auch aufeinander abstimmen."[65]

Man kann davon ausgehen, dass an fast allen Verhaltensleistungen **beide** Hirnhälften beteiligt sind. Von einer exakten Klärung der Frage, für welches Verhalten jede der beiden Hemisphären welche Anteile und welche Dynamik beisteuert, sind wir noch entfernt.

So muss man mit der Übertragung von Erkenntnissen auf das Anwendungsgebiet Schule vorsichtig sein. Dennoch soll hier der Versuch unternommen werden, einige Schlussfolgerungen abzuleiten.

Konsequenz für Lehren und Lernen

Zu welch seltsamen Blüten (eher als Unkraut zu bezeichnen!) ein allzu oberflächlicher, ja verantwortungsloser Umgang mit meist nur einzelnen Veröffentlichungen führt, zeigt ein Artikel im „Spiegel" mit dem Titel „Recht auf rechts", wonach ein deutscher Jurist mit Berufung auf gesicherte Erkenntnisse der Hirnforschung dem Bildungssystem Verfassungswidrigkeit vorwirft, weil es einseitig die linke Hirnhälfte fördere.[66]

Es ist durchaus sinnvoll, dass in den Schulen mehr Emotionalität, Kreativität, künstlerische Elemente gefördert und gefordert werden. Hier scheinen wir tatsächlich Defizite zu haben. Andererseits haben wir sicherlich auch eine Menge Probleme im logisch-rationalen Bereich. Im Hinblick auf die Zusammenarbeit der Gehirnhälften sind beide Bereiche förderungswürdig.

Unabhängig davon, wo alle die Funktionen lokalisiert sind, müssen wir unser Lernen **gehirngerechter** gestalten: Das heißt, dass wir unsere Informationen viel mehr als bisher miteinander vernetzen müssen, dass diese Vernetzung auch in die Emotionalität hinein stattfindet, dass mehrere Areale des Gehirns entsprechend stimuliert werden, ... mit einem Wort:

Ganzheitliches, vernetztes Lernen ist gefragt!

Schon Descartes hat gewusst, dass das Gehirn als ein einheitliches Ganzes wirken muss, damit eine einheitliche geistige Welt entstehen kann.[67]

An dieser Stelle erscheint es angebracht, eine der „Lern-Heilslehren" etwas näher zu betrachten!

Eine kurze Übung zur Einstimmung:

Stellen Sie sich aufrecht hin, mit genügend Bewegungsfreiheit! Heben Sie Ihr linkes Knie und berühren Sie es mit dem rechten Ellenbogen! Jetzt das rechte Knie zum linken Ellenbogen! Und nun wieder die andere Seite! Wechseln Sie noch ein paar Mal!

Mit dieser Überkreuzbewegung haben Sie tatsächlich abwechselnd die linke und die rechte Hirnhälfte beschäftigt, nämlich die jeweiligen Zentren für die Steuerung der **Bewegung.** Die Überkreuzbewegung fördert die Koordination der **motorischen** Felder beider Hemisphären. Indem diese Impulse an die Formatio reticularis, die die Aufmerksamkeit steuert, weitergeleitet werden, wirkt sich diese Bewegung auch auf das Lernen aus.
Sie haben damit jedoch keineswegs geistige Tätigkeiten abwechselnd hin und her geschaltet, wie die Vertreter der Kinesiologie gerne behaupten.

Was steckt dahinter?

Die Begriffe Kinesiologie oder auch Kinästhetik haben ihren Ursprung im griechischen Wort *kinein* („bewegen"). Für Bewegung benötigt man Kräfte, letztlich also Energie. Die Kinesiologie wird daher als „Lehre von der Lebensenergie" bezeichnet.[68] Die Übungen der angewandten Kinesiologie, der Edu-Kinästhetik oder auch von Brain Gym[69] sind somit Bewegungsübungen, die dem Körper Energie zuführen sollen. Gymnastikübungen sind jedoch auch ohne diese neuen Lehren schon immer durchaus erfolgreich zur Erhöhung der Vitalität und Gesundheit angewendet worden.

Wo beginnt die Fragwürdigkeit und der Verdacht, dass wir es mit Heils„leeren" zu tun haben? Schon das wesentliche Handwerkszeug der KinesiologInnen, der so genannte Muskeltest, ist kritisch zu hinterfragen. Probieren Sie ihn einfach einmal aus: Bitten Sie einen Partner, eine Partnerin, sich aufrecht hinzustellen und einen Arm waagrecht nach vorne auszustrecken. Drücken Sie nun in Höhe des Handgelenks leicht auf den Arm! Spüren Sie einen schwachen oder einen starken Widerstand? Es ist oft ganz interessant, was erfahrene KinesiologInnen aus dem Muskeltest abzulesen vermögen; sogar verborgene Krankheiten werden geortet. Zunächst ja durchaus nicht unlogisch: Jede Krankheit hat natürlich Auswirkungen auf meine Energie, meine „Spannkraft".

Dennoch darf gerade bei der Diagnose von Krankheiten und Störungen diese Methode nur in Kombination mit einer exakten medizinischen Untersuchung angewendet werden. Scharlatanerie hat auch und erst recht in der Schule nichts zu suchen! Diesen Vorwurf kann man den aus dem Boden schießenden Praxen nicht ersparen, wenn sie etwa behaupten, der Muskeltest sei der „Spiegel unserer individuellen subjektiven Wirklichkeit", mit dem man sich Gewissheit verschaffen könne.[70] Welch ein hoher Anspruch! Genau hier setzt die Kritik an: Es geht nicht darum, den Einsatz des Muskeltests und schon gar nicht die Übungen zu verteufeln, sondern darum, den Allwissenheitsanspruch und die behauptete wissenschaftliche Abgesichertheit zurückzuweisen.

Einige Beispiele dafür, welch haarsträubende Fehler bei den „naturwissenschaftlichen Begründungen" der Kinesiologie zu lesen sind:
Dass unser Gehirn, der ganze Körper von einem elektromagnetischen Feld umgeben ist, ist physikalisch plausibel: Jedes Fließen von Strom (in diesem Fall in den Nerven) erzeugt ein Magnetfeld, und dieses wiederum, wenn es sich ändert, ein elektrisches Feld. Elektromagnetische Energie kann jedoch nicht „in Kanälen fließen",[71] die so genannten Meridiane des Körpers sind somit keine Flussleitungen, sondern können höchstens als Wirkungslinien der Energie (ähnlich den magnetischen Feldlinien) interpretiert werden.

Grobe anatomische und physiologische Fehler findet man bei der Zuordnung von Funktionen zu bestimmten Gehirnteilen: Nicht nur, dass eine eindeutige Spezialisierung jeder der beiden Hälften behauptet wird – was unmöglich haltbar ist. Es wird oft einem bestimmten Bereich im hinteren Teil der linken Hemisphäre die Bezeichnung „Allgemeine Integrationszone" gegeben, der folgende Aufgaben zugeordnet werden: gespeichertes Wissen mit aktuellen Erfahrungen verbinden sowie Schlüsse ziehen. Alle vergangenen Erfahrungen, die uns beim Überleben geholfen haben, seien hier gespeichert. Auch der „Sitz unseres Werte- und begrenzten Glaubenssystems und unseres Selbstvertrauens" wird dieser Zone zugedacht.[72] Doch so einfach ist das nicht! Wenn für die genannten Aufgaben überhaupt Bereiche besonders angeführt werden sollten, dann sind das Teile des „unter" den Gehirnhälften liegenden limbischen Systems und der Stirnlappen (vgl. erstes Kapitel, „Gefühle und vieles mehr" und „Der Homo sapiens erscheint").

Die Behauptung, dass wir die Kapazität der rechten Gehirnhälfte nur zu fünf Prozent nutzen,[73] ist an Unrichtigkeit kaum mehr zu überbieten. Ein kurzer Blick auf Hirnstromableitungen oder Ergebnisse anderer Methoden, die einen Blick ins Gehirn ermöglichen (vgl. erstes Kapitel, „Was sonst noch interessant ist"), genügt, um den Unsinn solcher Aussagen deutlich zu machen.

Es wären noch viele Beispiele anzuführen, wie inkompetent oft mit Wissenschaft umgegangen wird. So zeigt etwa eine Übersicht von Samac[74], dass die Edu-Kinesiologie keinen signifikanten Einfluss auf die Schulleistungen bei GrundschülerInnen hat. Eine ähnlich kritische Auseinandersetzung kann man auch für die Methode der so genannten Suggestopädie oder des Superlearnings führen.[75]

Bei aller Kritik muss jedoch festgehalten werden, dass mit diesen Techniken durchaus Erfolge erzielt werden: Kinder, aber auch Erwachsene fühlen sich danach besser, können effizienter lernen, sich besser konzentrieren, der Stress legt sich.

Warum?

Machen Sie es wie der Autor, den das Schreiben dieser kritischen Auseinandersetzung doch etwas angestrengt hat, schieben Sie eine Erholungsphase ein. Und wenn Sie nicht wissen, was Sie tun sollen, versuchen Sie es doch mit folgender Hirngymnastik:

Stellen Sie sich bequem hin, legen Sie Ihr linkes Ohr auf den linken ausgestreckten Oberarm; Kopf und Schulter bleiben bei der Übung in Kontakt. Malen Sie nun mit dem Arm liegende Achter; sehen Sie dabei den Arm entlang auf die Finger! Das Gleiche natürlich auch mit dem rechten Arm!

Ziehen Sie die Schultern hoch, lassen Sie den Kopf nach vorne hängen und rollen Sie ihn hin und her, während Sie ausatmen! Machen Sie das Gleiche mit nach hinten hängendem Kopf! (Nicht überdehnen!)

Setzen Sie sich aufrecht auf einen Sessel und konzentrieren Sie sich auf die Atmung: Atmen Sie auf den Laut „F" aus und ziehen Sie dabei den Unterbauch ein. Wenn Sie keine Luft mehr haben, öffnen Sie den Mund, lassen Sie den Bauch fallen! Die Luft wird dadurch in Sie hineingesaugt. Machen Sie diese Übung einige Minuten!

Da Sie nun schon den Sessel zur Verfügung haben: Steigen Sie abwechselnd mit dem linken und mit dem rechten Fuß auf den Sessel! Auch wieder einige Minuten.

Setzen Sie sich wieder und greifen Sie nach den Sternen: Abwechselnd den rechten und linken Arm in die Höhe strecken, aber geruhsam!

Setzen Sie sich auf die rechte Hand, fassen Sie mit der linken Hand seitlich über den Kopf und ziehen Sie ihn langsam zur linken Schulter, zehn Sekunden halten; dann natürlich wechseln!

Im Sitzen Oberkörper nach links und rechts drehen, die Hände sind dabei auf den Schultern!

Haben Sie gröbere Qualitätsunterschiede bei den Übungen bemerkt? Der Autor hat beliebig gemischt: Die ersten beiden Übungen stammen aus dem „Brain Gym"-Programm[76], gefolgt von einer Atemübung[77] und ganz „primitiven" Übungen aus einem schulischen Ausgleichsturnprogramm.[78]

Sie hätten auch Rad fahren können, tanzen etc. Letztlich hat fast jede Art von Pause einen entspannenden, stressabbauenden Effekt: eine positive Bedingung für das nachfolgende Weiterlernen! Besonders Bewegung ist im Zusammenhang mit Stressbewältigung zu empfehlen (siehe viertes Kapitel). Jonglieren hat nicht nur Auswirkungen auf die Koordinationsfähigkeiten, sondern sicher auch auf Aufmerksamkeitsprozesse.

Alle Übungen der Kinesiologie, des Ausgleichsturnens und andere sinnvolle Pausengestaltungen bringen das Gehirn wieder in Schwung, steigern die Aufmerksamkeit, schalten es auf Empfang. Eine Beantwortung der Frage, warum das so ist, wird im zweiten Kapitel (Abschnitt „Auf Empfang geschaltet") versucht.

Der Erfolg der Heilslehren scheint auch noch durch folgende Faktoren mit beeinflusst zu sein: Die Übungen signalisieren eine andere Art von Schule, von Lernen, führen zu einer positiven Erwartungshaltung, genährt von den Suggestionen motivierter LehrerInnen oder TrainerInnen – alles auch aus der traditionellen Sicht als lernförderlich bekannt!

Wenn mit diesen Techniken mehr Lehr- und Lernfreude erreicht werden kann, haben sie ihren verdienten Platz in jedem Lerngeschehen, denn dann bringen sie auch Erfolg (vgl. viertes Kapitel). Abzulehnen ist es jedoch, wenn damit Hoffnungen geweckt werden, die irgendwann wie Seifenblasen zerplatzen. Basis jeder Neuerung muss die wissenschaftlich seriöse Erforschung der Lernprozesse sein.

Fassen wir zusammen:

Eindeutige „Lateralisierung" (Zuordnung zu einer Seite):
Die Steuerung der Bewegungen, die Registrierung von Sinnesempfindungen und die Verarbeitung von visuellen Informationen erfolgen kontralateral (von der gegenüberliegenden Seite aus).

Bei höheren Funktionen ist die Lateralisierung nicht so ausgeprägt: So benötigt die Sprache verschiedene Teilsysteme, die beide Hirnhälften und auch Teile unterhalb dieser umfassen. Ähnlich ist es bei Musik, Kreativität, Emotionen.

Merksatz:

Das Gehirn ist hochgradig spezialisiert. Aber je höher die Funktion, desto ganzheitlicher arbeiten die Hirnteile zusammen, wobei ein Zentrum die Regie übernimmt, so z. B. bei der Sprache normalerweise die linke Hirnhälfte, bei visuellen Aufgaben die rechte.

Dass eine Hemisphäre, speziell die rechte, in der Schule unterbeschäftigt sei, wie manche VertreterInnen „neuer Moden" behaupten, ist haarsträubender Unsinn. Im Normalfall ist immer das ganze Gehirn gefordert und beteiligt. Daher ist ganzheitliches Lernen gefragt. Das bedeutet: Mit allen Sinnen und fächerübergreifend lernen!

Kinesiologische und andere – möglichst bewegte – Übungen haben einen entspannenden, stressabbauenden Effekt. Sie wirken sich auf das Lernen positiv aus, auch deswegen, weil sie ein besseres Lernklima schaffen.

Zum Kern der Sache!

Gemäß dem vierten Gebot (WIEDERHOLEN) wollen wir das Wesentliche festhalten, und zwar durch folgende **Lernaufgaben,** deren Ergebnis dann den **Merkstoff** darstellt:

1. Aufgabe

Lesen Sie noch einmal den Überblick (siehe erstes Gebot) und tragen Sie in folgende Tabelle alles Wesentliche ein:

Hirnteile (evolutionär geordnet)	Aufgaben

2. Aufgabe

Wenn Sie Schwierigkeiten haben, überfliegen Sie die entsprechenden Seiten noch einmal und suchen Sie sich die fehlenden Informationen!

3. Aufgabe

Wenn Sie in einer Schule Zugang zur Lehrmittelsammlung für Biologie haben, holen Sie sich das Hirnmodell und zerlegen Sie es!

Sie realisieren damit das wichtige fünfte Gebot (MEHRERE SINNE ansprechen).

In diesem Fall bekommen Sie die Information nicht nur über das Sinnesorgan Auge ins Gehirn, sondern auch über das „Begreifen" mit dem Tastinstrumentarium.

4. Aufgabe

a) Zeichnen Sie eine große Draufsicht auf das Gehirn (von oben) und schreiben Sie zu jeder der beiden Hirnhälften die speziellen „Talente"!

b) Heißt das, dass diese Aufgaben nur in der jeweiligen Hälfte erfüllt werden?

Haben Sie alle Aufgaben brav erfüllt?

Dann ist wieder eine wichtige Regel allen Lernens zu beachten, das siebte Gebot (RÜCKMELDEN): Vergleichen Sie daher jetzt Ihre Arbeit mit dem „Auflöser" im Anhang (Seite 133f).

Nun: Sind Sie zufrieden?

Ich denke, Sie haben Ihre Aufgaben bestens gelöst. Klopfen Sie sich bitte selbst auf die Schulter, belohnen Sie sich verbal, materiell, womit immer Sie möchten! Sie haben ein grundlegendes Kapitel hinter sich gebracht. Ich hoffe auch für mich, dass Sie es mit Interesse und gerne gelesen haben. Denn dann hätte ich das dritte und das sechste Gebot erfüllt und könnte mir selbst ebenfalls auf die Schulter klopfen.

Dann haben wir uns jetzt wahrlich das achte Gebot verdient: Entspannen! Vielleicht mit einem Schläfchen oder einem Spaziergang? Wie wäre es mit Musik, z. B. mit Vivaldi? Aha, Sie lieben eher moderne Musik! Nun, ganz gleich! Aber beachten Sie: Es sollte eher langsame, „weiche" Instrumentalmusik sein (die Begründung folgt im zweiten Kapitel, „Auf Empfang geschaltet")

➡ ➡ ➡ Was sonst noch interessant ist … ➡ ➡ ➡

Vielleicht haben Sie sich schon manchmal gefragt oder werden sich noch fragen, wie man in der Hirnforschung zu Erkenntnissen kommt. Wie kann das Gehirn sich selbst erforschen? Dann könnten die folgenden Seiten für Sie interessant sein.

Die Methoden der Hirnforschung

Wohl zu den ältesten Möglichkeiten, Aufschluss über die Aufgaben des Gehirns zu bekommen, gehört die **Beobachtung:** Wie verändert sich jemand, wenn ihm eine Eisenstange den vorderen Teil des Hirns zerstört (vgl. den Fall „Phineas Gage")? Man spricht makabrerweise von „Naturexperimenten" und definiert damit die Auswirkungen von Missbildungen, Krankheiten und Verletzungen des Gehirns. Ein sehr altes Dokument ist ein ägyptisches Papyrusfragment aus dem 17. Jh. v. Chr. (man vermutet sogar, dass es eine Abschrift eines früheren Textes aus dem Alten Reich um 3000 v. Chr. ist), in dem Aufzeichnungen über vierzig verschiedene Kopfverletzungen mit Hinweisen auf Untersuchung, Diagnose und Behandlung zu finden sind.

Die Auswirkungen von Krankheiten, Verletzungen etc. können genauer meist erst durch Autopsie (also nach dem Tod) untersucht werden. Es sind jedoch auch Beobachtungen an lebenden Personen möglich, besonders wichtig etwa bei Aphasie (Sprachverlust) nach Schädigungen an ganz bestimmten Stellen im Scheitel- und Schläfenlappen. Bei Autopsien kann das „Material" mit allen Techniken, die zur Verfügung stehen, zerschnitten, unter die Lupe genommen und chemisch behandelt werden (z. B. Färbung der Gehirnschnitte, damit einzelne Zellen und Bahnen besser sichtbar werden). Manche Erkenntnisse wurden durch umfangreiche Tierexperimente gewonnen; die meisten, allerdings nicht alle, wurden unter größtmöglicher Schonung der Tiere durchgeführt.

Ein wichtiger Ansatz sind also **anatomische und histologische** Methoden: Gehirnschnitte werden mit Mikroskopen und Elektronenmikroskopen untersucht. Das Ergebnis wird mit Hilfe von Computern in dreidimensionale Bilder umgesetzt.

Die Entdeckung der **Röntgenstrahlen** (1895) hat in der Folge dazu geführt, einen Blick in das lebende Gehirn machen zu können. Die ersten Versuche stammen aus dem Jahr 1920; als Kontrastmittel wurde Luft in die Hirnkammern eingeblasen. Eine höchst gefährliche Technik! Später wurden andere Kontrastmittel in die Blutbahn injiziert (Angiografie).

Seit 1972 gibt es die **Computertomografie** (genauer „Computer-Axial-Tomografie" – CAT): Der Scanner „durchleuchtet" das Gehirn aus allen Winkeln und rekonstruiert aus den resultierenden Einzelaufnahmen das Gesamtbild.

Kernspintomografie (oder Magnetische Resonanztomografie)

Das Prinzip entspricht dem des CAT-Scanners. Diese Technik kommt jedoch ohne Röntgenstrahlung aus. Der Patient liegt wie bei der Röntgen-Computertomografie mit dem Kopf „in einer Röhre". Ein starkes Magnetfeld richtet die Drehachse (den Spin) der Wasserstoff-Atomkerne im Hirngewebe aus. Diese Drehachsen werden durch Funkwellen gestört und strahlen, wenn sie in ihre Ausgangsposition zurückschwenken, neue Wellen ab. Daraus errechnet der Computer ein entsprechendes Bild.

Die Intensität dieser Strahlungsaktivität hängt von Gesundheit bzw. Funktionsfähigkeit des Gewebes ab. So können Tumorerkrankungen, Durchblutungsstörungen etc. festgestellt werden.

Die **funktionelle Kernspintomografie** (fMR-Tomografie – nach *functional magnetic resonance*) wird sehr erfolgreich zur Messung der Gehirnaktivität eingesetzt. Sie beruht auf der erhöhten Sauerstoffversorgung (durch Steigerung der Durchblutung) bei aktiven Hirnarealen. Gegenüber der PET (siehe unten) hat diese Technik vier Vorteile: Es muss nichts injiziert werden; es können gleichzeitig strukturelle und funktionelle Informationen gewonnen werden; bessere räumliche Auflösung; Veränderungen werden mit geringerer zeitlicher Verzögerung, fast in Echtzeit, sichtbar.[79]

Markierung mit radioaktiven Substanzen

Lassen und Ingvar entwickelten ein Verfahren, das am Energieverbrauch bzw. an der Durchblutung des Gehirns ansetzt: Xenon-133 wird injiziert.[80] Die von diesem radioaktiven Stoff ausgesendete Gammastrahlung wird mit einer Spezialkamera aufgenommen; ein Computer verarbeitet die Signale und macht sie auf einem Farbfernsehschirm sichtbar. Die Geschwindigkeit, mit der das radioaktive Isotop wieder verschwindet, hängt von der Durchblutung und damit von der Aktivität des betreffenden Gehirnfeldes ab. Der Computer ist so programmiert, dass er nur die Abweichungen vom Ruhemuster als Farben auf dem Bildschirm anzeigt. Schon das Ruhemuster zeigt keineswegs eine überall gleichmäßige Durchblutung: Der Frontallappen liegt um 20 bis 30 Prozent über dem Durchschnitt. Das heißt, die „höheren" geistigen Funktionen brauchen auch mehr Energie!

Eine derzeit gebräuchliche Version arbeitet mit den von radioaktiven Substanzen ausgesandten Positronen (daher **Positronen-Emissions-Tomografie** – PET):

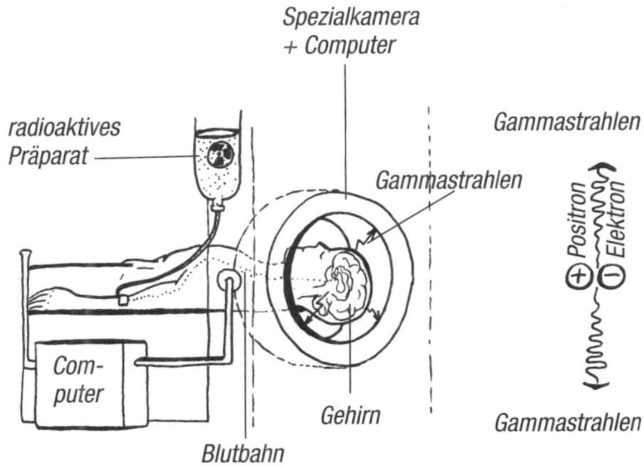

Die Bilder, die man mit dem PET-Verfahren erhält, sind sehr beeindruckend und bringen wertvolle Informationen sowohl über pathologische Veränderungen des Gehirns als auch über die biologischen Grundlagen des Geistes. Der Nachteil besteht darin, dass man dazu radioaktiv markierte Stoffe (meist Desoxyglucose) injizieren muss, deren Halbwertszeiten jedoch kurz sind.

MEG (Magnetoenzephalografie)

Hierbei werden die äußerst schwachen Magnetfelder, die von den elektrischen Strömen in den Gehirnzellen ausgehen, registriert. Mit dieser Methode wären zum Teil zwar präzisere Messergebnisse zu erreichen als mit dem EEG, aufgrund der extrem schwachen Magnetfelder ist die Messung jedoch sehr aufwändig.

Elektroenzephalografie (EEG)

In den zahlreichen Nervenzellen, die vielfach miteinander verschaltet sind, fließen permanent Ströme kreuz und quer durchs Gehirn. Ob wir denken, reden, Sport betreiben, ja selbst wenn wir schlafen oder träumen, immer ist das Gehirn „bei der elektrischen Arbeit". Die Messung dieser elektrischen Aktivität ist eine der wichtigsten Methoden zur Erforschung der Zusammenhänge zwischen Biologie und Verhalten.

Vorteile: Das EEG ist vollkommen ungefährlich und unbelastend – es werden weder chemische oder radioaktive Substanzen benötigt, noch gibt es Strahlenbelastungen durch Röntgenaufnahmen! Die Messung erfolgt fast in Echtzeit, während alle invasiven Methoden (bei denen chemische Substanzen injiziert werden) mehr Zeit benötigen. Der Nachteil besteht in einer gewissen Ungenauigkeit beim örtlichen Ursprung bestimmter Hirnstromveränderungen, da die Ableitelektroden doch nur das Ergebnis von Tausenden von Nervenzellen registrieren können.

Wie funktioniert ein EEG?

Bei systematischer EEG-Ableitung sind viele Elektroden über den Schädel verteilt. Sehen wir uns ein kurzes Stück einer „Gehirnwelle" etwas genauer an:

Wichtige Kennzeichen sind Frequenz (Zahl der Schwingungen pro Sekunde, gemessen in Hertz) und Amplitude (Größe der Stromspannung, gemessen in Mikrovolt).

Man unterscheidet vier Arten von spontanen Gehirnwellen:
Deltawellen: Amplituden von 100 bis 150 µV, Frequenzen von 0,5 bis 3 Hz.
Thetawellen: Amplituden von 50 bis 100 µV, Frequenzen von 4 bis 7 Hz.
Diese langsamen Wellen treten bei Erwachsenen im Schlaf bzw. pathologisch auf, bei Kindern (in den ersten Lebensmonaten) sind sie dominierend.
Alphawellen: Amplituden ab 30 µV, Frequenzen von 8 bis 14 Hz.
Früher wurden Alphawellen als Indikatoren für Ruhe- und Entspannungszustände angesehen. In aktuelleren Arbeiten werden Zusammenhänge zwischen unterschiedlichen Alphafrequenzen und geistigen Prozessen diskutiert.
Betawellen: Amplituden unter 30 µV, Frequenzen von 14 bis 30 Hz. Sie sind Ausdruck geistiger Tätigkeit.

Grundsätzlich kann man sagen: Beim Öffnen der Augen, bei Zunahme an geistiger Beanspruchung werden die Wellen „schneller" und „kleiner" (höhere Frequenzen und kleinere Amplituden).

Man kann Ströme auch ganz bewusst auslösen: Stellen Sie sich vor, ich hätte jetzt die Kabel auf meinem Kopf und Sie würden in die Hände klatschen: Mein Gehirn würde diesen Reiz registrieren und mit einem ganz charakteristischen Stromausschlag antworten. Sie hätten diese Antwort durch Ihr Klatschen hervorgerufen („evoziert").

Gerade die Ableitung von Hirnströmen als Ausdruck der unterschiedlichen Tätigkeiten des Gehirns, meist als Antworten auf bestimmte Ereignisse (daher heißen sie „ereigniskorrelierte Potenziale", EKP; englisch *ERP* nach *event related potentials*), ist zu einem ganz wichtigen Instrument der modernen Hirnforschung geworden. Damit gelingt ein „Blick ins Gehirn" ohne Schädigung durch Röntgenstrahlen oder Substanzen, die injiziert werden müssen.

Ein Computer wandelt die abgeleiteten Hirnströme in Bilder von geistigen Tätigkeiten um, die unter anderem zeigen, welche Hirnteile bei welchen Aufgaben beteiligt sind, wie sich diese Beteiligungen zeitlich verändern (Prozess der geistigen Tätigkeit), ob Abnormalitäten vorliegen usw.

Die „von außen" ausgelösten Wellen unterscheiden sich in mehrfacher Hinsicht: Je nachdem, ob sie durch akustische, visuelle oder andere Reize ausgelöst werden; nach der Art der Reize (so erzeugen z. B. abwechslungsreiche Muster ausgeprägtere Wellen als eintönige Lichtreize); nach der Reizstärke (je stärker der Reiz, desto größer die Amplitude). Eine sehr wichtige Anwendung dieser Tatsache ist die so genannte EEG-Audiometrie (Messung der Hörfähigkeit).

Das EEG ist außerdem ein wichtiges Verfahren zur Diagnose von Hirnfunktionen und Krankheiten: Überprüfung der Sehtüchtigkeit, Feststellung der Farbenblindheit; Frühdiagnose der multiplen Sklerose, Diagnose von Tumorerkrankungen, Lokalisierung epileptischer Anfälle, Feststellung von Sauerstoffmangel, Unterstützung bei der Diagnose von Schizophrenie. Aber auch Korrelationen mit Lernstörungen sind möglich.[81]

Wesentlich genauere EEG-Ergebnisse sind erzielbar durch invasive Ableitung: Statt von der intakten Kopfhaut werden die Ströme direkt von den Nervenzellen abgeleitet, und zwar über ins Gehirn implantierte Mikroelektroden. Dadurch ist das elektrische Geschehen „vor Ort" feststellbar. Allerdings ist die Anwendung weitgehend auf Tierexperimente beschränkt.

Die gleiche Einschränkung gilt auch für Untersuchungen von hirnchemischen Vorgängen (z. B. Markierung von so genannten Transmittern und Rezeptoren; siehe Kap. „Ströme und Stoffe").

Geistige Leistungen und Hirnströme

Ein Großteil der EEG-Untersuchungen früherer Jahre beschäftigte sich mit den Vorgängen im Schlaf, mit pathologischen Erscheinungen des Gehirns und auch mit dem Versuch, Hemisphärenunterschiede nachzuweisen. Neben diesen Ansätzen werden zunehmend mehr Arbeiten publiziert, die sich mit Informationsverarbeitungsprozessen beschäftigen. Dabei werden die verschiedensten Aspekte untersucht, beispielsweise Aufmerksamkeit und Gedächtnis.

Für die Untersuchung der **Aufmerksamkeit** dienen so genannte langsame Ströme (wie z. B. die „Erwartungswelle") und auch Veränderungen des Alphazustandes. Die niedrigen Alphafrequenzen stehen eher für allgemeine Wachsamkeit, die höheren für selektive Aufmerksamkeit. Für Lernprozesse besonders interessant sind langsame Stromverschiebungen als Ausdruck der Lernbereitschaft des Gehirns, die man durch Entspannungsübungen beeinflussen kann (vgl. zweites Kapitel, „Auf Empfang geschaltet").

Langsame Wellen wie auch Veränderungen im Alpha- und Thetarhythmus korrelieren mit **Gedächtnisprozessen,** wobei speziell das Frontalhirn im Mittelpunkt des Forschungsinteresses steht. Die Art des Gedächtnismaterials (Begriffe, Umfang, Sinnhaftigkeit etc.) hat Auswirkungen auf die Merkmale der Ströme (Amplitude, Latenz).

Fast alle bisherigen Untersuchungen zum Thema **Lernstörungen** beziehen sich auf Lesestörungen. Schon die normalen Unterschiede im Lesenlernen können im EEG bestätigt werden: Schnell-LernerInnen haben größere positive, aber kleinere negative Wellen, und zwar am ausgeprägtesten in der rechten (!) Hemisphäre.

Selbstverständlich sind weiterhin auch **psychologische Testverfahren** für die Erforschung unseres Gehirns relevant. Ergebnisse dieser Methoden werden oft auch mit denen biologischer Verfahren verglichen.

Zusammenfassend ist festzustellen, dass, obwohl schon eine Reihe hirnbiologischer Messwerte geistiger Prozesse gefunden werden konnten, angesichts der Komplexität des Forschungsgegenstandes noch viel zu tun bleibt.

Die Evolution ins Reich der Ideen

Lesen Sie zunächst nochmals das Kapitel „Von Lucy zu Einstein"!

Abstammung vom Affen: Man schätzt, dass sich die Entwicklungslinien der Menschen von denen der Menschenaffen vor ca. 5 bis 8 Millionen Jahren abgespalten haben.[82] „We are basically apes; it's just we walk on two legs and have got a fancy head."[83] Aber: Auch manche Affen können den aufrechten Gang einsetzen, wenn sie ihn brauchen. Vor allem: Was ist das Besondere an unserem „fancy head"?

In Millionen Jahren der Evolution haben sich in wechselseitiger Verstärkung vier Fähigkeiten vorbereitet: Werkzeuggebrauch, Sprache, Tradierung durch Nachahmung, Bewusstsein und Denken. Diese Fähigkeiten gibt es ansatzweise – unterschiedlich in Ausprägung, Art, Niveau – auch im Tierreich. Wir dürfen allerdings Tiere nicht an unseren Standards messen!

Werkzeuggebrauch: Dazu gibt es im Tierreich viele interessante Beispiele.[84] Einer unserer Vorfahren (1,8 Millionen Jahre) wurde nach seiner Fähigkeit zum Werkzeuggebrauch benannt: Homo habilis (der „geschickte Mensch").

Sprache und **Tradierung durch Nachahmung:** Auch Primaten sind dazu in bemerkenswerter Weise befähigt.[85] Ein berühmtes Beispiel ist der Bonoboaffe Kanzi. Er beherrschte nicht nur 250 Wortsymbole, lernte nicht nur manches durch Nachahmung, sondern brachte es auch zur „Steinzeitkultur": Er produzierte nicht nur Werkzeuge, sondern schuf auch neue mit schon vorhandenen Werkzeugen.[86]

Jane Goodall lieferte in den 1960er Jahren bahnbrechende Erkenntnisse. Als sie dem berühmten Louis Leakey von ihren ersten Beobachtungen von Termiten „angelnden" Schimpansen berichtete, antwortete dieser: „Nun müssen wir Werkzeug neu definieren, Mensch neu definieren oder akzeptieren, dass Schimpansen Menschen sind."[87]

Bewusstsein: Auch Schimpansen haben den ersten Ansatz eines Ego-Bewusstseins; sie bestehen den „Spiegeltest". Wenn man ihnen einen Farbtupfer auf die Nase malt und sie vor einen Spiegel setzt, berühren sie die Farbe auf der Nase und nicht auf dem Spiegel.

Dennoch, bei aller Anerkennung und Bewunderung der Leistungen von Tieren: Werkzeugerfindung bis hin zum Computer, Sprache über das einfache Verständigungsmittel hinaus bis zu „Faust" und zur Formulierung wissenschaftlicher Theorien, Kreativität eines Michelangelo oder Mozart, Weitergabe individueller und kollektiver Erfahrung nicht nur über Vorzeigen und Nachmachen, bewusste Erforschung des eigenen Bewusstseins usw. – diese Beispiele zeigen wahrscheinlich nicht nur graduelle, sondern (wegen ihrer Größenordnung) auch prinzipielle Unterschiede. Der Homo **sapiens** ist mit seiner Intelligenz erschienen, aber ist er auch wirklich **weise?**

Die Entwicklung des Großhirns

Erst in den letzten 500.000 Jahren ist ein steiler Anstieg des Hirnwachstums festzustellen. Das größere Gehirn machte eine Ernährungsumstellung notwendig, weil es viel mehr Energie verbrauchte (ca. 20–25 % des Ruheumsatzes an Energie im Vergleich zu Affen mit 8–10 %). War die Veränderung der Nahrung auch ein Evolutionsfaktor?[88]

Beispiele[89]:	
Ratte:	0,4
Pferd:	0,9
Katze:	1,0
Hund:	1,2
Fuchs:	1,6
Wal:	1,8
Elefant:	1,9
Schimpanse:	2,5
Delfin:	5,3
Mensch:	7,4

Erklärung am Beispiel Mensch: 7,4 bedeutet, dass der Mensch ein 7,4-mal größeres Gehirn hat, als er als Säugetier haben dürfte.

Die Hirnevolution erfolgte nicht nur quantitativ, sondern vor allem qualitativ:
Ein wichtiges Maß ist in diesem Zusammenhang der so genannte **Enzephalisationsquotient.** Darunter versteht man das Verhältnis von **erwarteter** zu **tatsächlicher** relativer Hirngröße.

Noch steiler verläuft die Wachstumskurve der **Großhirnrinde:** Der Progressionsindex springt von 58 beim Schimpansen auf 156 beim Menschen. Die Entwicklung des Neocortex zeigt sich auch in einer verstärkten Ausbildung des Stirnlappens (29 % der gesamten Großhirnrinde im Vergleich zu 16,9 % beim Schimpansen), mit den größten Assoziationszentren im Tiervergleich, in einer Vervielfältigung der Furchen sowie in der besseren Hirndurchblutung. Aber: Wale und Delfine haben einen größeren Stirnlappen![90] Auffällige qualitative Unterschiede finden sich auch in den Sprachstrukturen.

Obwohl sich die Schwangerschaftsdauer zwischen Schimpansen und Menschen nicht erheblich unterscheidet, erreicht das Hirnvolumen des Schimpansen schon nach einem Jahr 70 % der Endgröße, während dies beim Menschen drei Jahre dauert.

Alle diese Befunde weisen darauf hin, dass die entscheidende Weiterentwicklung des Menschen durch eine **qualitative** Veränderung des Großhirns hervorgerufen wurde. Die hohe Leistungsfähigkeit des Menschen resultiert aus einer **Kombination** von Merkmalen: aus einem sehr hohen absoluten und relativen Hirngewicht, aus einer starken morphologischen und funktionalen Differenzierung, einem großen Neocortex, aus hoch entwickelten neuronalen Steuerungsmechanismen der Hände und der Mundwerkzeuge und aus einer Vergrößerung und Weiterentwicklung von Zentren für Kommunikation.[91]

Das Reich der Ideen

Die Sprache

Auch bei Tieren gibt es höchst bemerkenswerte „Sprachen", wie beispielsweise die Tanzsprache der Bienen.

„Schreien – wehtun – essen": Dies „sagte" eine „sprechende" Schimpansin namens Lucy, als sie einen Rettich verspeisen wollte – allerdings in der Gebärdensprache. Die ersten Experimente, Schimpansen eine Lautsprache beizubringen, scheiterten. Sie sind schon aufgrund der anatomischen Gegebenheiten zur Bildung menschlicher Laute nicht fähig.

Schimpansen haben ein starkes Imitationsverhalten, speziell bei Gebärden. So führte der Weg zur Kommunikation über die Gebärdensprache: Die erste „sprechende" Schimpansin, Washoe – aufgezogen durch die Pflegeeltern Gardner –, erwarb nach vielen Unterrichtsstunden (vom Babyalter bis zum sechsten Lebensjahr) in ASL (American Sign Language) ein Arbeitsvokabular von 132 (!) Zeichen, das ihr faszinierende Sprachleistungen ermöglichte.[92]

Als Washoe eine Ente auf einem Teich landen sah, gestikulierte sie „Wasser – Vogel". Eine Puppe, die in ihre Tasse fiel, wurde mit „Baby in mein Getränk" bezeichnet. Einem Rhesusaffen signalisierte sie „schmutzig – Affe". Gehörlose konnten ihre Gesten bis zu 70 % verstehen. Ein Reporter der New York Times, Kind gehörloser Eltern, konnte sprechen, lernte als Kind aber zuerst ASL. Nachdem er einige Zeit mit der Schimpansin verbracht hatte, stellte er fest: „Plötzlich merkte ich, dass ich mich in meiner eigentlichen Muttersprache mit dem Mitglied einer anderen Spezies unterhielt."[93]

Zusammenfassend kann man feststellen, dass Affen zu elementarer Logik fähig sind, zu Scherzen, Neckereien, gewollten Falschinformationen, Schmeicheleien, tiefer Sorge, reicher Kommunikation.

Aber – ist das Sprache?

Schon der Australopithecus dürfte sich durch ein Mehrfachrepertoire an Gesten und Schreien verständigt haben.[94] Nach einer Hypothese von Deacon[95] wurde die Evolution der menschlichen Sprache durch das Zusammentreffen dreier Ereignisse möglich:

- Weiterentwicklung der auch schon bei den Primatenvorfahren vorhandenen Sprachzentren,
- Vergrößerung des präfrontalen Cortex (auch schon bei den Primaten eingeleitet),
- Umgestaltung des Kehlkopfes.

Konnte der Neandertaler schon sprechen?

Auch wenn der Fund eines 60.000 Jahre alten „menschlichen" Zungenbeins (Mount Carmel, Israel) von manchen ForscherInnen als nicht ausreichender Beweis dafür angesehen wird, steht doch heute mit großer Sicherheit fest, dass die Neandertaler bereits sprechen konnten. Allerdings Sprache in der uns heute vertrauten Form dürften sie nicht gehabt haben.[96]
Deutliche Hinweise darauf ergeben Rekonstruktionen der Hirnregionen aufgrund von Abgüssen der Schädelinnenfläche. Die gegenwärtige Form des Rachenraumes dürfte sich vor 300.000–400.000 Jahren entwickelt haben.[97] Dennoch: Absolute Sicherheit wird es wohl nie geben.

Was unterscheidet unsere Sprache von der „Sprache" der Primaten?

Es ist vor allem die **Symbol**-Repräsentation:

- Symbole für Gegenstände gibt es auch bei Tieren.
- Symbole für „Nicht-Gegenstände" (Gefühle, abstrakte Begriffe, ...) gibt es im Ansatz auch bei Affen (siehe den Bonobo Kanzi), aber nicht im menschlichen Ausmaß.

Die komplexesten Aspekte der Sprache **(Bedeutung, Grammatik)** scheinen einzig beim Menschen vorzukommen.

Vor allem ist es auch die Fähigkeit zum **abstrakten Theoretisieren** (Piaget hat die letzte Stufe der menschlichen Intelligenzentwicklung „Stadium der formalen Operationen" genannt), zur Handlungs- und Zukunftsplanung usw., die uns von unseren tierischen Verwandten unterscheidet. Bickerton formuliert treffend: Sprache „is an evolutionary adaptation which allows us to form patterns of information that we may act on without having to wait for experience to teach us".[98]

Das Bewusstsein

Wie die Sprache dürfte sich auch das bewusste Denken kontinuierlich aus dem Denken anderer Tiere entwickelt haben. Für Lernen durch Erfahrung, ja durch Einsicht sowie für die Weitergabe dieser Erfahrungen durch Vorzeigen und Nachahmen gibt es interessante Beispiele aus dem Tierreich, vor allem von den Primaten, z. B. die „Kultur" des Kartoffelwaschens.[99]

Wahrscheinlich durch die Zunahme der Neuronen, vor allem durch das gigantische Ansteigen der Vernetzung kam es zum Quantensprung „Bewusstsein". In der Bibel heißt dieser gewaltige Entwicklungssprung **„Sündenfall":**

> „... sobald ihr davon esst, gehen euch die Augen auf; ihr werdet wie Gott und erkennt Gut und Böse."[100]

Mit der Evolution von Sprache und Bewusstsein kommt es zur Evolution der Kultur; es entsteht das „Reich der Ideen": „An dem Tage, ... da es dem Australanthropus oder einem seiner Artverwandten gelang, nicht mehr nur eine konkrete, gegenwärtige Erfahrung, sondern den Inhalt einer subjektiven Erfahrung, einer persönlichen ‚Simulation' mitzuteilen, war ein neues Reich entstanden – das Reich der Ideen."[101]

Die Fähigkeit zur Selbstreflexion ist wahrscheinlich die größte, aber auch erschütterndste Entdeckung für den Menschen. Damit stellen sich auch unvermeidlich die Fragen nach Sinn, Tod, Jenseits … Es beginnt das „3-W-Mysterium“:[102]

- Woher?
- Wohin?
- Warum?

> „Zweifelhaft hängt er zwischen dem Wirken und zwischen dem Leyden;
> Ob er ein Gott sey, oder ein Tier, zu entscheiden nicht fähig.“[103]

Die Religion

Die älteste kulturelle Regung, die aus der Frühgeschichte des Menschen erkennbar ist, bezieht sich auf den Glauben. Es gibt 60.000 Jahre alte Dokumente von kultischen Handlungen.

Ist die Entstehung von Riten, Mythen und Göttern seit dem Sündenfall notwendig?

„Die Frage nach dem Sinn des Lebens führt zu den mystischen Weltreligionen und zur **Spiritualität.** Diese verbindet die Menschen über die Religionen hinweg. Die spezielle **Religion** ist dann kulturbedingt.“[104]

Die Evolution „musste auch das **Bedürfnis** wecken, es [Fragen nach dem Woher, Wohin, Anm. d. Autors] durch eine mythische Erklärung zu begründen … Wir sind die Nachfahren dieser Menschen. Von ihnen haben wir zweifellos das Bedürfnis nach einer Erklärung geerbt – jene Angst, die uns zwingt, den Sinn des Daseins zu erforschen. Diese Angst ist die Schöpferin aller Mythen, aller Religionen, aller Philosophien und selbst der Wissenschaft.“[105]

Religion als „tröstlicher Trug“ (Topitsch) oder „Opium für das Volk“, „Seufzer der bedrängten Kreatur“ (Marx)?[106] Kant hat den Glauben an eine unsterbliche Seele, ja sogar an einen Gott als „praktische Postulate“ bezeichnet.[107] Thomas von Aquin glaubte an zwei Wege, die zu Gott führen: Der eine führe über den Glauben und die Offenbarung, der andere über die Vernunft und die Sinne.[108] „Wenn du Gott begriffen hast, dann ist das nicht mehr Gott!“[109] (Augustinus)

*Was halten **Sie** von diesen Ansichten?*

> „Es ist wie bei einem Spiegel:
> Ihr seht nur euch selbst. Ihr könnt nicht sehen, was sich auf der anderen Seite befindet.“[110]

Die Kunst

Jünger als die Dokumente des Glaubens sind die Hinweise auf die künstlerische Betätigung der Frühmenschen. Aus der Zeit vor rund 200.000 Jahren existiert lediglich ein einzelner Gegenstand, eine Ritzzeichnung auf einer Ochsenrippe (Fundort in Südfrankreich), die jedoch auch zu Zweifeln Anlass gibt. Die ersten Werke, in denen wir „Kunst“ erkennen, erscheinen vor mehr als 30.000 Jahren („Kreativer Bigbang“[111]): Tier- und Menschenstatuetten aus den Höhlen der Schwäbischen Alb, Malereien in den Höhlen von Lascaux, Niaux, Altamira, Tasmanien, …

Später war vor allem die Erfindung der Schrift ein entscheidender Meilenstein: Die ältesten Beweise stammen aus Mesopotamien (vor 6.000 Jahren?). Die ältesten Schriften des indoeuropäischen Sprachstammes sind 3.900 Jahre alt. Heutzutage eine wichtige Frage: Ist das „Meißeln in Sandstein" nicht dauerhafter als das Speichern auf Disketten und CD-ROMs?[112]

Evolution – wohin?

> „Da sich kein Grund für die Annahme finden lässt, dass die Evolution nach vier Milliarden Jahren gerade heute, nach der Hervorbringung des Menschen in seiner jetzigen Gestalt, zum Stillstand gekommen wäre, haben wir uns als die Neandertaler der Zukunft anzusehen."[113]

> „Gott sah alles an, was er gemacht hatte: Es war sehr gut."[114]

Aber: Ist Gott die Evolution entglitten? Ist der Mensch mit dem Erscheinen der Erkenntnisfähigkeit zum „Zauberlehrling" geworden?

> „Der Apfel vom Baume der Erkenntnis ist gepflückt, verspeist und nicht mehr replantierbar. Ob er auch verdaut ist, steht auf einem anderen Blatt."[115]

Der Homo sapiens sapiens kann nun über seine eigene Evolution nachdenken, aber auch in diese manipulierend eingreifen. Entweder direkt durch Genmanipulationen oder indirekt durch Veränderung der Umwelt. Und hier liegt das Hauptproblem: Der Sprung ins Reich der Ideen hat uns eben nicht nur Positives gebracht.

> „... entsteht riesengroß das garstige graue Tier, gefühllos und fressgierig. Es frisst nun Gift, zellophanverpackt, atmet Gestank, airconditioned, wäscht Gehirne mit Stereotypien, Werbung und Ideologie, elektronisch und in Farbe, und befriedigt die verbliebenen Sinne mit dem angenehmen Kitzel der Katastrophen menschlichen, technischen und politischen Versagens in Stereo, ... Es macht Architektur zur Bautechnik, Wohnstil zu Wohnsilos, ... Musik zur Konserve, ... Sprache zur Information, ... Sogar Zeit wird Geld, Besinnlichkeit Luxus, ..."[116]

Was hat sich seit 1976 geändert?

Können wir denn gar nichts tun, um das Unvermögen des Zauberlehrlings abzulegen und den „Teufel in der Selbst-Evolution" zu besiegen?

„Die Welt erfordert kühne Taten und einen radikalen Wandel unserer Mentalität und politischen Konzeptionen."[117] Wenn wir „noch einmal davonkommen wollen" (Thornton Wilder), müssen wir „schneller weise als mächtig werden" (Riedl) und „anders denken lernen". „Was wir brauchen, ist also keine Revolution, sondern eine Evolution, eine Weiterentwicklung in unserem Denken, ja unserem ganzen Selbstverständnis."[118]

Veränderungen muss es auch in der Schule geben. Mögen die Erkenntnisse der Hirnforschung einen Beitrag leisten!
Es liegt auch an **uns,** „zwischen dem Reich und der Finsternis zu wählen".[119]

Zweites Kapitel:
Wie kommen die Informationen ins Gehirn?

Worum geht es?

Dieses Kapitel handelt

- vom Zusammenspiel der Außeninformationen mit bereits gespeichertem Wissen beim Vorgang der **Wahrnehmung**,
- von der **Aufnahme und Weiterleitung der Informationen** durch die Sinnesorgane,
- vom Zustandekommen und von der Bedeutung der **Aufmerksamkeit**,
- von der **zentralen Rolle der Gefühle** bei der Informationsverarbeitung.

Dies alles wird natürlich mit den entsprechenden **Konsequenzen für das Lernen** beschrieben.

Wie wahr ist die Wahrnehmung?

Lassen Sie diese schwarzen Flecken auf sich wirken! Was nehmen Sie „wahr“?

Sie können nichts Bestimmtes erkennen? Warum nicht?

Ihr Hirn hat die Reize, Merkmale, die die Augen lieferten, nach allen Regeln der Kunst analysiert und dann festgestellt: „Die Merkmale reichen nicht aus, um ein sinnvolles Bild zusammenzubauen. Erbitte weitere Informationen, Daten!“ Nun: Dieser Wunsch ist mir Befehl. Weitere Daten, bitte sehr: Es handelt sich um den Namen eines erfolgreichen Verlages.

Was? Noch immer nichts wahrgenommen? Na gut! Die letzte Information: Der Name hat etwas mit „wahr“ zu tun, er ist das lateinische Wort für „Wahrheit“. Sehen Sie, wenn man weiß, dass der Verlag „Veritas“ heißt, ist die Wahrnehmung doch eindeutig. Sie **sehen** das Wort ganz deutlich vor sich.

Na also, warum denn nicht gleich!

Trösten Sie sich: Ihre Schwierigkeiten sind ganz normal und zeigen den Prozess des Wahrnehmens recht eindrucksvoll. Man benötigt **Daten** (physikalische Reize, Merkmale) und **Erwartungen** (Vorinformation, Kontext, Erfahrung, Wissen), um etwas wahrnehmen zu können.

Wahrnehmen ist ein **„Analyse durch Synthese“**-Prozess: Aus dem Reizangebot werden die wesentlichen Merkmale **analysiert** – durch Vergleich mit bereits gespeichertem Wissen – und mit diesem zu einem neuen Bild **synthetisiert.** Die Außenwelt wird also „konstruiert“. Die dazugehörige Theorie heißt daher **Konstruktivismus.**

Manchmal ist dieser Konstruktionsvorgang (oder auch Rekonstruktionsvorgang) sehr aufwändig, eben dann, wenn relativ wenig Merkmale vorhanden sind. Da muss der „Arbeitsspeicher" schon tief auf die „Festplatte" zurückgreifen und die Bildvorlage mit dem schon Gespeicherten vergleichen, ob nicht doch die fehlenden Stücke zur Vervollständigung auffindbar sind.

Sehen wir uns diesen Prozess an einem sehr vereinfachten Modell an:

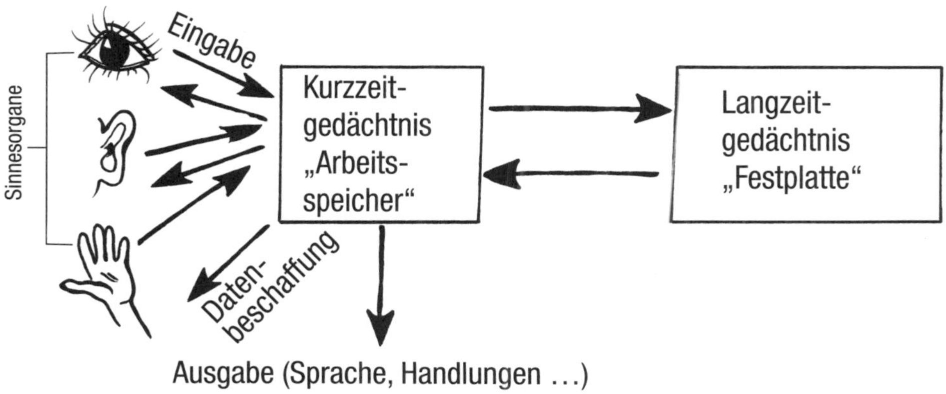

Stellen Sie sich folgende Situation vor:

Was passiert	Was in Ihrem Gehirn abläuft
Sie hören im Radio den neuesten Hit einer bekannten englischen Popgruppe.	Der Arbeitsspeicher gibt die einlaufenden akustischen Reize unter anderem auch an Ihr „Englisch-Fach" im Langzeitgedächtnis weiter.
Sie verstehen leider nur Teile des Textes. (Die Aufnahme ist zu undeutlich.)	Ihr Arbeitsspeicher sucht und sucht.
Sie kaufen sich die CD mit beigelegtem Textzettel, lesen den Text und hören sich gleichzeitig die CD an.	Weitere Daten werden aufgenommen.
Nun funktioniert es: Sie hören den Text und verstehen jedes Wort!	Der Arbeitsspeicher hat zusätzlich auch noch die schriftliche Information zur Synthese des Höreindrucks.

Vorerfahrungen, Zusammenhang (Kontext), Einstellungen sind entscheidend bei dem, was wir wahrnehmen. Eine große Rolle spielen die Emotionen, und zwar sowohl beim Sender als auch beim Empfänger von Daten: Mimik, Gestik, Intonation etc. können Botschaften sehr unterschiedlich „färben". Da die Emotionen in der Tiefe des Gehirns geregelt werden, beeinflussen sie die Wahrnehmungen in einem sehr frühen Stadium, schon bevor sie bewusst werden. Die Wurzeln liegen in unserer evolutionären Geschichte: So ist z. B. Angst für die richtige Wahrnehmung überlebenswichtig.[120]

Spannend ist eine Untersuchung des Japaners Kitayama[121] zum Einfluss der Kultur auf die Wahrnehmung: Westliche Wahrnehmung ist demnach sehr objektorientiert. So schaffen es Amerikaner leichter, einen Kontext zu ignorieren – es darf darüber philosophiert werden –, während Asiaten mehr ganzheitlich wahrnehmen. Ob die besseren Leistungen asiatischer SchülerInnen in internationalen Vergleichstests damit erklärt werden können?

Wie „wahr" ist die Wahrnehmung dann eigentlich? Wir haben es hier mit einem ganz zentralen Thema für unser Leben zu tun: Die starke Abhängigkeit der Informationsaufnahme vom wahrnehmenden Subjekt führt dazu, dass wir in der zwischenmenschlichen Kommunikation unsere Probleme haben, dass sich ganze Nationen nicht verstehen, sich bekriegen, dass Ökologie und Ökonomie teilweise noch immer verschiedene Sichtweisen von ein und derselben Welt haben ... Und alle sind immer der Meinung, sie allein seien im Besitz der „Wahrheit".

Die Wahrheit zu definieren ist nicht ganz einfach, wie der berühmte Physiker Werner Heisenberg formuliert: „Das Gegenteil einer richtigen Behauptung ist eine falsche Behauptung. Aber das Gegenteil einer tiefen Wahrheit kann wieder eine tiefe Wahrheit sein."[122]

Die Abhängigkeit der Informationsaufnahme und -verarbeitung vom Subjekt ist auch ein wichtiges Thema für Schule und Erziehung: Wir Erwachsenen versuchen unsere Sicht der Wirklichkeit, die zum Teil unter anderen Umfeldbedingungen entstanden ist, den Kindern aufzuzwingen. Natürlich haben wir durch unsere – oft schmerzlichen – Erfahrungen wichtige Dinge gelernt, die die Kinder nicht noch einmal durch eigene Erfahrungen lernen sollten. Wir wollen ihnen manche Mühen und Schmerzen ersparen. Aber wir sollten die Welt auch aus dem Blickwinkel der Kinder neu sehen lernen. Kritische Reflexion von Neuem, aber auch Traditionellem ist für Lehrende **und** Lernende wichtig.

Solange sich die Subjektivität der Wahrnehmung allerdings nur auf nette Party-Aufgaben bezieht, ist sie durchaus amüsant:

Sind Sie an Physik interessiert? Dann sehen Sie hier möglicherweise das Konterfei eines berühmten Mannes dieser Zunft.

Sagt Ihnen der Name Botticelli etwas? Er hat ein berühmtes Bild einer aus dem Bad steigenden Schönheit gemalt. Sehen Sie sich die linke Wange des Physikers einmal genauer an!
Oder haben Sie etwa gleich nichts anderes als die Nymphen gesehen?

Die Beeinflussung unserer Wahrnehmungen und Handlungen durch das, was andere tun (Nachahmungslernen, Lernen am Modell), ist hirnbiologisch durch ein eindrucksvolles Experiment nachgewiesen worden:

Es gibt im Gehirn Nervenzellen, die die Koordination von Augen und Händen zur Aufgabe haben. Sie zeigen z. B. Aktivität, wenn wir gezielt nach einer Hand voll Erdnüssen greifen. In Versuchen mit Makaken fand Rizzolatti[123] per Zufall heraus, dass diese Nervenzellen auch dann aktiv wurden, wenn die Affen dem Experimentator zusahen, wie er sich Erdnüsse nahm. Diese von den Forschern „Spiegelneuronen" getauften Nervenzellen ahmen die Handlung eines anderen im eigenen Hirn nach.

Diese Entdeckung führte zu enthusiastischen Äußerungen von ForscherInnen: „Spiegelneuronen ermöglichen es uns, die Intentionen anderer Menschen nachzuvollziehen, … verleihen uns die Fähigkeit, uns in andere hineinzuversetzen und ihre Gefühle und Gedanken zu lesen …"[124]
Wir wollen mal nicht übertreiben!

Wir könnten den Wahrnehmungsvorgang auch als **Hypothesenprüfung** bezeichnen, als eine Prozedur, die folgendermaßen abläuft:

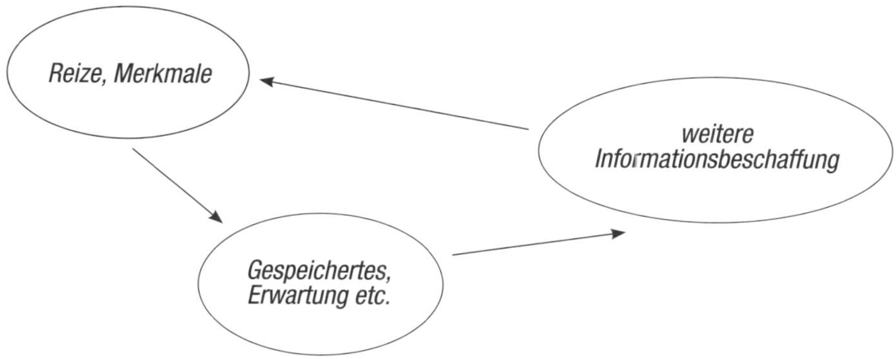

Wir wollen uns diesen Vorgang an einem Beispiel veranschaulichen:

Stellen Sie sich vor, Sie treffen einen Jugendfreund nach mehr als 20 Jahren zufällig wieder und fragen sich: „Ist das nicht der Hansi Müller? Nein, das kann er doch nicht sein! Ja, er ist es wirklich!"

Was passiert	Was im Gehirn abläuft
Sie sehen sein Gesicht.	Visuelle Reize werden abgeklärt.
Sie stellen eine Vermutung bzw. Hypothese auf, um wen es sich hier handelt.	Vergleich und Prüfung mit dem gespeicherten Bild.
Sie schauen noch genauer, „im Detail"; letztlich fragen Sie manches.	Weitere Informationen werden eingeholt.
Sie fallen ihm um den Hals.	Bestätigung der Hypothese

Trotz einer beachtlichen Veränderung (Glatze, Bauch) sind einige Schlüsselmerkmale („Schema“ nach Jean Piaget) übrig geblieben, die zumindest zu einer wahrnehmungsleitenden Hypothese geführt haben. Nun müssen Sie allerdings Ihr Schema verändern. An dieser Veränderungsspeicherung (Piaget nannte den Vorgang **Akkommodation**) muss Ihr Gehirn intensiver arbeiten als bei einer **Assimilation** („Einpassung“ in das bestehende Schema, wenn Sie Ihren Freund nach nur kurzer Zeit wieder sehen). Diese Arbeit ist im EEG nachweisbar:

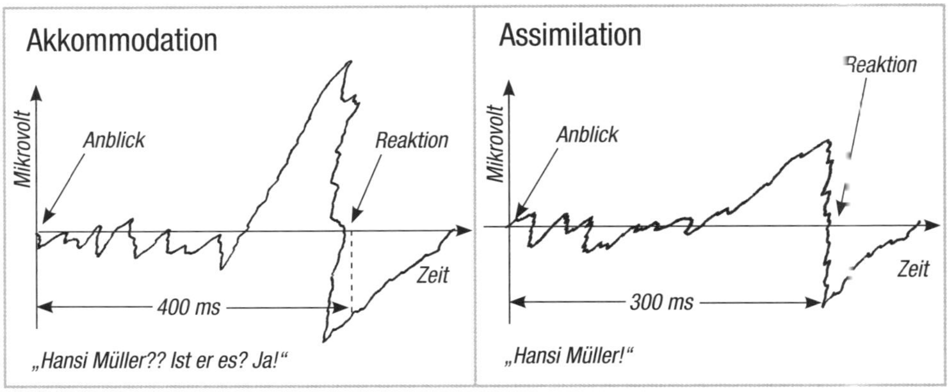

Für Lernen ist fortwährende Informationsaufnahme erforderlich. Somit kann man Lernen auch als ständiges Prüfen von Hypothesen bezeichnen. Dabei wird bestehendes Wissen durch die neu ankommende Information bestätigt (Assimilation), vor allem aber verbessert, erweitert und auch verändert (Akkommodation).

Aus dieser Sicht ist es absurd, das Machen von Fehlern zu tadeln, wie es in der Schule häufig passiert. Lernen ohne Fehler ist nicht möglich; aus den Fehlern müssen wir lernen (unsere Schemata akkommodieren)! Kret formuliert als wichtigen Grundsatz gehirngerechten Lernens: „Die Bestrafung von Fehlern behindert positives Lernen, da das Fehlermachen untrennbar mit dem Lernprozess verbunden ist!“[125]

Nicht Bestrafen, wohl aber sachliches RÜCKMELDEN (siebtes Gebot), und zwar möglichst bald, ist wichtig. Die Betonung liegt auf „sachlich“, nicht „ironisch“: „Ironische Sprüche des Lehrers über die Vehler seiner Schüler sind kontraproduktiv und einschüchternt.“[126]

Hypothesenprüfung war und ist auch das Prinzip der Evolution: Jedes Lebewesen ist mit Erwartungen, Hypothesen an die Umwelt herangegangen; veränderte Lebensbedingungen haben die Notwendigkeit gebracht, die Schemata, Programme zu verändern, gewissermaßen zu lernen. Auch die Wissenschaftstheorie des berühmten Sir Karl Popper[127] betont die Vorläufigkeit allen Wissens und sieht Wissenschaft als den fortwährenden Versuch, die bestehenden Ansichten (Hypothesen, Theorien) zu Fall zu bringen (zu falsifizieren).

Manche Grundschemata sind jedoch sehr stabil: Die Ausbildung der Wahrnehmungsapparate (von den Sinnesorganen über die Nervenleitungen bis zu den entsprechenden Gehirnregionen) folgt zwar einem genetischen Programm – wichtige Grundschemata gibt es z. B. für die Erkennung von Gesicht, Bewegung, Richtung der Schallquellen –, ist aber auch von den Außenreizen abhängig. Wenn z. B. den Augen keine optischen Reize geboten werden, kann sich eine normale Wahrnehmungsfähigkeit nicht entwickeln (vgl. Sie 2. Kapitel, „Was sonst noch interessant ist“, und 3. Kapitel, „Nervenzellen und Umwelt“). Je nachdem, wie in der so genannten „sensiblen

Phase“ Umweltreize auf die verschiedenen Sinneszentralen einwirken, werden sich Stärken und Schwächen entwickeln: Man spricht in diesem Zusammenhang von unterschiedlichen **Wahrnehmungstypen.** Die Beachtung dieser Unterschiede ist gerade für Lehrende von großer Bedeutung: Einerseits sollten sie Informationen über möglichst viele Kanäle anbieten (fünftes Gebot: MEHRERE SINNE!), damit die einzelnen Lerntypen profitieren können, andererseits müssen sie den Lernenden dabei helfen, den eigenen Lerntyp kennen zu lernen, und ihnen auch entsprechende Lerntipps geben.

Welcher Typ sind **Sie** eigentlich? Sie finden den entsprechenden **Test** im Anhang.

Veränderungen der Wahrnehmung durch Lernen können wir vor allem in der **Entwicklung des Kindes** feststellen:
Wenn Sie in der Familie oder in Ihrem Bekanntenkreis ein Baby „zur Verfügung haben“, dann machen Sie folgendes einfache Experiment: Stellen Sie sich seitlich in einiger Entfernung zum Baby und klatschen Sie in die Hände oder – besser – produzieren Sie irgendein weniger erschreckendes Geräusch! Das Kind wird versuchen, die Herkunft des Reizes zu „orten“, und den Kopf in Ihre Richtung drehen. Diese Bewegung wird zunächst noch etwas ungenau sein. Erst mit zunehmendem Training im Laufe der Entwicklung wird diese Erkundungsbewegung präziser.

Denn auch beim Baby findet bereits eine „Hypothesenprüfung“ statt:
Ihr Geräusch (die akustischen Reize) trifft auf ein schon gespeichertes Programm. Das Geräusch trifft im linken Ohr des Babys früher oder später ein als im rechten, je nachdem, auf welcher Seite Sie stehen. Aus diesem Zeitunterschied „errechnet“ das Programm im Gehirn den Drehwinkel des Kopfes. Durch das zunächst noch grobe Drehen wird weitere Information beschafft und mit der ersten Hypothese verglichen. Dieser Vorgang wird immer präziser, das Programm wird „eingefahren“, adaptiert: Es ist also ein lernfähiges Programm.

Derartiges Lernen der Wahrnehmung gibt es nicht nur im Babyalter, sondern sehr ausgeprägt auch noch bis ins Grundschulalter hinein: Farbunterscheidungen werden differenzierter, desgleichen Tonhöhenerkennung und vieles mehr. Fatale Auswirkungen kann die noch nicht ausgereifte Wahrnehmung von Kindern im Straßenverkehr haben: Fehlerhafte Richtungs- und Geschwindigkeitseinschätzungen führen zu furchtbaren Unfällen.

Daher: **Verkehrserziehung ist eine (über-)lebenswichtige Aufgabe für Eltern und LehrerInnen.** Diese darf jedoch nicht auf gutes Zureden, Ermahnen und Erklären beschränkt bleiben, sondern sie muss vor allem (im Sinne des oben Dargestellten) in immer wiederkehrendem Training bestehen.
Aber auch bei Erwachsenen sind noch drastische Veränderungen der Wahrnehmung möglich, wie Experimente mit so genannten Umkehrbrillen eindrucksvoll zeigen:
Den Versuchspersonen werden Spezialbrillen aufgesetzt, die alles auf dem Kopf stehend und/oder seitenverkehrt erscheinen lassen. Die visuellen Reize treffen nun auf ein nicht mehr passendes Schema. Die weitere Informationsbeschaffung (das Training mit diesen Brillen) dreht das Schema schön langsam um; das Programm akkommodiert. Wenn Sie mit einer derartigen Brille eine Tasse Kaffee einschenken wollen, müssen Sie lernen, dass der Kaffee nunmehr nach oben fließt. Nach einer Woche mit solchen Brillen waren Versuchspersonen allerdings in der Lage, sogar Schi zu fahren. Als sie die Brillen wieder abnahmen, war plötzlich die „normale“ Welt „ver-

kehrt". Nunmehr musste der Umkehreindruck wieder umgedreht werden. Da das alte Programm aber anscheinend noch vorhanden war, ging es diesmal schneller, sich wieder an die normale, aufrechte Welt zu gewöhnen.

Wichtig bei all diesen Versuchen war die Aktivität der Versuchspersonen: Jene, die an der Bewegung gehindert wurden (sie wurden in Spezialwägen festgebunden, herumgeschoben und konnten nichts tun), waren zu dieser Umkehrleistung nicht in der Lage. Wie wichtig das Tun, das „Begreifen" für Lernprozesse ist, kann also nicht oft genug betont werden.

Neben der großen Bedeutung von Kontext, Erwartung etc. darf nicht vergessen werden, dass gute Wahrnehmung auch gute Daten benötigt. Das heißt zunächst für die lehrende Zunft ganz allgemein, dass sie beste Informationsaufbereitung (Interessantes, Strukturiertes, Anschauliches etc.) zu bieten hat.

Manchmal hapert es bei der Wahrnehmung schon bei den grundlegenden Informationseinheiten, die man im Falle von Störungen gezielt trainieren soll und kann. So hilft es beispielsweise bei Legasthenie, wenn man die so genannten Low-Level-Funktionen trainiert: Unterscheidung zwischen zwei Sehreizen, Lautreizen; Richtungshören; Tonhöhenunterscheidung; Reaktionsfähigkeit beim Erkennen von Buchstaben; akustische Mustererkennung. Hilfreich sind dabei auch elektronische Hilfsmittel (z. B. Brain Boy).[128]

Zur exakten Wahrnehmung werden Reize, Informationen benötigt, aber auch schon vorhandenes Wissen. Dieses leitet den Wahrnehmungsvorgang in subjektiver Weise. Daraus resultieren nicht nur Alltagsprobleme, sondern auch Schwierigkeiten beim Lernen.

Da das Lernen (Wahrnehmen) eine ständige „Hypothesenprüfung" ist, ist das Machen von Fehlern normal.

Wahrnehmen muss einerseits gelernt werden (wie etwa in der Verkehrserziehung), andererseits sind die Grundprogramme schon bald fixiert (siehe Wahrnehmungstypen).

Sensoren und Leitungen

Nach der Beschreibung des Zusammenspiels zwischen Wahrnehmung und Gedächtnis wollen wir an den Ausgangspunkt zurückkehren: Wie werden die Daten überhaupt registriert? Auf welchen Bahnen werden sie weitergeleitet? Wir wollen uns auf die drei für das Lernen wichtigsten Systeme (Sehen, Hören, Tasten) beschränken.

Das Sehen

Sehen wir uns das Auge einmal näher an:

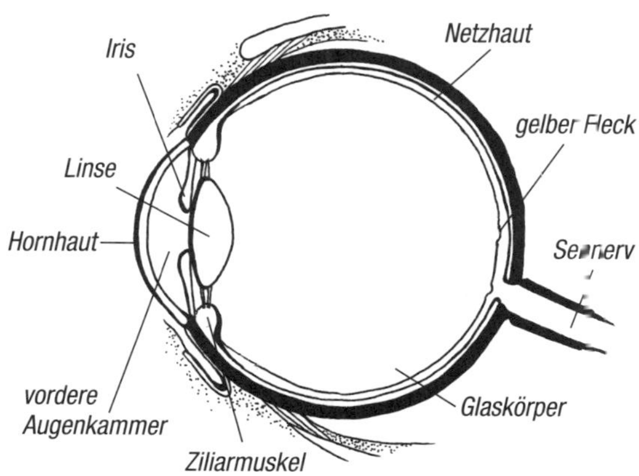

Der Weg der Daten

Denken Sie an einen Fotoapparat:
Die elektromagnetischen Wellen (= Licht) werden durch das „Objektiv" (Hornhaut, vordere Augenkammer und Linse) gebündelt. Auf der Netzhaut entsteht ein umgekehrtes, stark verkleinertes, „scharfes" Bild. Dort, wo die meisten Wellen auftreffen, sind auch fast alle Aufnahmesensoren (Rezeptoren). Diese Stelle wird als gelber Fleck (Fovea centralis) bezeichnet. Zwischen vorderer Augenkammer und Linse sorgt eine „Blende", die Iris, für eine Regelung des Lichteinfalls. Dies bewerkstelligt sie durch die Ziliarmuskeln. In der Netzhaut gibt es zwei Arten von Sensoren: 125 Millionen Stäbchen (maximale Dichte 160.000/Quadratmillimeter), zuständig für Hell-Dunkel-Sehen, und 6,8 Millionen Zapfen (maximale Dichte 150.000/Quadratmillimeter), verantwortlich für die Farbe. Diese Sensoren wandeln die einfallende Energie des Lichtes über mehrere Zwischenstufen letztlich in den 1,2 Millionen Nervenzellen jedes Auges in elektrische Signale um, die über den Sehnerv (ableitende Fasern der Nervenzellen) in Richtung Zentrale geleitet werden (vgl. Abbildung auf Seite 24):

Die Netzhaut ist jedoch mehr als ein reiner „Lichtumwandler": Schon auf dieser Ebene befinden sich spezialisierte Nervenzellen (z. B. für Richtungs- und Bewegungswahrnehmung).[129]

Die beiden Sehnerven laufen an der Schädelbasis aufeinander zu und wechseln in der Sehnervenkreuzung zur Hälfte auf die andere Seite. Die linken Gesichtsfelder beider Augen werden so in die rechte Gehirnhälfte projiziert, die rechten Felder in die linke. Die Sehzentren beider Hemisphären stehen jedoch auch untereinander über den Balken in Verbindung.

Nach der Sehnervenkreuzung verlaufen die Leitungen zu einer Schaltstelle des Thalamus, zum so genannten Seitlichen Kniehöcker: Das ist die erste und einzige Umschaltstelle auf dem Weg zwischen Netzhaut und Hirnrinde. Hier werden auch andere Informationen dazugeschaltet, etwa Gefühle oder bereits im Langzeitgedächtnis vorhandene Informationen, mit denen die vom Auge gelieferten Informationen verglichen werden.

Schon vor der Sehnervenkreuzung gibt es noch Abzweiger zum Hirnstamm: Auch dies ist hinsichtlich der Aufmerksamkeitssteuerung bedeutsam. Vorläufige Endstation ist das Sehzentrum im Hinterhauptslappen des Großhirns: Die Nervenzellen in dieser Region analysieren die Information auf Hell-Dunkel-Kontraste, Konturen, Bewegung etc. An der Gesamtverarbeitung sind allerdings auch die benachbarten Gebiete des Sehzentrums beteiligt. Die Weiterverarbeitung vom Sehzentrum aus erfolgt auf zwei Bahnen: Die untere (ventrale) ist für Form und Farbe zuständig, die im Gehirn weiter oben befindliche (dorsale) für Raum und Bewegung.[130]

Alle Regionen tauschen jedoch die Informationen untereinander aus; außerdem fragen sie zurück über die Umschaltstelle im Seitlichen Kniehöcker zum Frontalhirn. Gerade diese Rückkopplung ist für die Wahrnehmung sehr wichtig, weil sie ohne den Vergleich von neuen Daten mit bereits Gespeichertem nicht funktionieren kann.

Das Hören

Wie sieht es im Ohr aus?

Der Weg der Daten

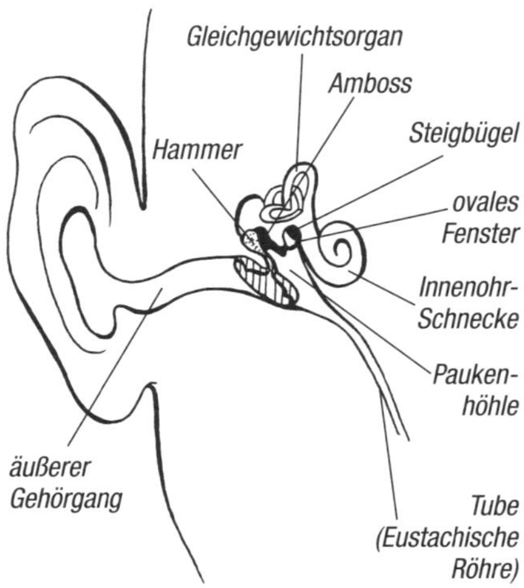

Die Schallwellen werden von einem „Trichter“ (der Ohrmuschel) aufgefangen und über den äußeren Gehörgang zum Trommelfell geleitet, das die Schwingungen auf die Gehörknöchelchen des Mittelohrs (Hammer, Amboss, Steigbügel) überträgt. Der über die große Trommelfellfläche aufgenommene Luftdruck wird auf die kleine Fläche des so genannten ovalen Fensters gebündelt. Dadurch und durch die Hebelwirkungen der Gehörknöchelchen wird der Druck erheblich verstärkt. Über das ovale Fenster werden die Luftwellen auf das Wasser des Innenohrs übertragen. Dieses wird wegen seiner Form „Schnecke“ (Cochlea) genannt; es ist im so genannten Felsenbein des Schädels gut geschützt untergebracht und misst nur einen Zentimeter an der Basis und einen halben bis zur Schneckenspitze.

Jede Windung besteht aus drei Räumen, die mit Flüssigkeit gefüllt sind (siehe Abbildung unten).

Auf der Basilarmembran sitzt der eigentliche Hörapparat, das so genannte Corti-Organ: Es enthält die Antennen, die von den Wasserwellen (ausgelöst vom Luftdruck auf das ovale Fenster) wie Schilfrohre hin und her bewegt werden. Die Zahl dieser Haarzellen ist eher gering, es sind etwa 15.000. An ihrer Spitze berühren sie die gallertartige Tektorialmembran. Die Wasserwellen wandern vom ovalen Fenster bis zur Spitze der Schnecke, wobei der größte „Wellenbauch“ (Schwingungsmaximum) je nach Frequenz an unterschiedlichen Stellen auftrifft: Hohe Töne haben bereits in der Nähe des ovalen Fensters ihr Maximum, tiefe erst gegen das Ende der Schnecke. Dort, wo nun der jeweils größte Wellenbauch die Antennen trifft, entsteht in diesen elektrischer Strom.

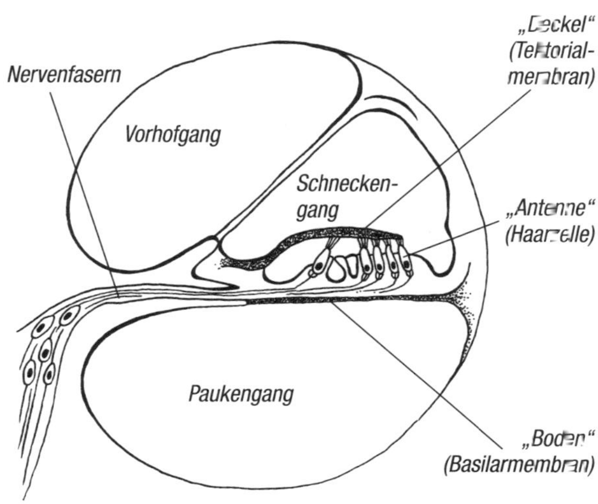

Fassen wir die Umwandlung der Informationen zusammen:

Schallwellen sind zunächst Luftdruckwellen; sie setzen Trommelfell und Gehörknöchelchen in mechanische Schwingungen, die dann über das ovale Fenster im Innenohr Wasserwellen erzeugen. Dort, wo die Welle ihr Maximum erreicht, entsteht das Stromsignal.

Diese elektrischen Signale werden über die Nervenfasern aus der Schnecke hinausgeleitet, bereits hier vereinigt mit den Fasern aus dem Gleichgewichtsorgan. Im Gegensatz zur Sehbahn, in der es nur eine Umschaltstelle auf dem Weg zur Großhirnrinde gibt, existieren in der Hörbahn fünf bis sechs Schaltstellen. Wichtig ist wie bei der Sehbahn die Station im Thalamus; es ist der Mittlere Kniehöcker. Von hier geht es dann direkt zum Hörzentrum im Schläfenlappen des Großhirns (vgl. die Abbildung auf Seite 22, oben). Interessant ist, dass wie bei der Sehbahn auch bei der Hörbahn Nervenleitungen vom Großhirn wieder zurück zum Thalamus führen. Die höheren Etagen haben also einen Einfluss darauf, was alles geliefert wird. Im Thalamus greifen dann auch Aufmerksamkeit und Gefühle in die Wahrnehmung ein (siehe die folgenden Abschnitte „Empfang“ und „Gefühle“).

Das „Begreifen“

In vielen wissenschaftlichen Arbeiten über die Wahrnehmung stehen Sehen und Hören im Vordergrund. Dies soll jedoch nicht heißen, dass alle anderen Sinne unwichtiger sind. Ganz im Gegenteil: **Alle** Sinnesorgane liefern wertvolle Informationen über die Umwelt.

Schon im Wort „begreifen“ ist eindrucksvoll die Bedeutung des Tastsinns angesprochen. Sowohl in der Evolution als auch in der individuellen Entwicklung ist der Stellenwert dieses Sinns für das Entstehen von Intelligenz deutlich erkennbar: Der Werkzeuggebrauch war und ist eines der entscheidenden Elemente für unsere Höherentwicklung. Schon bald nach der Geburt ertasten wir unser Umfeld und koordinieren unsere Eindrücke mit den Bildern, die wir sehen. Der Fachbegriff dafür heißt Auge-Hand-Koordination.

Das Wort „Eindruck“ weist auch auf die Funktionsweise des Tastinstrumentariums hin: Die menschliche Haut ist sehr empfindlich für mechanische Reize, die mehr oder weniger stark „drücken“. Man unterscheidet vier Empfindungsarten: Druck-, Berührungs-, Vibrations- und Kitzelempfindungen. Für alle diese Empfindungen gibt es entsprechende Punkte auf der Haut, an denen sich unterschiedliche Sensoren befinden, auf die jedoch hier nicht näher eingegangen werden kann. Die Hand ist für das Begreifen besonders wichtig und hat daher auch eine sehr dichte Anordnung von Sensoren, etwa 17.000 auf der Innenfläche (vgl. dazu auch den „Homunculus“ im ersten Kapitel). Zusätzlich zum Instrumentarium an der Oberfläche ist auch die so genannte Tiefensensibilität von Bedeutung: Sie liefert Informationen über die Stellung der Gelenke, über Bewegungen und Muskelkraft.

Die Bahnen von den einzelnen Sensoren der Haut und aus der Tiefe ziehen über das Rückenmark nach oben. Wesentliche Schaltstellen sind wieder die Formatio reticularis und der Thalamus. Die Empfindungen werden dann im sensorischen Feld der Großhirnrinde registriert und insgesamt auch bewusst.

Die Meinung, dass die verschiedenen Sinne im Hirn getrennte Areale haben, ist spätestens seit manchen kernspintomografischen Untersuchungen widerlegt: So konnte Alvaro Pascual-Leone zeigen, dass die taktile Leistung von Blinden beim Abtasten der Blindenschrift nicht nur die Tastfelder, sondern auch die visuellen Bereiche im Gehirn anspricht.[131]

Zu welch großartigen Leistungen das Gehirn fähig ist, zeigt der Fall von Helen Keller: Obwohl blind und taub, konnte sie die Sprache so gut erlernen, dass sie Schriftstellerin wurde. Wie ist so etwas möglich? Die Betreuerin „schrieb" ihr die Worte in die Hand, während Helen den entsprechenden Gegenstand betastete. Das war der Anfang eines unvorstellbar mühevollen Lernprozesses der Wort-Tast-Koordination. Gehirnbiologisch gibt es dafür nur eine Erklärung: Die Informationen vom Tastorgan müssen im Gehirn auch Felder erreichen, die mit Sprache zu tun haben, und können nicht nur auf das sensorische Feld beschränkt bleiben. Die Verarbeitung der Sinnesreize kann also sehr flexibel, „plastisch" erfolgen. Dennoch: Die tatsächlichen Vorgänge bleiben wohl noch einige Zeit schwer erklärbar.

Manche Menschen leiden aber unter einer „Vermischung der Sinne": Sie „schmecken" Wein „blau", „fühlen" Zahlen „weich" etc. Diese Störung heißt Synästhesie.[132]

Das Grundprinzip der Reizaufnahme und -weiterleitung ist bei allen Sinnen ähnlich: Rezeptoren (z. B. Stäbchen und Zapfen in der Netzhaut) wandeln die Außenreize in elektrische Signale um, die über zum Teil mehrere Zwischenstationen in die Verarbeitungszentren der Großhirnrinde weitergeleitet werden.

Wichtig ist, dass es sich um keine Einbahnstraße handelt, sondern dass durch Rückkopplung die höheren Zentren auch in die Aufnahme und Auswahl der Informationen eingreifen.

Hervorzuheben sind weiters die Schaltstellen Thalamus und Formatio reticularis, die Aufmerksamkeit und Gefühle beisteuern.

Auf Empfang geschaltet

Nach all diesen Ausführungen über die Wahrnehmung stellt sich eine wichtige Frage: Woher weiß das Gehirn, auf welche Merkmale es besonders achten muss, welche wesentlich sind? Wie wird die **Aufmerksamkeit** gesteuert?

Stellen Sie sich das Problem einmal ganz praktisch vor:
Sie sitzen in einem Vortrag, vor dem Fernseher, in einer Schulstunde. Damit Ihr Wahrnehmungsapparat überhaupt in Gang kommt, müssen Sie wach und aufmerksam sein, Ihre Sinnesorgane, Ihr ganzer Körper müssen „auf Empfang geschaltet" werden. Wann ist dies der Fall?

Eine wesentliche Rolle spielen, wie schon im ersten Abschnitt des zweiten Kapitels gezeigt die wahrnehmungsleitenden Einstellungen, Erwartungen, Vorinformationen: Sie wissen, welches Thema Ihnen bevorsteht, was Sie schon vorher gelernt haben. Sehr wesentlich sind die damit verbundenen Gefühle, die negativen wie positiven Erinnerungen.

Der Zustand der **allgemeinen Wachsamkeit** stellt für die Informationsaufnahme die absolute Basis dar. Die Wissenschaft[133] unterscheidet hier zwischen einer **phasischen** (englisch: *arousal*) und einer **tonischen** Komponente (englisch: *activation*) und meint damit: *Arousal* tritt rasch auf und führt zur Sensibilisierung der Sinnesorgane, *Activation* schaltet die Muskulatur auf Empfang, sorgt also für eine gewisse Mindestspannung (Tonus). Veränderungen der *Activation* gehen eher langsamer vor sich, spiegeln Tages- und Lebensrhythmen, Müdigkeit, Fitness etc. wider.

Zur weiteren Illustration eine fast banale Geschichte: Sie müssen (wollen, dürfen) in ein Konzert gehen. Sie wissen, was Sie erwartet: Joseph Haydns „Sinfonie mit dem Paukenschlag". Ob diese Erwartung emotional positiv oder negativ geladen ist, hängt von früheren Erfahrungen ab, von Ihrer Einstellung zu Konzerten im Allgemeinen, zu Haydn im Besonderen; auch vom Kontext des Konzertbesuchs (Sie gehen mit Geschäftspartnern – um gesehen zu werden – weil die Freundin es verlangt – herausgerissen aus dem Alltagsstress – oder doch zur Erholung).

Nun sitzen Sie endlich im Konzertsaal. Ihre **tonische Aktivierung** ist ausreichend: Sie können aufrecht sitzen, Ihre Hals- und Nackenmuskeln sorgen dafür, dass Sie „gespannt" zuhören können. Das **phasische *Arousal*** (Sie schauen sich um, hören die ersten Töne, wechseln noch schnell ein paar Worte mit der Nachbarin, lesen das Programmheft) sorgt für geistige Aufmerksamkeit. Im Hirnstrombild könnten wir dies sogar nachweisen. Auch EKG sowie Hautwiderstand und andere vegetative Funktionen zeigen die so genannte **Orientierungsreaktion.**[134] Bewerkstelligt werden diese Vorgänge durch die dichte Verschaltung von Nervenbahnen in der Formatio reticularis. Betrachten Sie bitte die folgende Abbildung!

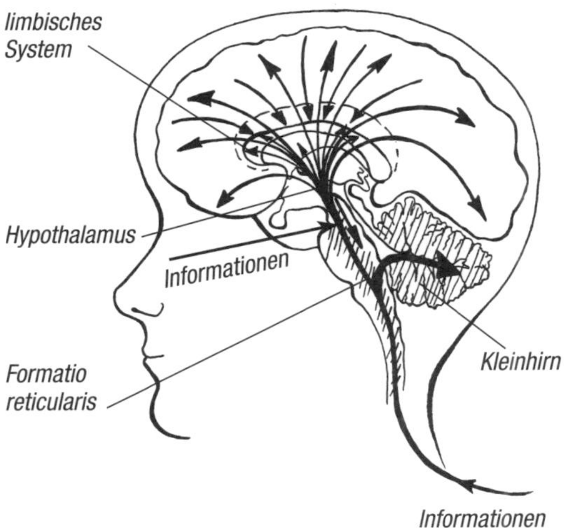

Alle Informationen von den Sinnesorganen gehen durch diese Schaltanlage, wecken das Großhirn auf (lange Pfeile), mobilisieren dabei auch die Welt der Gefühle (limbisches System; mittellange Pfeile) und lösen in der Zentrale der vegetativen Funktionen (Hypothalamus; kürzerer Pfeil) Reaktionen wie z. B. Weinen aus. Natürlich haben sie auch Querverbindungen zum Kleinhirn (Regelung des Gleichgewichts, des Tonus). Umgekehrt führen alle Leitungen vom Großhirn nach unten zum Rückenmark durch dieses Gebiet.

Zurück zu unserem Beispiel:
Die ersten Töne erklingen, Sie erkennen bekannte Passagen (lesen Sie im Geist die Partitur?), die Emotionen sind hoffentlich positiv, die vegetativen Funktionen beruhigen sich, legen sich nach dem Stress des Tages oder sie eskalieren vor lauter Lust (meist bei Rock- und Popkonzerten) zu Tränen, Schweiß, Blutdruckanstieg. Ihr Tonus hält Sie in gespannter Aufmerksamkeit.

Doch: Die Musiker spielen Ihrer Meinung nach miserabel, das Parfum des Sitznachbarn ist fast Ekel erregend, die Gedanken an den morgigen Tag lassen Sie nicht los. Sie wären jetzt eigentlich motorisch aktiviert zur Fluchtreaktion. Aber „es gehört sich nicht" einfach aufzustehen und davonzurennen, sagt Ihr Frontallappen. Ihr Körper schafft sich nun ein „Notventil": Die tonische

Aktivierung lässt nach, die Hals- und Nackenmuskeln lassen den Kopf nach vorne sinken oder, noch schlechter, nach hinten: Das Gaumensegel fällt nach hinten – und Sie schnarchen.

Doch da kommt der Paukenschlag und weckt Ihr ganzes System (*Arousal* und *Activation*) wieder auf: Der Muskeltonus hält Sie aufrecht, das Großhirn schämt sich und bewirkt entsprechende Gefühle und begleitende vegetative Erscheinungen; Sie werden aber hoffentlich deswegen nicht weinen!

Etwas detailliertere Zusatzinformationen:
Die so wichtige Formatio reticularis ist in den evolutionsgeschichtlich älteren Hirnteilen beheimatet, was auch durchaus verständlich ist: Orientierungsreaktion, Wachsamkeit, Aktivierung sind überlebenswichtige Programme, auch ohne „höheres Bewusstsein". Die Entwicklung zum Großhirn hat die geistige Aufmerksamkeit hervorgebracht, die aber mit den älteren Funktionen (Orientierungsreaktion, ...) vernetzt wurde.

Die Schnittstelle zwischen „Großhirn-Aufmerksamkeit" und „Stammhirn-*Arousal*/Aktivierung" liegt im **Thalamus:** Hier werden die Informationen, die vom Großhirn bzw. von der Formatio reticularis kommen, mit den „neuen Daten" aus den Sinnesorganen verglichen und weiterverarbeitet (vgl. obige Abbildung).

Eine wichtige Rolle, nämlich die eines „Türöffners" (englisch: *gating*), scheint der untere Teil des Stirnhirns, der präfrontale Cortex, zu spielen.[135] Gemeinsam mit einem Areal im Scheitellappen ist dieser präfrontale Cortex maßgeblich an Aufmerksamkeits- und Verhaltenssteuerung beteiligt.[136]

Kommen wir nun zur Ausgangsfrage zurück: Woher „weiß" das Gehirn, welche Reize für die Wahrnehmung wesentlich sind, welche in die weitere Analyse einbezogen werden müssen?

Unsere Sinne haben eine begrenzte Kapazität, bedingt durch die Empfangsantennen (in der Netzhaut des Auges, im Innenohr, ...), durch die Kabelleitungen, die Energieversorgung usw. Zusätzlich zur Begrenzung dieser Kanalkapazität müssen wir jedoch eine solche der zentralen Verarbeitung annehmen:
Vom Thalamus gehen viele parallele Daten-Highways weg, die die Informationen zu den Großhirnfeldern liefern. Hier wird nun verglichen und rückgemeldet, welche Teile der neu dazukommenden Informationen weggelassen werden können und welche nicht. Dieses so genannte *Gating* passt gut zur Vorstellung von der Wahrnehmung als Hypothesenprüfung (vgl. das Beispiel „VERITAS" im ersten Abschnitt des zweiten Kapitels).

Für schulisches und anderes Lernen höchst wichtig ist es, dass die Intensität der Aufmerksamkeit vom Resultat des Vergleiches mit bereits vorhandenen Daten abhängt: Der Grad der Neuheit bestimmt die Orientierungsreaktion – je „neuer" die Information, desto höher die Aufnahmebereitschaft.

Fassen wir die „Hierarchie der Aufmerksamkeit" zusammen:

Die allgemeine Wachsamkeit, der wahrnehmungs- und lernbereite Zustand (die tonische Aktivierung) wird in erster Linie von den unteren Teilen der Formatio reticularis gemanagt; darauf aufbauend sorgt der Thalamus für die **selektive** (phasische) Aufmerksamkeit. Dies kann er jedoch nur in Zusammenarbeit mit ihm übergeordneten Bereichen, im Besonderen mit dem präfrontalen Cortex als „Türöffner" oder auch „Entscheidungsträger", der die Vergleichsresultate aus dem übrigen Großhirn bekommt. Gleichzeitig erhält er vom limbischen System eine Rückmeldung über die emotionale Bedeutung. Teile des limbischen Systems (z. B. der Hippocampus) haben darüber hinaus auch bei der endgültigen Neu-Einspeicherung der wahrgenommenen Informationen wichtige Aufgaben zu erfüllen.

Ein altes neues Problem der Schule: ADHS

„Ob der Philipp heute still
wohl bei Tische sitzen will?"

Wer kennt nicht die Geschichte vom Zappelphilipp?

Sie zeigt, dass die so genannte Hyperaktivität nicht erst ein Problem der heutigen Zeit ist. Untersuchungen belegen, dass diese Störung nicht häufiger als früher auftritt.[137] Aber **ADS** (Aufmerksamkeitsdefizit-Syndrom) oder **ADHS** (Aufmerksamkeitsdefizit-Hyperaktivitäts-Syndrom) ist in aller LehrerInnen-/Elternmunde!

Symptome: Unaufmerksamkeit, Ablenkbarkeit, Unruhe, mangelnde Verhaltenskontrolle, Aggressivität; später Neigung zu Drogenmissbrauch.

Angeblich stellt dieses Syndrom die mit Abstand häufigste psychische Störung im Vorschul- und Schulalter dar: Tatsächlich sind es 1–2 % (davon 80 % Knaben!), obwohl wesentlich mehr – bis zu 15 % – diagnostiziert wird.[138]

Was hat es damit auf sich?

Auch wenn die „Diagnose" besonders von Eltern und LehrerInnen viel zu häufig gestellt und damit oft eine Stigmatisierung vorgenommen wird, so ist doch festzuhalten, dass manche Kinder tatsächlich eine derartige Störung haben.

Was passiert dabei im Gehirn?

Obwohl eine eindeutige biologische Erklärung noch aussteht, gibt es einige klare Fakten:[139] Die Gene stellen den wichtigsten Faktor dar, und zwar sind es vorwiegend die Gene für verschiedene Eiweiße, die den Kreislauf des Überträgerstoffes (zu den Nervenzellkontakten) Dopamin beeinflussen. Diese Fehlregulation betrifft vor allem Bereiche im Stirnhirn, im Scheitellappen, in den Bewegungsarealen, im Kleinhirn u. a.

Da diese Bereiche mit Verhaltenssteuerung, Kontrolle der Motorik, Aufmerksamkeit zu tun haben, werden auch die Symptome von ADHS verständlich. In diesen Regionen hat man auch geringeres Hirnvolumen, Abweichungen in der Durchblutung und der elektrischen Aktivität festgestellt.[140]

Natürlich spielen auch Umwelteinflüsse eine Rolle: Alkohol und Nikotin während der Schwangerschaft, Frühgeburt, Sauerstoffmangel bei der Geburt, aber auch Inkonsequenzen bei der Erziehung sowie schulische Bedingungen (Ängste, Unter- und Überforderung etc.) sind Mitfaktoren.

Was tun?

Es herrscht große Verunsicherung. Vor allem der zunehmende Einsatz von Medikamenten stößt auf Kritik, obwohl das Parademittel Ritalin (Methylphenidat) Erfolge feiert: Bei 70–90 % werden die Auffälligkeiten verringert oder beseitigt.[141] Paradoxerweise wirkt Ritalin, obwohl es ein Stimulantium ist. Es bringt den Dopaminstoffwechsel wieder in Balance. Wenngleich die Erfolge bestechend und die Nebenwirkungen angeblich gering sind, sollte man nicht zu schnell zum Medikament greifen, schon gar nicht, wenn die Diagnose – und zwar erstellt von einem Facharzt – nicht ganz klar auf ADHS lautet.

Selbst wenn ADHS vorliegt, sind vorerst viele andere Möglichkeiten auszuschöpfen, die ohnehin auch für gesunde Kinder von großem Nutzen sind:

- Mehr Bewegung zulassen und fördern, und zwar in Schule und Elternhaus. Wir sind anders gemacht als zum Sitzen und Fernsehen oder Computerschauen![142]
- Gezielte Übungen wie Entspannungstechniken einsetzen.[143]
- Schulische und häusliche Lernbedingungen verbessern.[144]
- Lern- und Verhaltenspläne anlegen und trainieren.[145]
- Professionelle Verhaltenstherapie in Anspruch nehmen.

Als besonders wirksam haben sich Kombinationen von medikamentöser Behandlung mit Verhaltenstherapie erwiesen.[146] Eine interessante neue Therapieform ist das **Neurofeedback**: Dabei müssen die Kinder in einer Art Computerspiel ihre Hirnaktivität, die ja im Falle wirklicher ADHS gestört ist, willentlich beeinflussen und auf Normalität bringen.

Zum Schluss noch als Trost für alle Betroffenen (Eltern, LehrerInnen, Kinder): Zappelphilippe haben auch viele positive Eigenschaften, wie Aufgeschlossenheit, Neugier, Energie, Begeisterungsfähigkeit, Kreativität, Intelligenz. Nützen Sie diese Kräfte!

> Die Aufmerksamkeit hängt ab vom Zustand des Körpers (Wachsamkeit), von Erwartungen, Erfahrungen und vom Kontext.
> Eine bedeutende Rolle spielen dabei auch die Gefühle.
> Eine wichtige biologische Basis dafür stellt die Formatio reticularis dar, die eng mit Thalamus und präfrontalem Cortex zusammenarbeitet.
>
> Bei ADHS vor dem Griff zum Medikament zuerst Bewegung, Entspannung, Freude, Lernhilfen.

Jetzt ist der Zeitpunkt gekommen, die zwar allseits bekannte, aber für geistige Prozesse vielfach unterschätzte Rolle der Emotionen näher zu beleuchten.

Die Rolle der Gefühle

Die Erkenntnis, dass das Gehirn mit Gefühlen etwas zu tun haben könnte, konnte sich, wie vieles in der Hirnforschung, erst langsam durchsetzen. Obwohl die alten Ägypter schon genaue Aufzeichnungen über Kopfverletzungen – mit Hinweisen auf Untersuchung, Diagnose und Behandlung – führten (vgl. Methoden der Hirnforschung, S. 34), hielten sie das **Herz** für den Sitz von

Geist und Gefühl. Die zentrale Rolle des Herzens ist durchaus verständlich: Stillstand war schon sehr früh als das Aus für das Leben nachvollziehbar. Außerdem sind Gefühle wirklich im Herzen zu spüren.

Ein Grieche namens Alkmäon kam schon im 6. Jh. v. Chr. auf den Gedanken, dass unsere Gefühle nicht dort entstehen, wo wir sie spüren. Ein Jahrhundert später war Hippokrates überzeugt, dass wir nicht mit dem Herzen, sondern mit dem Gehirn denken. Diese Erkenntnis wurde jedoch lange Zeit „zugedeckt" durch die Behauptung des Aristoteles, dass das Herz fühle und denke. Dem Gehirn schrieb er angesichts der Windungen nur eine Art Kühlfunktion zu. Erst der römische Arzt Galenus konnte im 2. Jh. n. Chr. das Gehirn als Sitz von Denken und Fühlen etablieren. Im Mittelalter stand jedoch wieder die Ansicht des Aristoteles im Vordergrund. Erst das mutige Sezieren von Leichen durch Leonardo da Vinci, vor allem aber durch Vesal, verhalf dem naturwissenschaftlichen Zugang zum Durchbruch.

Heute wissen wir, dass die entscheidende Struktur für die Gefühle das **limbische System** darstellt (vgl. erstes Kapitel, Abschnitt „Gefühle und vieles mehr").

Dass Gefühle kein isoliertes Dasein führen, sondern mit Wahrnehmen, Gedächtnis, Lernen und Denken vernetzt sind, zeigen schon alltägliche Erfahrungen: Denken Sie an das Beispiel des Konzertbesuchs im vorigen Abschnitt! Geistige Vorgänge können **nur** im Zusammenhang mit ihrem emotionalen Hintergrund verstanden werden.

Gemäß der „Hypothese von der Affektlogik"[147] – schon der Begriff weist auf eine Verbindung zwischen Fühlen und Denken hin – werden alle von den Sinnesorganen einlaufenden Informationen mit einer affektiven Färbung und Wertung versehen. Manchmal oder, richtiger, sehr oft ist die Balance zwischen Gefühl und Verstand gestört: Und das logische Denken ist beeinträchtigt.

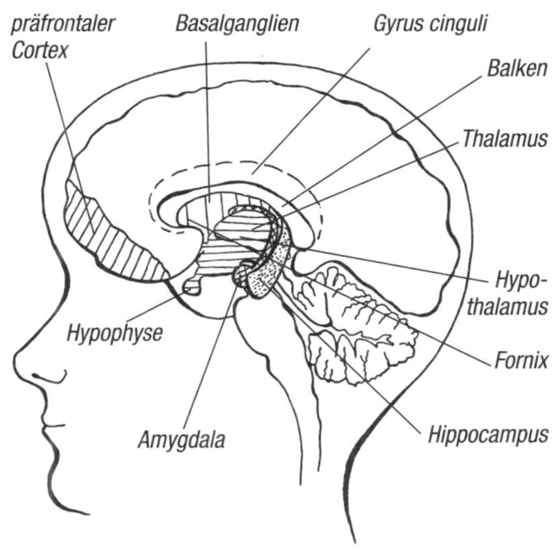

Zurück zum Alltag: Man lernt und denkt anders, wenn man in ruhiger, positiver Stimmung ist, als wenn man frustriert an die Sache herangeht: „Alles, was beim Lernen Freude macht, unterstützt das Gedächtnis", wusste schon Comenius.[148]

Das Zusammenspiel von Gefühl und Verstand sowie deren gegenseitige Abhängigkeit werden durchaus verständlich, wenn man die Biologie des Gehirns betrachtet:

Wie sieht es aus, wenn Gefühl und Verstand zusammenwirken?

Was „außen“ passiert	Was in Ihrem Gehirn vorgeht
Stellen Sie sich vor, Sie sitzen in einem Kurs (z. B. einer Einführung in ein neues Computerprogramm)! Die Vortragende (sympathische Frau, kompetent, kann gut erklären) demonstriert einen wichtigen Sachverhalt.	Die Informationen kommen über Ihre Sinnesorgane in Ihr Gehirn, wo die Formatio reticularis sowohl tonisch als auch phasisch Ihre Aufmerksamkeit auf besten Empfang eingestellt hat. Daher können die Daten über Basalganglien (Nucleus caudatus, Putamen, Pallidum) und Thalamus zum Gyrus cinguli und weiter ins Großhirn gelangen und werden dort auch zum präfrontalen Cortex – er ist der „Entscheider“ – gespielt. Dieser schaltet sowohl zum Thalamus zurück, um die Ergebnisse des Vergleiches im Großhirn zu übermitteln, als auch zur Amygdala, die eine emotionale Markierung vornimmt.
Aufgrund dieses Prozesses „wissen“ Sie, was Sie nun tatsächlich einspeichern sollen	Diese Aufgabe übernimmt der Hippocampus.
und wie Sie die nächsten Daten „vor“-behandeln sollen.	Hier tritt wieder der Türöffner im Thalamus auf den Plan.
Wie gesagt: Die Vortragende ist kompetent und kann gut erklären. Sie kommen gut mit und sind daher weiterhin motiviert. Sie freuen sich.	Die Amygdala markiert „positiv“, Ihr ganzes limbisches System erzeugt gute Gefühle, die Ihnen natürlich über den Thalamus auch ins Großhirn zu Bewusstsein gebracht werden. Sie können Ihr Wohlgefallen auch sprachlich rückmelden. Wir sehen also: Nicht die rechte Hemisphäre erzeugt die Gefühle, wie vielfach behauptet wird, sondern die Entstehung beginnt schon in der Tiefe.
Erinnern Sie sich: Die Vortragende ist sympathisch. (Zusatzinformation: sehr attraktiv!)	Die auf Männer wirkenden typischen „Schlüsselreize“ kommen aus den Uralprogrammen (im Hypothalamus) zur Amygdala, die den gefühlsmäßigen Anteil dazugibt und natürlich wieder über den Thalamus an die Zentrale meldet. Die Meldung geht jedoch auch wieder zurück zum Hypothalamus: Dieser bewirkt und steuert die den Gefühlen entsprechenden Körperfunktionen: Es wird Ihnen „warm ums Herz“, Sie haben ein „gutes Gefühl im Bauch“ etc.

Sie lassen Ihren Gedanken nicht freien Lauf, sondern konzentrieren sich auf die Sache Computer.	Interessant ist, dass der Hypothalamus auch wieder „nach oben" melden muss, damit der „Entscheidungsträger" (präfrontaler Cortex) unter Umständen bremsend eingreifen kann, falls Ihre Emotionen mit Ihnen „durchgehen" wollen.

Für alle diese bildhaft dargestellten „Meldungsverläufe" gibt es tatsächlich die entsprechenden Nervenleitungen.[149]

Natürlich gibt es Gefühle nicht nur bei der Verarbeitung von Außeninformationen: Der Autor hat jetzt ein wichtiges Kapitel geschrieben und ist mit sich zufrieden. Er lehnt sich wohlig zurück und denkt: „Hoffentlich sind meine LeserInnen mit mir zufrieden!"
Hier kommen die Auslöser für Gefühle von innen: Die Gedanken des Großhirns werden dann allerdings im limbischen System ebenso behandelt wie die Sinnesreize von außen. Nur die Flussrichtung der Meldungen ist am Anfang umgekehrt: vom Großhirn abwärts.

Beim Einspeichern der Informationen (über den Hippocampus) in die Netze des Großhirns (Näheres im dritten Kapitel) müssen dann auch die emotionalen Markierungen mitgenommen werden, damit sie für spätere Vergleiche mit neuen Informationen zur Verfügung stehen. So kann z. B. schon der bloße Anblick eines Lehrers, mit dem man bereits öfter negative Erfahrungen gemacht hat, zum Gefühl der Angst mit allen körperlichen Begleitsymptomen führen; eine Angst, die sich unter Umständen ausbreitet auf das Unterrichtsfach und vielleicht sogar in eine umfassende Schulangst mündet. (PsychologInnen nennen diesen Vorgang Generalisierung.)

Eine entscheidende Rolle spielt dabei die Amygdala.
Nicht immer sorgt die Amygdala erst **nach** der „Erlaubnis" durch den präfrontalen Cortex für Gefühle bzw. entsprechende Reaktionen. Manchmal wird das denkende Großhirn erst im Nachhinein über die vollbrachte Tat informiert. Stellen Sie sich dazu Folgendes vor: Sie gehen im Wald spazieren. Plötzlich raschelt es vor Ihnen, Sie sehen eine Schlange. Diese Information läuft nun gleichzeitig über zwei Bahnen:[150]
Die **schnelle** Übermittlung führt über Thalamus und Amygdala hinunter ins Rückenmark und bewirkt dort einen Schutzreflex Ihrer Muskeln: Sie rühren sich nicht von der Stelle.

Der zweite, **langsamere** Weg führt ebenfalls über die Schaltstelle Thalamus, aber dann in der gewohnten Weise (wie weiter oben beschrieben) zum Großhirn. Der präfrontale Cortex entscheidet, ob die Alarmreaktion überhaupt notwendig war, und überlegt Alternativen. Natürlich kommt etwas zeitverzögert das Gefühl der Angst in Ihr Bewusstsein: Die Amygdala muss ja über das gesamte limbische System erst die emotionale Färbung bewerkstelligen. Auch die körperlichen Symptome (von der Amygdala über den Hypothalamus eingeleitet) bemerken Sie erst jetzt: Das Herz klopft bis zum Hals, der kalte Schweiß steht Ihnen auf der Stirn, ...

Bei Menschen mit schwerem Gedächtnisverlust wirkt sich der emotionale Gehalt insofern positiv aus, als stark gefühlsbetonte Resterinnerungen erhalten bleiben.[151]

Fassen wir die **Rolle der Gefühle bei der Informationsverarbeitung** zusammen:

Schon die Alltagserfahrung zeigt uns, dass Ereignisse und Fakten, die mit starken Gefühlen verbunden sind, besonders gut gespeichert werden. So sind auch die frühesten Kindheitserinnerungen fast ausschließlich auf sehr emotionale Ereignisse bezogen. Bei negativen Emotionen kann sich diese erfolgreiche Speicherung auch sehr ungünstig auswirken: Traumatische Erlebnisse führen nicht selten zu Störungen und sind schwer aus dem Speicher zu löschen.

Lernen, Speichern, Denken sind nicht nur eine Angelegenheit der „Chefetage", sondern des ganzen Gehirns und damit auch des ganzen Körpers. Die Wissenschafter Koukkou und Lehmann[152] zeigen in ihrem Modell der Informationsverarbeitung, dass der „globale Zustand" des Gehirns eine entscheidende Basis für die Effizienz der Verarbeitung darstellt. Und dazu gehören neben den Emotionen auch Dinge wie Hormonlage, biologische Rhythmen, Gesundheit etc. All das lässt sich eigentlich schon aus der Vernetzung im Gehirn erahnen.

Das traditionelle Schulsystem hat die positive Rolle der Gefühle zu wenig in seinem Programm. Zu viele negative Erfahrungen werden eingespeichert und die guten Gefühle kommen zu kurz. Der Vorwurf der „Verkopfung" ist zwar anatomisch falsch, aber von der Bedeutung her richtig: Ganzheitliches Lernen, ein Lernen mit allen Sinnen, mit Gefühl und Verstand ist angesagt!

Dies scheint auch das Erfolgsgeheimnis so mancher Strömungen wie z. B. der Edu-Kinesiologie oder des Superlearnings zu sein. Traditionelles Lernen findet zu oft unter Druck statt, bewirkt Angst und Stress anstatt Freude, erstarrt im Sitzen, in der Bewegungslosigkeit. Dies ist besonders kontraproduktiv, da die natürliche Folge von Stress auf Bewegung gerichtet ist. Durch edukinesiologische Übungen, durch Entspannungstechniken jeglicher Art, auch durch ganz normale Pausen, durch Lied, Tanz, Sport etc. entsteht eine positive Atmosphäre, gibt es gute Gefühle, Aktivierung durch Bewegung und neue Reize.

Sehen Sie sich dazu nochmals die Abbildungen der Formatio reticularis und des limbischen Systems an (Seite 55): Durch all diese „anderen" Aktivitäten wird über die Formatio reticularis das Gehirn und damit der ganze Körper aktiviert. Das limbische System sorgt nicht nur für die Gefühle, sondern ist gleichzeitig eine wichtige Instanz für das „Hineinspielen" (Hippocampus, Thalamus) und „Herausholen" (präfrontaler Cortex) von Informationen. Durch derartige „neue" (eigentlich altbekannte!) Techniken wird also gerade im limbischen System (und nicht etwa in der rechten Hemisphäre!) das Gehirn aufnahmefähiger. Lernen bekommt damit eine neue Qualität – so, wie es eigentlich ursprünglich war. Denken Sie an das unabsichtliche Lernen von Kindern, bevor sie zur Schule gehen: Wie lustvoll läuft dieses ab! Versuchen wir diese Qualität auch für das spätere, ja lebenslange Lernen zu retten oder, besser, wieder herzustellen!

Positive Gefühle haben bedeutet meist, motiviert zu sein. Und **Motivation** ist, wie jedermann weiß, entscheidend für das erfolgreiche Lernen. Nun gibt es zwei Arten von Motivation – eine, die aus dem Anreiz der Sache selbst herrührt (intrinsische Motivation), und eine, die von außen kommt (extrinsisch). Nicht nur für SchülerInnen ist die zweite Art der Motivation (Lob, Pluspunkte, Geschenke, ...) wichtig – auch in der Erwachsenenwelt läuft mehr über extrinsische Motivation als man annehmen möchte (Ehrenzeichen, Gehaltserhöhung, ...). Das Beste wäre aber natürlich, wenn wir unsere Motivation aus dem Anreiz der Sache gewinnen könnten.

Der entscheidende Gehirnbereich für die Gefühle ist das limbische System.

Die gegenseitige Abhängigkeit von Gefühl und Denken ist auch biologisch nachweisbar: Teile des limbischen Systems sind sowohl für die Gefühle als auch für Lern- und Gedächtnisvorgänge zuständig.

Alles, was mit positiven Gefühlen verbunden ist, wird besonders gut gespeichert.

Der Erfolg neuerer Techniken (z. B. Edu-Kinesiologie) liegt darin begründet, dass durch die Bewegungsübungen eine bessere Aktivierung stattfindet und Lernen insgesamt eine positivere Qualität bekommt.

Resümee: Ganzheitliches Lernen ist wichtig!

➡ ➡ ➡ ➡ ➡ ➡ Zum Kern der Sache! ➡ ➡ ➡ ➡ ➡ ➡

Lesen Sie im Inhaltsverzeichnis die Überschriften des zweiten Kapitels und beantworten Sie folgende Fragen (Auflöser im Anhang):

Frage 1:

Warum ist die Wahrnehmung nicht wirklich „wahr“?

Frage 2:

Was versteht man unter Sensoren?

Frage 3:

Durch welche zentrale Region führen alle Leitungen von den Sensoren?
Warum führen sie durch?

Frage 4:

Welche Komponenten sind für einen „guten Empfang“ notwendig?

Frage 5:

Die Rolle der Gefühle bei der Informationsverarbeitung ist anatomisch gut nachvollziehbar.
Wie heißen die entscheidenden Gehirnteile?

Im Sinne des vierten Gebotes (WIEDERHOLEN!) nochmals eine kurze Zusammenfassung des „Kerns der Sache“:

Beim Wahrnehmen werden die hereinkommenden Informationen durch einen Vergleich mit bereits vorhandenem Wissen analysiert. Durch diese Abhängigkeit von Vorerfahrungen etc. sind wir „subjektiv“ in der Einschätzung von Neuem. Dieses kann jedoch unsere vorhandenen Schemata verändern (Wahrnehmungslernen, Hypothesenprüfung, Lernen aus Fehlern). Die Aufmerksamkeit ist nicht nur von unseren Vorinformationen, unseren Einstellungen etc. abhängig, sondern auch vom Zustand des Gehirns, der sehr wesentlich von der Formatio reticularis gesteuert wird. Durch sie führen auch alle Leitungen von den Sinnesorganen.

In der Verschaltung mit dem Thalamus, dem präfrontalen Cortex und dem gesamten limbischen System spiegelt sich die Zusammenarbeit von Wahrnehmen, Aufmerksamkeit und Gefühlen bei allen geistigen Prozessen wider. Lernen kann und muss daher immer ganzheitlich gesehen werden.

Mögliche Konsequenzen für Lernende, die aber vor allem auch die Lehrenden beachten bzw. ermöglichen sollen:

- *Fragen Sie sich am Beginn des Lernens: „Worum geht es? Was soll ich hier können?“ Schreiben Sie sich solche Leitfragen auch auf (TRANSPARENZ, ÜBERBLICK)!*
- *Ordnen Sie den Stoff grafisch in Strukturen, Übersichten, und zwar schon anhand der Überschriften im Buch, am besten, bevor Sie mit dem detaillierten Studium beginnen (ÜBERBLICK)!*
- *Stellen Sie auch einen Bezug zu den vorhergegangenen Themen her, am besten, indem Sie den „Kern der Sache“ kurz wiederholen, bevor Sie weiterarbeiten!*
- *Knüpfen Sie an bekannten Inhalten an! Erarbeiten Sie Neues mit bewährten Methoden!*
- *Betrachten Sie, lesen Sie den zu lernenden Stoff genau, achten Sie auf Details, machen Sie sich Notizen, Skizzen etc.!*
- *Setzen Sie Ihrem Typ entsprechend die richtigen Kanäle ein, vor allem aber das „Begreifen“! Denken Sie an das fünfte Gebot (MEHRERE SINNE)!*
- *Versuchen Sie auch bei scheinbar abstrakten Stoffen einen Bezug zum wirklichen Leben herzustellen, um möglichst reale Daten zu erhalten (Experimente, Naturbeobachtungen, realistische mathematische Beispiele, Fremdsprachen an alltäglichen Beispielen usw.)!*
- *Denken Sie immer wieder einmal an die Subjektivität Ihrer Wahrnehmung: Auch andere haben möglicherweise Recht! Hören Sie genau, was jemand sagt; fragen Sie zurück, ob Sie sie/ihn richtig verstanden haben! Manch voreilige emotionale Reaktion könnte vermieden werden, wenn die Äußerung der Partnerin, des Partners sachlicher gehört würde!*
- *Machen Sie sich immer wieder durch Bewegung und Pausen aller Art aufnahmefähiger! Verwenden Sie auch Techniken der Entspannung!*

- *Vor allem für Lehrende gilt das sechste Gebot: Achten Sie auf die GEFÜHLE! Traurigkeit, Angst, Ärger, Hoffnungslosigkeit, Langeweile, Frustration, Unzufriedenheit, Enttäuschung, Scham, Schuld sollten Platz machen für Freude, Neugier, Interesse, Hoffnung, Erleichterung, Zufriedenheit und auch Stolz. Zugegeben: Etwas viel verlangt. Und: Das Leben ist hart. Aber: Es ist sowieso hart! Versuchen wir – Lehrende – wenigstens, durch Anerkennung, Sympathie, begeisternden Unterricht, menschenwürdige Umfangsformen usw. eine positive Qualität von Lehren zu erzeugen! Denn wir wissen: Das limbische System arbeitet dann effizienter an den Lernprozessen mit. Lehren und Lernen wird gehirngerechter.*

➡ ➡ ➡ Was sonst noch interessant ist ... ➡ ➡ ➡

Beim Studium des ersten Abschnitts im zweiten Kapitel hat sich Ihnen möglicherweise eine wesentliche Frage aufgedrängt, die schon viele große Geister beschäftigt hat (zum Beispiel Immanuel Kant): Was war **zuerst** da – das eingespeicherte Programm oder die Erfahrungen? Richten sich die „Informationen" nach dem „Schema" oder umgekehrt? Wo beginnt das Wahrnehmen? Sind Schemata von Anfang an da? Wenn ja, welche?

Wenn das derzeitige Modell der Wahrnehmung richtig ist, was eindrucksvoll belegt zu sein scheint, müssen Grundschemata schon „von Anfang an" *(a priori)* da sein. Die Vorstellung der *Tabula rasa* (des unbeschriebenen Blattes, des „leeren Gehirns") bei der Geburt ist somit falsch.

Eine wichtige Darstellung zum Thema „Nervenzellen und Umwelt" ist im dritten Kapitel zu finden.

„Empfangselektrik"

Interessant sind die im Hirnstrombild sichtbaren Begleiterscheinungen der Aufmerksamkeit: Früher meinte man, dass jedes Augenöffnen und erst recht gezielte Außenreize zu einer Blockade der Alphawellen führen, um den schnelleren Betawellen Platz zu machen. Dieses Bild ist nach neueren Forschungen jedoch nicht mehr so eindeutig. Es gibt individuelle Differenzen, Abhängigkeiten von der Art der Aufgaben und auch vom Ort des Gehirns.[153]

Wesentlich einheitlicher ist das Bild bei der so genannten **Erwartungswelle,** die jedem Reiz vorausgeht, auf den man bewusst wartet. Es ist ein so genannter „langsamer Strom", der sich in Richtung Minuspol verschiebt.

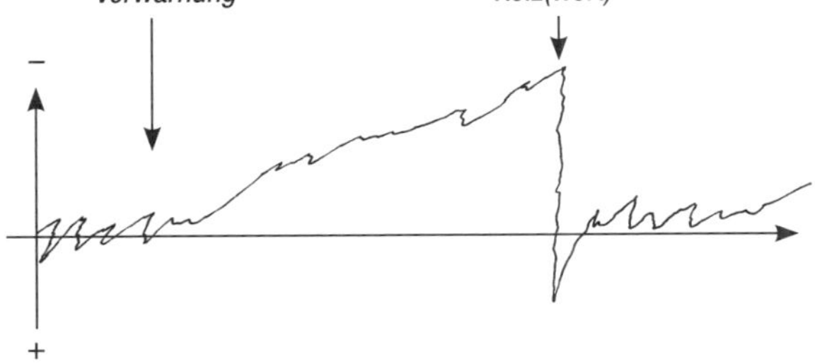

Diese Erwartungswelle wandert nach dem Warnsignal vom frontalen zum zentralen Hirnrindenbereich.

Besonders interessant für die Erforschung von Lernprozessen war die Entdeckung, dass bei Laborexperimenten im Augenblick der Darbietung der zu lernenden Wörter eine deutliche Zunahme der negativen Ladung bemerkbar war und dass die Lernleistung vom Ausmaß dieser Negativierung abhing.[154]

Es war natürlich verlockend, diesen Zusammenhang zwischen Leistung und Negativierung gezielt auszunutzen und dem Lernenden gerade im richtigen Moment der spontanen Stromverschiebung den Lernstoff zu präsentieren. Dies wurde im so genannten **Brain-Trigger-Design** erfolgreich realisiert: Ein Computer registriert die hirnelektrische Aktivität und liefert der Versuchsperson genau zum optimalen Verschiebungszeitpunkt über einen Monitor die zu lernenden Wörter. Sowohl bei sinnlosen Silben als auch beim Begriffslernen konnten auf diese Weise Lernverbesserungen bis zu 25 Prozent erreicht werden.[155]

Als Konsequenz aus dieser Laborarbeit initiierten Beer und Guttmann in ganz Österreich Schulversuche, in denen die teilnehmenden SchülerInnen durch einfache Entspannungsübungen in diesen Zustand erhöhter Negativität der langsamen Hirnströme gebracht wurden, um anschließend effizienter lernen zu können. (Siehe Anhang: „Das Wiener Unterrichtsmodell".)

Lernen im Schlaf?

Wenn wir Informationen nur gut aufnehmen können, wenn wir „auf Empfang geschaltet sind", ist dann das oft zitierte „Lernen im Schlaf" möglich? Schön wär's!

Im Durchschnitt verschläft der Mensch in seinem Leben mehr als 175.000 Stunden.[156] Der Schlaf, „der des Grams verworr'n Gespinst entwirrt, der Balsam kranker Seelen, der zweite Gang im Gastmahl der Natur, das nährendste Gericht beim Fest des Lebens"[157], muss doch wohl eine wichtige Bedeutung haben. Auch für das Lernen?

Natürlich, wenn man den Erholungseffekt betrachtet! Aber darüber hinaus?

Tatsächlich wird dem Schlaf neben der Erholung eine wichtige Rolle beim Lernen und Gedächtnis zugesprochen. So konnte z. B. gezeigt werden, dass Schlafentzug nach dem Training motorischer Fertigkeiten dazu führt, dass teilweise gar kein Gedächtnis dafür angelegt wird.[158]

Für eine andere Art des Gedächtnisses, die für das Lernen von Wissensfakten relevant ist, ist diese Beweislage nicht so klar. Neuere Untersuchungen[159] mit der PET-Technik zeigen, dass in der traumreichen REM[160]-Phase des Schlafs die gleichen Hirnareale aktiv sind, wie wenn wir im Wachzustand eine neue Aufgabe bewältigen.

Schlafen und Träumen könnten der „Gedächtnisverstärkung" dienen. Dafür spricht ganz stark, dass der Hippocampus (wesentlich für das Einspeichern) während der REM-Phasen besonders aktiv ist.[161]

Oder ist es umgekehrt, wie Francis Crick (gemeinsam mit Watson erhielt er den Nobelpreis für die Entdeckung der DNA-Struktur) formulierte: „Wir träumen, um zu vergessen!" Nach dieser Theorie dient Träumen der „Selbstreinigung" des Gehirns von sinnlosen, überschüssigen Informationen der alltäglichen Wahrnehmung.

Schon in der Schwangerschaft gibt es Traumphasen. Im Baby- und Kleinkindalter sind Schlaf- und Traumphasen wesentlich häufiger als im weiteren Lebensverlauf. Dass Träumen für die Nervenreifung wichtig ist, akzeptiert sogar der Schlafforscher Siegel,[162] einer der Kritiker der Theorie von der Gedächtnisverstärkung durch Schlaf und Traum.

Vielleicht (wahrscheinlich?) wird wissenschaftlich bald eindeutig bewiesen, dass Schlafen und Träumen **beides** bewirkt, Gedächtnisverstärkung (durch bessere Verbindung der Nervenzellen) **und** Selbstreinigung.

Was kann man aus heutiger Sicht für die „AnwenderInnen" zusammenfassen?

- Ausreichend Schlaf ist zur Erholung für Körper und Geist notwendig und damit auch unabdingbar für optimales Lernen.
- Zu langes und zu viel Fernsehen und Computerspielen stören nicht nur die Erholung, sondern „füttern" das Gehirn mit überflüssigem Stoff, der im Träumen nicht nur „weggeputzt" werden muss, sondern auch die Gedächtnisverstärkung des Gelernten stört.
- Schwierige Aufgaben und Probleme einmal zu „überschlafen" ist sinnvoll. Die Lösung kann sich im Gehirn vorbereiten.
- Das Buch unters Kopfkissen zu legen ist natürlich wirkungslos. Auch passives Lernen durch „Zuführen" des Lernstoffs (z. B. von Vokabeln) über Kopfhörer während des Schlafens ist wissenschaftlich seriös nicht nachweisbar.

Lernen unmittelbar vor dem Schlafengehen wäre durchaus sinnvoll, allerdings eher für Wiederholungen, und vor allem dann, wenn der „Apparat" wirklich noch empfangsbereit ist. Wenn die Augen schon laufend zufallen, ist es sinnlos.

Eltern sollten Kinder nicht drangsalieren, unbedingt vor dem Schlafen noch zu lernen, denn ausreichend Schlaf und Erholung sind wichtiger als noch eine letzte Lernphase vor der Schularbeit. Nochmals: Lieber aufs Fernsehen verzichten!

In diesem Sinne: Legen Sie gemäß dem achten Gebot eine kreative Pause ein, am besten durch einen wohltuenden Schlaf! Ihr Gehirn wird am Thema „Lernen im Schlaf" weiterarbeiten.

Ruhen Sie sanft!

Drittes Kapitel: Wie und wo werden die Informationen gespeichert?

Wir wissen bis jetzt, wie die Sinnesorgane uns die Informationen liefern, dass dabei das Gedächtnis mithilft, die „richtigen" Merkmale auszuwählen. Aber wie „macht" das Hirn „Gedächtnis"?

Die nur ca. 1.300 Gramm schwere Masse, nicht unbedingt als besonders ansehnlich zu bezeichnen, ist zusammengedrängt auf kleinstem Raum und stellt dennoch ein Wunderwerk der Natur dar. Wie kann man je ganz verstehen, dass dieses Speichersystem geräumig genug ist, die Erfahrungen eines ganzen Lebens aufzubewahren: Bilder, Töne, Gerüche usw., Melodien, Landkarten, Gedichte, Einzelaussprüche wichtiger und auch nicht wichtiger Leute, Erlebnisse in allen Details, Bewegungsprogramme, Gedanken über Religion und vieles mehr – und dies alles eingebettet in Gefühle …?

WIE kann das Gehirn diese großartigen Leistungen erbringen?

WO sind all die Erinnerungen gespeichert?

Eine Fülle von Fragen tut sich auf! Was weiß man schon? Wissen wir überhaupt etwas?

Worum geht es?

Das dritte Kapitel behandelt

- den Aufbau und die Funktion der **Nervenzellen** (inklusive der Gliazellen),
- die Entstehung und Weiterleitung der **elektrischen Ströme,**
- die **chemische Übertragung** der Information an den Verbindungsstellen der Zellen
- die Beantwortung der Frage, welche **Hirnteile für das Gedächtnis** zuständig sind.

Grundbaustein Nervenzelle

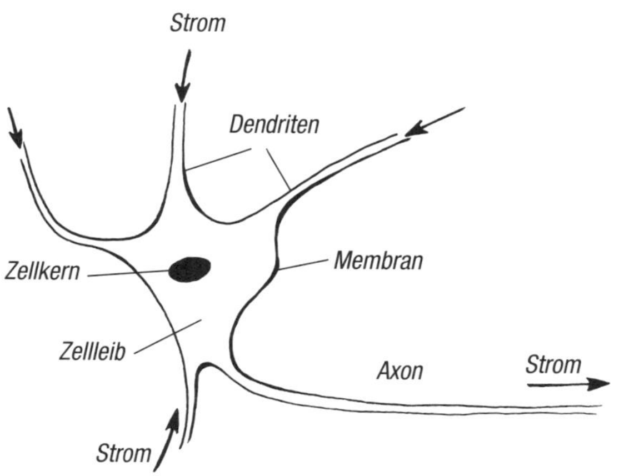

Wenn man eine Maschine verstehen will, muss man bei den Bestandteilen beginnen, auch wenn damit noch nicht alles klar wird. Auch beim Gehirn müssen wir uns zunächst die grundlegenden Elemente, die Zellen, ansehen.

Obwohl die Nervenzellen (Neuronen) sehr unterschiedlich aussehen können, ist ein gemeinsames Grundprinzip vorhanden.

Die **Dendriten** (vom griechischen *dendron*, „Baum", weil diese Fasern im Mikroskop wie die Äste eines Baumes aussehen) leiten die Ströme in den Zellleib hinein. Nach neuesten Forschungen sind die Dendriten jedoch keine passiven Kabel, die die ankommenden Ströme einfach nur weiterleiten, sondern sie sorgen bereits für eine gewisse Vorbereitung der Hauptrechnung im Zellleib, der von der so genannten Membran umgeben ist.

Im Inneren der Nervenzelle befinden sich Zellflüssigkeit, Zellkern und verschiedene andere „Einrichtungen" (für Energiebereitstellung, Eiweißaufbau, Transportaufgaben, Recycling). Das Funktionieren und Zusammenspiel aller dieser Teile ist die Grundlage für unser ganzes Denken, Fühlen, Lernen ... Und das alles ist elektrisch-chemisch.

Obwohl der berühmte Mathematiker und Philosoph Descartes sich das wahrscheinlich anders vorgestellt hat, ist seine Beschreibung doch ganz interessant: Er sprach von unsichtbaren Poren im Gehirn und von einem Strom kleinster Teilchen, dem so genannten Spiritus (Geist-)Strom![163]

Nun: Die Poren sind mittlerweile schon längst sichtbar, sie sind die Ionenkanäle der Membran, und die kleinen Teilchen sind die Ionen. Entscheidend für das elektrische Geschehen sind die Verteilung dieser elektrischen Ladungsträger (Ionen) im Inneren und Äußeren der Zelle sowie die Ionenkanäle:

An der Membran herrscht eine elektrische Spannung **(Membranpotenzial).** Diese wird erzeugt durch die ungleiche Verteilung der verschiedenen Ionen innerhalb und außerhalb der Zelle und durch die unterschiedliche Durchlässigkeit (Permeabilität) der Membran für diese Ionen:
Im Ruhezustand gibt es **in** der Zelle viele Kaliumionen und wenige Natrium- und Chlorionen, **außerhalb** der Zelle viele Na- und Cl-Ionen, aber wenige K-Ionen.[164]

Durch selektive Permeabilität der Kaliumkanäle (sie lassen fast nur K-Ionen nach außen) entsteht an der Außenseite ein Überhang an positiven Ladungen. Dadurch wird das **Innere negativ** geladen. Man bezeichnet diesen Ladungszustand (ca. 70–90 mV) als **Ruhepotenzial.**

Das **„Feuern" des Neurons:** Beim Ruhepotenzial befinden sich alle Ionenströme im Gleichgewicht. Die Nervenzelle funktioniert im Prinzip wie ein Taschenrechner: Sie addiert und subtrahiert (je nach Polung) die ankommenden Ströme (Signale von anderen Nervenzellen). Damit wird die Membran **depolarisiert,** und zwar durch die Öffnung der Natriumkanäle. Es fließt dann mehr Natrium nach innen, dadurch wird das Innere um ca. 20–30 mV „weniger minus".

Wenn das Rechenergebnis einen bestimmten Schwellenwert übersteigt, „feuert" die Zelle (= **Aktionspotenzial),** das heißt, das Signal wird über das **Axon** an andere Zellen weitergeleitet. Es herrscht das „Alles oder nichts"-Gesetz: Wenn der Schwellenwert nicht erreicht wird, gibt es keine Weiterleitung, bei Überschreiten dieser Grenze wird alles weitergegeben.

Im Normalfall geht die Kommunikation immer in eine Richtung: Über die Dendriten herein, über das Axon hinaus. Das Axon spaltet sich in Äste auf und kann somit nicht nur eine einzige Zelle mit der Botschaft beliefern.

Sehen wir uns zum besseren Verständnis den einfachsten Fall an:

Die Stelle, an der die erste auf die zweite Nervenzelle trifft und sich mit ihr verknüpft, wird nach dem griechischen Wort für „verknüpfen" *(synaptein)* mit **Synapse** bezeichnet. Diese Verbindungsstellen können auf dem Zellleib, den Dendriten, aber auch auf dem Axon der zweiten Zelle liegen.

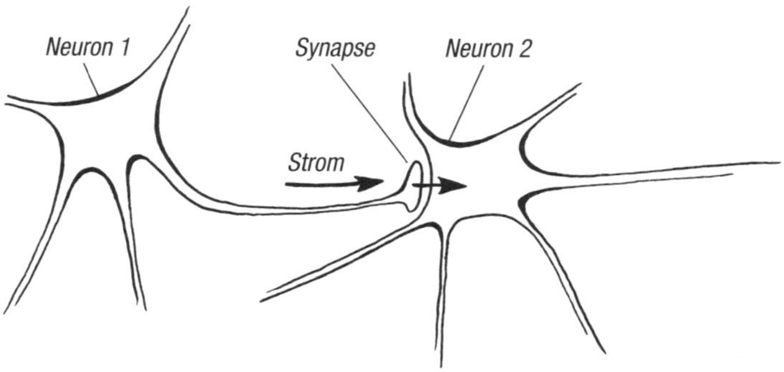

Halten wir fest: An der Synapse wird die Information vom ersten auf das zweite Neuron übertragen.

Aber wie geht das vor sich? Ist Ihnen der Spalt an dieser Verbindungsstelle aufgefallen?

Der elektrische Strom (die Information) wird an der Synapse nicht wie bei einem elektrischen Gerät mit Hilfe eines Steckers auf die andere Zelle übertragen, sondern muss eigenartigerweise mit zeitlicher Verzögerung den „synaptischen Spalt" überwinden.

Warum diese Verlangsamung der Informationsübertragung? Wodurch kommt sie zustande? Die Erklärung liegt in den chemischen Vorgängen an der Synapse. Näheres dazu im Abschnitt „Ströme und Stoffe".

Die Leistungen des menschlichen Gedächtnisses können nur aus der gigantischen Anzahl von Nervenzellen und deren Verschaltungen in der Großhirnrinde erklärt werden. Stellen Sie sich einmal vor:

- Hundert Milliarden Nervenzellen (manche Schätzungen gehen bis zu einer Billion[165]) im Gehirn. Unter jedem Quadratmillimeter Hirnoberfläche liegen (bis zu einer Tiefe von 2 bis 5 mm) ca. 150.000 Nervenzellen.[166]
- 500–20.000 Synapsen pro Neuron; sicher mehr als 100 Billionen (manche sprechen von einer Billiarde[167]) insgesamt.
- 200–800 Synapsen pro Millimeter Axon.
- Vermehrung der Nervenzellen während der Schwangerschaft: 250.000 pro Minute.

Versuchen Sie in der obigen Skizze möglichst viele Synapsen auf einer Strecke von einem Millimeter zu zeichnen!

Selbst wenn man jeweils nur die unteren Werte dieser zweifellos sehr weit auseinander liegenden Schätzungen betrachtet, bleiben sie faszinierend genug. Verstehen kann man diese Dimensionen nur dann, wenn man sie mit den technischen Wunderdingen „Mikrochips" vergleicht: Wenn das menschliche Gehirn in der Lage ist, auf so kleinem Raum derart viele Schaltelemente (mehrere hunderttausend auf einem winzigen Chip) unterzubringen, dann sollte dieses Gehirn selbst wohl noch großartiger sein können.

Grundbestandteile elektronischer Geräte sind Transistoren, Widerstände, Dioden etc. Eine Zusammenschaltung derartiger Schaltelemente findet man in so genannten Integrierten Schaltkreisen und Mikroprozessen. Dem entsprechen im Gehirn die Module.

Ein Modul ist ein zylindrisches Gebilde, senkrecht zur Hirnrindenoberfläche angeordnet, mit einer Tiefe von 3 mm und einem Durchmesser von 0,3 bis 0,5 mm. Es enthält bis zu mehreren tausend Nervenzellen.

Der Grundplan jedes Moduls ist gleich. Daraus geht hervor, dass die Arbeitsweise der Großhirnrinde an jeder Stelle im Prinzip gleich ist, dass aber Modulgruppen für spezifische Programme vorgesehen sind. Die Großhirnrinde ermöglicht eine unglaublich dichte und breite Verteilung der Information, sodass diese beim Ausfall einzelner Strukturen erhalten bleibt. Die Module arbeiten nicht linear, sondern miteinander vernetzt.

Mehrere tausend Nervenzellen werden zu so genannten Modulen zusammengeschaltet, die selbst wieder miteinander vernetzt sind.

Lange bevor obige Zahlen veröffentlicht wurden – und auch lange vor den ersten Erkenntnissen über die Vorgänge an den Synapsen –, hat einer der Pioniere der Gedächtnisforschung, Donald Hebb, eine Vorstellung entwickelt, die sich in den Grundzügen als immer richtiger herausstellt: Er nannte Gruppen von miteinander verschalteten, zusammengehörigen Nervenzellen ***Assemblies*** und meinte, dass derartige Schaltungen, wenn sie immer wieder von Strömen durchflossen werden, stabiler werden, weil sich die synaptischen Verbindungen verstärken.

Denken wir dabei nicht sofort an die Bedeutsamkeit des Wiederholens für Lernvorgänge?

Aber **WIE** verstärken sich die Synapsen?

Die Nervenzelle (das Neuron) besteht aus Zellleib, vielen Dendriten und einem Axon. Die Informationen werden in Form von elektrischen Strömen über die Dendriten in den Zellleib geleitet und dort „umgerechnet"; das Ergebnis wird über das Axon und die Synapsen an viele andere Neuronen weitergemeldet. Die Zahl der Nervenzellen ist unvorstellbar groß.

Glia – nur Leim?

Die Neuronennetze schwimmen nicht ohne Halt in der Zellflüssigkeit, sondern werden gestützt und zusammengehalten von anderen Zellen, die der deutsche Mediziner Virchow[168] schon im 18. Jh. entdeckt und wegen dieser Haltefunktion **Neuroglia** (Nervenleim) genannt hat. Lange Zeit wurden den verschiedenen Zellen dieser Neuroglia (Astrozyten, Oligodendrozyten, Schwann'sche Zellen, Mikro- und Mesoglia, Ependymzellen) zwar wichtige, aber dennoch untergeordnete

Funktionen zugesprochen: Stütz- und Ernährungsfunktion, Regeneration, Aufbau der Blut-Hirn-Schranke gegen Gifte und Krankheitserreger, Stabilisierung des Ionenmilieus.[169]

Eine neuere Entdeckung[170] regte dazu an, diese untergeordnete Rolle gründlich zu überdenken: Gliazellen dirigieren das Auswachsen der Axone während der Entwicklung des Gehirns, synthetisieren Neurotransmitter (z. B. Glutamat) und auch noch andere Substanzen im Gehirn (Neuropeptide, Aminosäuren, Hormone und Wachstumsfaktoren) und sind für die Isolierung (Myelinisierung) der Nervenleitungen zuständig. Sie kommunizieren auch untereinander in einem zum Neuronennetz parallelen Netzwerk.

Die Beschreibung der Chemie dieser Kommunikation untereinander und mit den Neuronen findet sich im nächsten Abschnitt (Ströme und Stoffe).

Schon die Zahl der Gliazellen (möglicherweise 10 Billionen) muss uns zu denken geben. Interessant ist der so genannte Glia-Neuronen-Index: Im Durchschnitt ist er 2:1, das heißt doppelt so viel Gliazellen wie Neuronen.
Dieser Index ist jedoch vom Hirnareal abhängig und beträgt in den für die höheren Funktionen so wichtigen Assoziationsfeldern 9:1.[171] Mit dem Aufstieg auf der Evolutionsleiter steigt dieser Index (Nagetiere haben beispielsweise im Durchschnitt nur 0,4:1).[172]
Was bedeutet es aber, dass Delfine nicht 2:1, sondern 3:1 haben? Trösten wir uns mit unserem Wert bei den Assoziationsfeldern!

Eine interessante Story zum Abschluss: Während die Sektion von Einsteins Gehirn (durch die Forscherin Marian Diamond) im Vergleich zu „normalen" Gehirnen keinen wesentlichen Unterschied in der Zahl der Neuronen brachte, war die Diskrepanz bei den Gliazellen im Assoziationscortex zu Gunsten Einsteins enorm.[173]

Auch wenn manche Kritiker dieses Ergebnis aufgrund von angeblichen Methodenfehlern anzweifeln,[174] bleibt doch die Vermutung, Intelligenz habe auch etwas mit den Gliazellen zu tun, interessant und prüfenswert.

„Weiteres Nachdenken ergibt ...", würde wohl Einstein dazu sagen.

In diesem Sinne: Wenden wir uns nun dem Inneren der Schaltkreise zu!

Was passiert an den Synapsen wirklich? Warum kommt es hier zu einer zeitlichen Verzögerung der Informationsübertragung?

Ströme und Stoffe

Vieles spricht dafür, dass die **Synapsen** die **Grundlage für Lernen und Gedächtnis** bilden. „Wer lernen will, wie das Gehirn lernt, muss sich die Synapsen anschauen!"[175]

Sehen wir uns zunächst das Grundprinzip an:

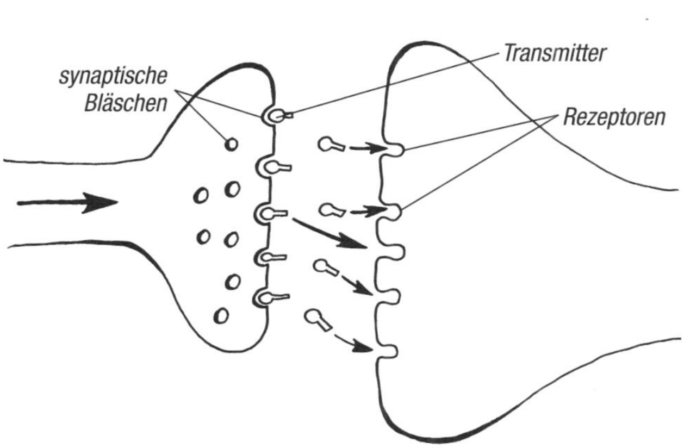

Der elektrische Strom (die Nachricht) trifft am Ende des Axons ein und bewirkt ein Aufplatzen der synaptischen Bläschen: Der Inhalt, die so genannten Überträgerstoffe (Transmitter, nach dem lateinischen *transmittere* – „hinüberschicken"), ergießen sich in den Spalt. Bei der Übertragung von einer Nerven- auf eine Muskelzelle durch den Transmitter Acetylcholin sind es rund 3 Millionen Moleküle, die sich da ergießen.[176]

Durch den Spalt kommen sie zur anderen Zelle, wo sie schon begierig erwartet werden, und zwar von den Rezeptoren (denken Sie an die Rezeption in einem Hotel), die damit die zweite Zelle für die Information „aufsperren". Dieser Vergleich ist durchaus sinnvoll, weil Transmitter und Rezeptoren tatsächlich gemäß einem Schlüssel-Schloss-Prinzip zusammenarbeiten: Nur das passende Transmittermolekül hat eine Chance, vom dazugehörigen Rezeptormolekül aufgenommen zu werden.

Wenn das chemische Schloss offen ist, kann die Botschaft in die zweite Zelle gelangen.

Dazu ein interessantes Beispiel, das das erwähnte Schlüssel-Schloss-Prinzip eindrucksvoll demonstriert: Das Pfeilgift Curare (aus der Haut von Fröschen gewonnen) führt zum Tod! Warum?

Die Übertragung der Nervenimpulse auf die Muskulatur (auch des Brustkorbs) erfolgt durch den Transmitter Acetylcholin. Curare ist diesem Stoff so ähnlich, dass sich die Rezeptoren an den Muskeln täuschen lassen: Curare „besetzt" die für Acetylcholin vorgesehenen Aufnahmestellen, der Nervenimpuls kann nicht übertragen werden, die Muskulatur ist gelähmt, der Brustkorb kann sich nicht mehr heben und senken, die Atmung ist nicht mehr möglich – man erstickt. Ähnlich wirkt das Pilzgift Muscarin.

Eine erste Zwischenbilanz:

Die Verbindungsstellen zwischen den einzelnen Nervenzellen heißen Synapsen. Hier bewirkt der ankommende elektrische Strom die Ausschüttung chemischer Stoffe (Transmitter) in den synaptischen Spalt. An der Oberfläche der zweiten Zelle werden diese Botenstoffe von Rezeptoren aufgenommen. Daraufhin erfolgt die Rückumwandlung in elektrischen Strom und dann die weitere Verarbeitung (Speicherung).

Die Transmitter spielen eine ganz wesentliche Rolle im Gehirn und im übrigen Nervensystem, auch bei der Informationsübertragung von den Nerven auf die Muskulatur. Als erster Transmitter wurde Acetylcholin entdeckt. Mittlerweile sind über 40 solcher Überträgerstoffe bekannt.[177]

Neben den Transmittern gibt es auch noch Neuromodulatoren (Neuropeptide), die die Wirkung der Transmitter stärken oder schwächen können.

Einige Beispiele für Transmitter:[178]

Klasse	Transmitter
Acetylcholin	Acetylcholin
Monoamine	Dopamin, Serotonin, Noradrenalin, Adrenalin, Histamin
Aminosäuren (erregend)	Glutamat
Aminosäuren (hemmend)	GABA
Neuropeptide	Substanz P, Endorphine, Enkephaline, Oxytocin, Vasopressin
Gasförmige	Stickstoffmonoxid (NO)

Die Transmitter kann man in erregende und hemmende einteilen.

Es gibt nicht nur viele Arten von Transmittern und Modulatoren, sondern auch unterschiedliche Rezeptoren, die man in zwei Hauptgruppen einteilt:[179]

- Rezeptoren mit Ionenkanälen;
- Rezeptoren, die mit speziellen „molekularen Schaltern", den so genannten G-Proteinen, kooperieren.

Die zweite Art ist an der Regelung vieler Prozesse beteiligt:[180] an Atmung, Herzschlag, Blutdruck, aber auch emotionalen und kognitiven Vorgängen. Manche wichtige Medikamente (z. B. Neuroleptika gegen Schizophrenie) wirken hier.

Haben Sie noch den Durchblick?

Es ist noch nicht alles: Die Sache wird dadurch erschwert, dass Ströme nicht nur von einer Zelle über das Axon zu einer anderen Zelle fließen, sondern auch zwischen den Dendriten (in so genannten Mikrostromkreisen). Außerdem können Axone Synapsen nicht nur am Zellkörper der anderen Zelle bilden, sondern auch an deren Dendriten und – den Zellkörper umgehend – am Axon der zweiten Zelle.

Wer soll das verstehen oder gar lernen und speichern? Es wird Zeit, dass wir uns der Chemie des Lernens widmen!

*Welche Rolle spielen all diese Stoffe bzw. die Vorgänge an den Synapsen beim **Lernen?***

Es ist schon lange nachgewiesen, dass die Häufigkeit, mit der eine Synapse Nervenimpulse an die nachfolgende Zelle weiterleitet, ihre Übertragungsstärke beeinflusst.[181] Häufig gebrauchte

Synapsen verändern auch ihre Form, die Nervenstränge werden dicker, wie die folgende Abbildung zeigt:[182]

Nervenstrang mit „synaptischen Dornen“ von Ratten im Lernlabyrinth:

ohne *Training*	***mit*** *Training*
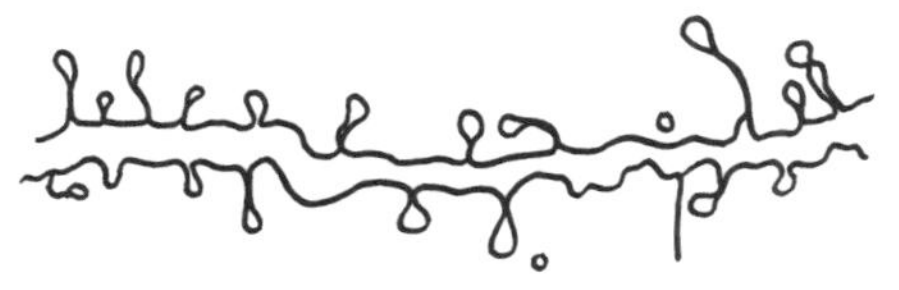	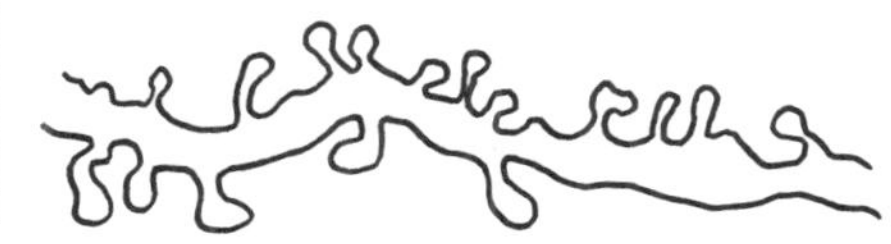

Warum werden diese Synapsen dicker, wer „füllt“ sie?
Gibt es einen Stoff, aus dem das Gedächtnis ist?
Wenn ja, kann man ihn irgendwann nachbauen und damit eine neue Art eines „Nürnberger Trichters“ erfinden?
Lernen als Injektion oder Inhalation des entsprechenden Lernstoffes?

Was weiß man derzeit über die **„Chemie von Lernen und Gedächtnis“?**

- Lernen führt zu **elektrischen Strömen** in den beteiligten Nervenschaltkreisen *(Assemblies)*.
- Wiederholte Ströme bewirken eine **Verstärkung** der Verbindungen.

- **Chemisch** geschieht dies folgendermaßen:[183]
Wenn die Empfängerzelle im richtigen Spannungszustand ist und gleichzeitig am Ende der Senderzelle (an der Synapse) eine elektrische Botschaft ankommt, die die synaptischen Bläschen aufplatzen lässt, dann …

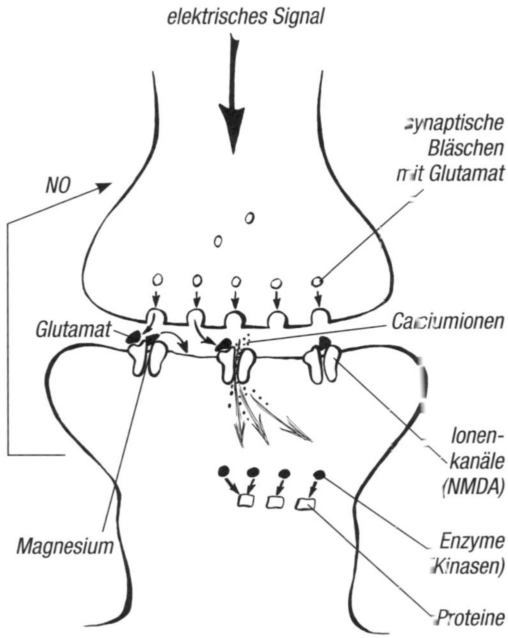

- … ergießt sich der „erste Bote" *(first messenger)* **Glutamat** (ist eigentlich eine „normale" Aminosäure, die als Baustein für Proteine dient, aber aus heutiger Sicht auch der wichtigste Transmitter für Lernen und Speichern) in den synaptischen Spalt und „schwimmt" zu den Rezeptoren der Empfängerzelle.
Für Glutamat existieren drei Rezeptorarten: Eine erste Art sichert die schnelle Datenübertragung ohne Speichereffekt.
Die zweite Art, die so genannten NMDA-Rezeptoren[184], reagiert nicht nur auf Glutamat, sondern auch auf die Spannung der Empfängerzelle (siehe oben). Normalerweise ist der Ionenkanal des Rezeptors durch ein Magnesiumteilchen „verstöpselt".

- Die erhöhte Spannung treibt dieses Magnesiumion beim gleichzeitigen Eintreffen von Glutamat aus dem Kanal hinaus, sodass Natriumionen, aber vor allem **Calciumionen** (sie sind die *second messengers*) in die Empfängerzelle einströmen können.

- Die dritte Art von Rezeptoren mobilisiert Calcium direkt in der Zelle, sodass es insgesamt in der Empfängerzelle zu einer **Ionenflut** kommt, die durch eine Kaskade molekularer Reaktionen zu einer dauerhaften Veränderung der Synapse (= Speicherung) führt:

- Am Beginn der Kaskade steht die Aktivierung so genannter **Kinasen** (das sind wichtige Stoffe zur Herstellung von Proteinen).

- Dazu braucht man auch Gene. Ein sehr bedeutsames trägt den Namen **CREB-Gen**. Für dessen Entdeckung und für seine Gesamtleistung auf dem Gebiet der Synapsenchemie bekam Eric Kandel im Jahr 2000 den Nobelpreis für Medizin.[185]
Dieses und andere ähnliche Gene sind Schalter für die Herstellung von Effektorproteinen, die synaptische Veränderungen stabilisieren, neue Synapsen durch Strukturproteine aufbauen sowie auch Rezeptoren und Kinasen.
Kandel und andere versuchen dieses Gen auch als Medikament gegen den altersbedingten Gedächtnisverlust zu vermarkten. Bleibt zu hoffen, dass dieses „Viagra fürs Gehirn"[186] nicht zu großem Missbrauch führt.

- Die „synaptische Plastizität" betrifft aber nicht nur Veränderungen der Empfängerzelle. Die Rückmeldung zur Senderzelle über den Erfolg der Übertragung der Botschaft wird durch **Stick-**

stoffmonoxid (NO) bewirkt[187]; Effekt ist eine dauerhaft größere Ausschüttung von Transmittern.

- Last but not least: Gedächtnis ist nicht auf enge, örtlich benachbarte Nervenzellgruppen begrenzt, sondern weit verzweigt. Wie ist da die chemische Prozedur vorstellbar?
  Möglicherweise ist das Protein **Syntaxin** dafür zuständig, das über die Nervenfasern transportiert wird und in anderen Regionen die Freisetzung von Glutamat verstärkt. Lernprozesse verändern die Regulation der Syntaxinsynthese.[188]

Schwierig, was? Machen wir es in der Zusammenfassung kürzer und vor allem einfacher:

Die Transmitter spielen eine zentrale Rolle bei allen Vorgängen von Geist und Psyche. Lernen führt zu besseren Verschaltungen.

Die Ströme (Informationen) führen zur Freisetzung von Transmittern in den synaptischen Spalt, die dann an die Rezeptoren der Empfängerzelle gelangen.

Diese lässt daraufhin Calcium einströmen, das Reaktionen mit Proteinen und Genen bewirkt, als Basis für die strukturelle Grundlage des Gedächtnisses.

Form und Größe der Synapsen ändern sich, die Kontaktflächen werden aufnahmefähiger, ruhende Synapsen werden aktiv und neue Synapsen entstehen.

Einfachste Schlussfolgerung für das Lernen: Die Synapsen werden stabiler, wenn sie öfter benutzt werden (daher: WIEDERHOLEN!).

Hoffentlich sind von diesen komplizierten Stoffen auch in Ihrem Gehirn die ersten stofflichen Veränderungen passiert!

Als Draufgabe, als ob es nicht ohnehin schon kompliziert genug wäre ...

Glia und Lernen

Da sich die Gliazellen massenhaft in unmittelbarer Nähe zu den Neuronen und deren Synapsen aufhalten, können sie wahrscheinlich den Meldeverkehr registrieren und beeinflussen.

Im Gegensatz zu Neuronen feuern Gliazellen nicht in Form von elektrischen Impulsen (Aktionspotenzialen), sondern die Aktivität in Form erhöhter Ionenkonzentration breitet sich wie eine elektrische Welle über **Kanalverbindungen** *(gap junctions)* auf andere Zellen aus. Diese können dann selbst Transmitter freisetzen (siehe da: Glutamat) und damit auf die Neuronen wirken.[189]

Gliazellen haben auch Rezeptoren für Glutamat und greifen in das synaptische Geschehen ebenso wie die Neuronen mit Calciumausschüttung ein. Und: Über ein spezielles Protein namens Thrombospondin sind sie auch an der Bildung neuer Synapsen beteiligt.[190]

Auch wenn die Forschung über die Rolle des „Leims" beim Lernen erst am Anfang steht, so ist doch sicher: Die Glia ist sicher nicht unbedeutend.

Wo ist die Bibliothek?

Machen Sie ein kleines Experiment:

Nehmen Sie Papier und Bleistift und schreiben Sie alles nieder, was Ihnen spontan zum Begriff „Auto" einfällt. Sie haben dazu zwei Minuten Zeit.

Sind Sie nicht erstaunt, wie viele Begriffe aus den verschiedensten Bereichen (Bestandteile, Automarken, Straßenverhältnisse, Pannen, Unfall und alles, was dazugehört, ...) Ihnen eingefallen sind? Wahrscheinlich waren nicht nur Begriffe dabei, sondern ganze Szenen (gefährliche Ereignisse, ...), die vor Ihrem geistigen Auge abgelaufen sind. Auch Gefühle haben sich eingemischt. War vielleicht auch der Wunsch nach einem Traumauto dabei? Wenn Ihnen „nur" Begriffe eines einzigen Bereiches (z. B. technische Bestandteile) eingefallen sind, seien Sie nicht traurig: Dies ist kein Hinweis auf mangelnde Flexibilität oder zu geringe Intelligenz. Mit „Auto" verbinden wir tatsächlich im Alltag in erster Linie ganz bestimmte, häufig vorkommende Begriffe, die wegen dieser Häufigkeit eben besonders „fest" verankert sind und daher im Arbeitsspeicher eher für den Abruf bereitstehen. Es könnte auch sein, dass Sie sich in letzter Zeit gerade mit dem Gedanken an einen Autokauf beschäftigt haben und daher vorwiegend Automarken im aktuellen Speicher haben.

Zunächst soll uns vor allem eine Frage beschäftigen:

Die Frage nach dem Ort

Wo sind nun alle diese Spuren der Erinnerung gespeichert? Sind sie im ganzen Hirn? Oder gibt es spezifische „Bibliotheken", aus denen Sie die einzelnen Informationen herausgeholt haben? Schon das Experiment (Brainstorming) hat gezeigt, dass unser Gedächtnis **nur bedingt** mit einer Bibliothek oder einem Karteikasten vergleichbar ist: Wenn wir unser „Hirn stürmen" und einen Zettel, ein Buch herausnehmen wollen, fällt uns gleich ein ganzer Stapel entgegen.

Eine wichtige Frage in der Gedächtnisforschung: Ist das Gedächtnis an ganz bestimmten Stellen „lokalisiert" oder überall im Gehirn vorhanden (holistisch)?

Was sagt die Wissenschaft?

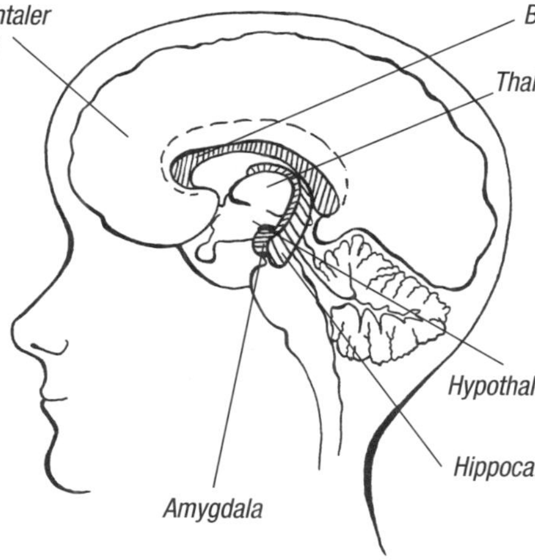

Gehen wir zunächst in die „Kellerräume" unserer Bibliothek! Zahlreiche Experimente mit Affen zeigten vor allem die Bedeutung des Hippocampus (im Schläfenlappen).

Schädigungen am Hippocampus führten zu Gedächtnisverlust, der „nach vorwärts gerichtet" war, d. h., dass keine neuen Gedächtnisinhalte gebildet werden konnten. Doch selbst wenn der Hippocampus vollständig zerstört war, war das Gedächtnis noch teilweise vorhanden. Denn beim Einspeichern scheint auch die Amygdala eine wichtige Rolle zu spielen. Waren beide Gebiete geschädigt, so trat tatsächlich eine vollständige Unfähigkeit Neues abzuspeichern ein.

Erfahrungen an PatientInnen haben die Rolle von Amygdala und Hippocampus schon lange vor diesen damit eigentlich überflüssigen Tierexperimenten angedeutet.[191]

Stellen Sie sich folgenden schrecklichen Fall vor: Ein Mann bekommt eines Tages starkes Kopfweh, ihm wird übel und sein Genick wird seltsam steif. Etwas später diagnostizieren die Ärzte Enzephalitis (Hirnentzündung); Hippocampus, Amygdala und Teile des Frontalhirns sind die vorwiegend befallenen und zerstörten Hirnteile. Die akuten Beschwerden klingen langsam ab, aber es bleiben Dauerschäden, unter anderem die Unfähigkeit, neue Eindrücke zu speichern. So erkennt er zwar seine Frau, die ihn regelmäßig besucht, er begrüßt sie jedoch ständig so, als ob er sie schon lange nicht gesehen hätte. Er kann sich ihren Besuch keine zehn Minuten merken. Und obwohl er sich alle Ereignisse aufschreibt, kann er mit seinen Notizen etwas später absolut nichts mehr anfangen.[192]

Vor allem Amygdala und Hippocampus sind notwendig, damit neu eintretende Ereignisse dauerhaft eingespeichert werden; für das Wiedererinnern älterer Inhalte scheinen sie nicht erforderlich zu sein. Im Vergleich mit einem Computer könnten wir sagen: Das Gehirn hat zwei Arbeitsspeicher, einen für das Hineinspielen von Informationen, den anderen für das Herausholen. Oder, um beim Bild der Bibliothek zu bleiben: Die Bearbeitungsstelle für neu einlangende Bücher (Einlaufstelle) ist vorwiegend im Hippocampus und in der Amygdala (natürlich in Zusammenarbeit mit „ranghöheren" Büros) angelegt. Bücher, die hier nicht ordnungsgemäß bearbeitet werden (aus mangelnder Konzentration der Mitarbeiter, krankheitsbedingt, oder weil die Geräte zerstört wurden, …), können die vielen Speicher nicht erreichen und landen beim Müll.

Dazu ein interessanter Befund aus der Altersforschung:[193]
Ab der zweiten Lebenshälfte bis zum Lebensende verschwinden ca. 20 Prozent der Hippocampusneuronen. Auch Axone und Dendriten können verkümmern. Damit lässt sich die Vergesslichkeit im Alter, die meist erst kurz zurückliegende Ereignisse betrifft, einleuchtend erklären.

Neben Hippocampus und Amygdala sind auch noch andere Regionen für das Gedächtnis wichtig:

Der Schläfenlappen

Der berühmte amerikanische Hirnforscher Penfield stellte bei Operationen am offenen Gehirn fest, dass bei Berührung bestimmter Stellen der Hirnoberfläche der Eindruck entstand, Geräusche zu hören, Licht zu sehen oder gar vergangene Ereignisse wiederzuerleben. (Da nur die Schmerzempfindung der Kopfhaut durch örtliche Betäubung ausgeschaltet werden muss, weil weder Knochen noch Gehirn selbst Sensoren für Schmerz besitzen, sind die Patienten bei vollem Bewusstsein.)[194]

„D. F. konnte Instrumente hören, die eine Melodie spielten ... Ich stimulierte denselben Punkt dreißig Mal und versuchte, sie irrezuführen. ... Jedes Mal, wenn ich erneut stimulierte hörte sie die Melodie wieder. Sie begann an derselben Stelle mit den gleichen Takten."[195]

Waren diese Versuche tatsächlich Beweise für an diesen Stellen gespeicherte Inhalte?

Manche ForscherInnen meinen, die Erlebnisse seien bei der Berührung rekonstruiert worden. Die Teile dieser Erinnerungen könnten durchaus auch woanders gespeichert gewesen sein.[196]

Der präfrontale Cortex

Dieses Hirnareal an der Unterseite des Stirnhirns dürfte als zweiter Teil des Arbeitsspeichers („Ausgabestelle" unserer Bibliothek) eine wichtige Rolle spielen.

Während der Hippocampus hauptsächlich die Aufgabe zu haben scheint, Neues in die Langzeitbibliothek hineinzubringen, ist der präfrontale Cortex dazu nötig, Gelerntes aus den anderswo im Gehirn vorhandenen Speichern hervorzuholen.[197]

Neben dieser Arbeitsspeicherfunktion hat der präfrontale Cortex auch noch andere wichtige Aufgaben: Bewerten und Planen von Handlungen, Fällen von Entscheidungen, Koordinieren von Aufmerksamkeitsaktivitäten.[198]

Viele wissenschaftliche Arbeiten sprechen für eine gemäßigte **Lokalisationshypothese**, also für die Ansicht, dass die Informationen in ganz bestimmten Hirngebieten gespeichert sind. Es gab jedoch schon früh Experimente, die zeigten, dass dies nicht immer der Fall ist.

So konnte Lashley, wie Penfield ebenfalls ein berühmter Hirnforscher der ersten Stunde, bereits 1929 nach zahlreichen Rattenexperimenten feststellen, dass Leistungsdefizite nicht durch den **Ort** der Verletzung bedingt sind, sondern durch die **Menge** des zerstörten Gewebes.
Nach Lashleys Ansicht ist als Folge des Lernens die Information möglicherweise über das **ganze** Gehirn verteilt **(holistische** Auffassung).

Wie ist der Widerspruch zwischen der erfolglosen Spurensuche von Lashley und den „lokalen" Erinnerungen bei Penfields Patienten zu erklären?

Hebb versuchte mit seinen *Assemblies* eine Synthese zwischen Lokalisationsthese und Holismus: Informationen werden tatsächlich zunächst in einzelnen Zellen bzw. Zellgruppen gespeichert. Mit der Zeit aber bilden sich größere Muster aus Gruppen von Zellverbänden. Die gigantischen Verschaltungen in der Hirnrinde sprechen für diese Sichtweise:

Jede Zelle ist über viele Synapsen mit einer großen Zahl anderer Zellen verknüpft. Das Prinzip ist, eine möglichst große Zahl verschiedener Zellen zu „beteilen". Alle Informationen werden so weit wie möglich verbreitet, damit möglichst viele Nervenzellen voneinander wissen.[199]

Schon 1672 hat Willis wichtige Hypothesen vorausgedacht: Er nahm nämlich an, „dass die höheren Funktionen wie Vorstellungen *(imaginatio)* und Gedächtnis *(memoria)* ebenso wie der bewusste Wille *(appetitus)* in der Großhirnrinde entstehen, dort als eine Art Wellenbewegung tätig sind und schließlich auch in ihrem nicht aktiven Zustand in den Großhirnwindungen aufbewahrt werden."[200]

Dieser Ansicht sind auch moderne HirnforscherInnen. Obwohl sie die Bedeutung von Strukturen wie Amygdala und Hippocampus für die Informationsspeicherung so eindrucksvoll nachweisen konnten, betonten Mishkin und Appenzeller die Rolle der Großhirnrinde: „In der Tat sind die wahrscheinlichsten Speicherplätze des Gedächtnisses dieselben Gebiete der Großhirnrinde, in denen Sinneseindrücke Gestalt annehmen." [201]

„Schon aus der Mikroanatomie kann man also ableiten, dass die Hirnrinde eine große Informationsmischmaschine ist, in der Signale von jeder Zelle zu möglichst vielen anderen Zellen geschickt werden und umgekehrt jede Zelle von möglichst vielen anderen Signale empfängt."[202] Durch diese Auffassung lässt sich die enorme Plastizität des Gehirns erklären: Gerade in jüngeren Gehirnen können verletzungs- oder krankheitsbedingte Ausfälle von Hirnfunktionen durch andere Hirnfelder kompensiert werden.

Das Gedächtnis ist mit einer Netzwerk-Bibliothek vergleichbar: Die Informationen sind mehrfach, parallel über die gesamte Großhirnrinde gespeichert (Verbindung vieler Module). Arbeitsspeicherfunktionen führen jedoch auch „tiefer liegende" Gebiete aus: neben dem präfrontalen Cortex vor allem Hippocampus und Amygdala.

Ein Gedächtnis?

Die Antwort auf die Frage, ob es **ein** Gedächtnis für **alles** gibt oder ob mehrere Arten bzw. Untergedächtnisse existieren, lässt sich schon aus unserem Alltagserleben erahnen: Wir merken uns Englischvokabeln, Ereignisse aus dem Urlaub, die richtige Schwimmtechnik etc. Gerade aber motorische Programme wie Schwimmen werden uns vielfach gar nicht mehr bewusst, wir führen sie automatisch aus. Und manches haben wir eigentlich nie absichtlich gelernt und es ist doch gespeichert (z. B. das Drehen des Kopfes in Richtung Geräuschquelle). Diese Beispiele lassen die Annahme verschiedener Arten von Gedächtnis zu.

Da wäre zunächst einmal die Unterscheidung[203] zwischen dem „phyletischen (oder phylogenetischen) Gedächtnis" oder besser „Artgedächtnis" und dem „individuellen Gedächtnis".

Manche Grundprogramme (z. B. Drehen des Kopfes) sind uns angeboren, als Erbe der Evolution. Allerdings müssen auch diese Programme im **Artgedächtnis** nach der Geburt erst durch Erfahrung „eingeschliffen" und perfektioniert werden. Sie sind weitgehend in den primären sensorischen und motorischen Hirnregionen beheimatet.

Das **individuelle Gedächtnis** ist das, was wir normalerweise unter Gedächtnis verstehen, der Speicher all dessen, was wir von frühester Kindheit an gelernt und erlebt haben. Vieles von dem läuft allerdings auch unbewusst, implizit ab.

Wir unterscheiden daher zwischen dem „impliziten“ und dem „expliziten (deklarativen Gedächtnis“.

Bleiben wir beim **impliziten Gedächtnis:** Was haben wir implizit gespeichert? Zum Beispiel Schwimmen, Radfahren, Schreiben, also Prozeduren. Daher nennt man diese Form „prozedurales Gedächtnis“. Implizit sind auch emotionale und vegetative Reaktionen (wie Schweißausbrüche vor der Schularbeit), Gewohnheiten, Konditionierungen.

Ein besonderer Fall ist das so genannte „Priming“ (englisch – „vorbereiten, zünden“): Es ist ein erleichtertes Erinnern von ähnlich erlebten Situationen. Damit arbeitet die Werbung, wenn sie unterschwellig Hinweisreize verpackt, auf die man zwar nicht bewusst reagiert, aber doch „zündet“.[204]

Das **explizite Gedächtnis** ist die bewusste Speicherung und Wiedergabe von Fakten und Erlebnissen.

Kehren wir zu unserem kleinen Auto-Brainstorming am Beginn des Abschnitts „Wo ist die Bibliothek?“ zurück: Wir haben gesehen, dass ein Begriff nicht isoliert in irgendeinem „Gedächtniszimmer“ abgelegt ist, sondern mit einer Fülle von anderen Begriffen, Bildern, Ereignissen verknüpft sein kann. Alle diese Inhalte haben in irgendeiner Weise miteinander zu tun, auch wenn manche, die beim „Hirnstürmen“ auftauchen, nicht auf den ersten Blick als zugehörig erkannt werden.

Alle Begriffe, die Ihnen eingefallen sind, können wir in einer „Struktur“ anordnen, zum Beispiel:

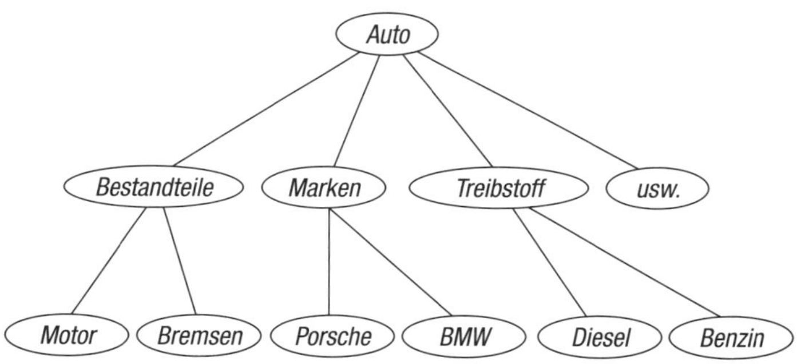

Alle Begriffsstrukturen, ganz gleich, nach welchen Gesichtspunkten Sie sie anordnen, stellen in ihrer Gesamtheit das „semantische Gedächtnis“ dar.

Möglicherweise sind Erinnerungen an eine schöne Ausflugsfahrt mitsamt Bildern, Erlebnissen etc. aufgetaucht oder auch schmerzliche Unfallereignisse. Alle Ereignisse dieser Art, Bilder, Szenen etc., werden mit dem Begriff „episodisches Gedächtnis“, also als Gedächtnis für Ereignisse, bezeichnet.

Fassen wir für unser Gedächtnis das, was wir über die Gedächtnisarten wissen, zusammen:[205]

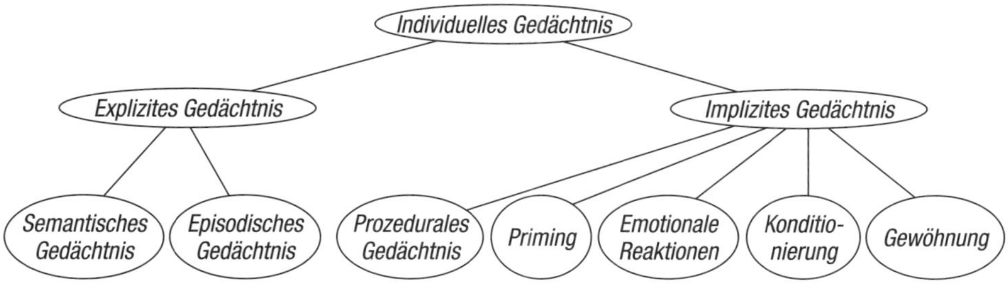

Selbstverständlich stehen die Gedächtnisarten miteinander in Beziehung, das gemeinsame Auftauchen von Begriffen und Erinnerungen an Erlebnisse beim Brainstorming zeigt es deutlich. Aber auch aus dem impliziten Gedächtnis schwingt etwas mit, z. B. emotionale bis hin zu vegetativen Reaktionen bei Erinnerungen an Unfälle; bei geheimen Wünschen, die mit dem Begriff „Porsche" verbunden sind, vielleicht motorische Mitbewegungen des Gasfußes …

Ein gutes Demonstrationsbeispiel ist das Sprechen: prozedurales Gedächtnis für die Muskelkoordination, semantisches Gedächtnis für die Sprachbegriffe, episodisches Gedächtnis für die Erlebnisse, Priming als möglicher Auslöser und Gesprächsanlass, emotionales Gedächtnis für Intonation und begleitende Prozeduren der Mimik etc.

Auf der Basis vieler Fallbeispiele ordnete Markowitsch den Gedächtnisarten die maßgeblich beteiligten Hirnareale zu:[206]

Art	Einspeicherung	Langzeitspeicher	Abruf
Episodisches G.	Limbisches System (mit Hippocampus)	Cortex (besonders die Assoziationsfelder)	Frontal- (präfrontaler Cortex) und Schläfenlappen
Semantisches G.	Limbisches System (mit Hippocampus) und auch Cortex	Cortex (besonders die Assoziationsfelder)	Frontal- (präfrontaler Cortex) und Schläfenlappen
Prozedurales G.	Basalganglien, Kleinhirn	Basalganglien, Kleinhirn	Basalganglien, Kleinhirn
Priming	Cortex	Cortex	Cortex

➡ ➡ ➡ ➡ ➡ ➡ Zum Kern der Sache! ➡ ➡ ➡ ➡ ➡ ➡

Können Sie die einzelnen Untertitel dieses großen Kapitels der Reihe nach aufschreiben? Wenn nicht, dann sehen Sie im Inhaltsverzeichnis nach! Erkennen Sie einen roten Faden? Hoffentlich, denn der Autor hat versucht, das wichtige neunte Gebot (RICHTIGE REIHENFOLGE) zu verwirklichen:

Vom Grundaufbau der Nervenzellen zu ihrer Verbindung reichte die erste Phase der Darstellung, gefolgt vom „Innenleben" dieser Schaltungen mit den Geheimnissen der Synapsenchemie. Dann kam der Schritt vom Mikroskopischen zum Makroskopischen: das Zusammenwirken verschiedener Hirnareale zum Phänomen Gedächtnis, das sich uns letztlich als vernetzt präsentiert hat.

Dieser Logik wollen wir auch bei den folgenden Lernaufgaben bzw. Merksätzen folgen:

1. Lernaufgabe:

Benennen Sie in folgender Skizze die einzelnen Teile! Zeichnen Sie in diesen kleinen Schaltkreis die Stromflussrichtung ein! Vergleichen Sie dann mit der Auflösung im Anhang!

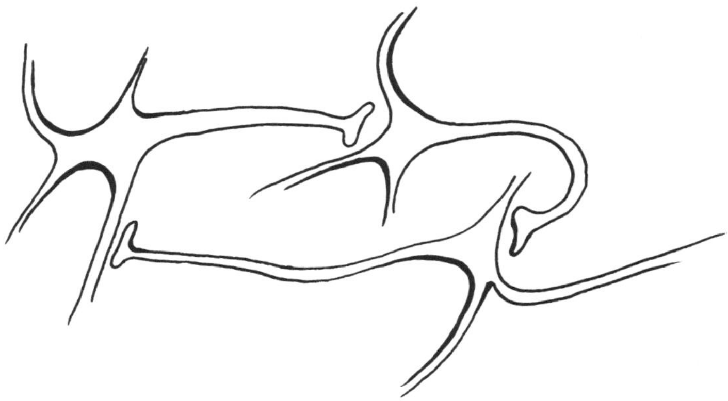

Merksatz 1: An der Synapse wird die Information von einer Nervenzelle auf die andere übertragen.

Merksatz 2: Schaltungen, die immer wieder von Strömen durchflossen werden, werden stabiler. (Viertes Gebot: WIEDERHOLEN von Lernstoffen!)

Merksatz 3: Die „Chemie der Stabilisierung" braucht Zeit, in der möglichst wenig Störungen auftreten sollen. Daher: PAUSEN einlegen (achtes Gebot)! In dieser Zeit ist auch das „Ausmerzen von Fehlern" besonders wichtig. Daher: RÜCKMELDEN (siebtes Gebot)!

2. Lernaufgabe:

Im Sinne von Merksatz 2: Skizzieren Sie die „Chemie der Synapse"!

Merksatz 4: Synapsen sind bedeutsam für Lernen, Gedächtnis, Psyche.

Ergänzung zum Merksatz 2: Durch WIEDERHOLEN werden die Synapsen verstärkt.

Merksatz 5: Hippocampus, Amygdala und präfrontaler Cortex erfüllen Arbeitsspeicherfunktionen, während das Langzeitgedächtnis überall im Gehirn „stattfindet": Die Informationen werden parallel an mehreren Stellen abgelegt. Dies kann unterstützt werden durch Beachtung des fünften Gebotes (MEHRERE SINNE ansprechen).

Merksatz 6: Die Inhalte werden nicht isoliert, sondern vernetzt gespeichert, in sinnvollen Zusammenhängen. Man spricht vom „semantischen Gedächtnis". Daher das zehnte Gebot: VERNETZEN!

Sinnvoll, semantisch, vernetzt unterrichten!

Es gilt ein grundlegendes Gesetz: Die Behaltensleistungen sind umso besser, je mehr die Verarbeitung (das Lernen) auf einer semantischen Ebene stattfindet. Trivial ausgedrückt und nichts Neues: Je „sinnvoller" gelernt wird, desto besser wird behalten.

„Sinnvoll" bedeutet:

- Die Lernenden müssen einen Sinn in dem erkennen, was sie lernen. Je besser es dem Lehrenden gelingt, die Frage nach dem Wozu zu beantworten, desto bereitwilliger und damit effizienter lernen die SchülerInnen, weil es „einen Sinn hat".
- Sinnvoll bedeutet aber auch, dass die Lernenden überhaupt verstehen, was sie da tun sollen. Das heißt, die Sprache, die Darstellung der Lehrenden muss so beschaffen sein, dass für die Lernenden die Informationen keine spanischen Dörfer oder sinnlose Silben sind.
- Der Lernstoff darf nicht isoliert sein, sondern muss in sinnvollen Zusammenhängen vernetzt sein.

Die Notwendigkeit für vernetztes Lernen kann man folgendermaßen begründen:

- Viele Experimente der Psychologie zeigen, dass unser Gedächtnis vernetzt arbeitet.
- Der biologische Apparat ist in seinen Verschaltungen extrem vernetzt (so wie alles in der Natur).
- Die ganze Welt ist ein hochkomplexes, vernetztes System.

Das mangelnde Denken in vernetzten Systemen ist einer der Gründe für die großen Probleme unserer Zeit in den Spannungsfeldern Ökonomie – Ökologie, Nord – Süd und Ost – West, in den vielen politischen Konflikten etc. Wir müssen endlich begreifen, was Goethe seinen Faust sagen lässt:

> „Wie alles sich zum Ganzen webt,
> Eins im andern wirkt und lebt!"

Aus all dem resultiert das zehnte Gebot: VERNETZEN!

Wie geht das?

Vernetztes Lernen wird gefördert

- durch ganzheitlichen Unterricht: Informationen sehen, hören, lesen, riechen, schmecken, vor allem tasten („begreifen");
- durch das Herstellen von Querbezügen zwischen den einzelnen Themen im entsprechenden Fach;
- durch fachübergreifenden Unterricht;
- durch Projektunterricht;
- durch Gruppenarbeit (Vernetzen mehrerer Gehirne);
- durch Aufmerksamkeit und Gefühl.

3. Lernaufgabe:
Stellen Sie sich vor, Sie sind

a) GrundschullehrerIn und wollen mit Ihren SchülerInnen im Sachunterricht das Thema „Obst und Gemüse" durchnehmen;

b) BiologielehrerIn an einer Hauptschule und haben das Thema „Auge" durchzunehmen.

Wie können Sie „vernetzt" unterrichten? (Am besten über mehrere Unterrichtseinheiten.)

c) Auch Vokabellernen kann vernetzt stattfinden. Was schlagen Sie vor? Vergleichen Sie Ihre Ideen mit den Anregungen im Auflöser!

➡ ➡ ➡ Was sonst noch interessant ist … ➡ ➡ ➡

Transmitter auf Abwegen

Wir wissen schon: Alles, was wir unter Psyche, Geist etc. verstehen, hat mit der Chemie der Transmitter zu tun. Manchmal sind diese komplizierten chemischen Abläufe gestört oder werden durch unser Zutun irritiert. Dazu – aus Platzgründen nur einige wenige – Anmerkungen:

Schizophrenie

Lange Zeit konzentrierten sich die Forschungen zur Chemie der Schizophrenie auf den Transmitter Dopamin, besonders im limbischen System und im Frontallappen des Gehirns. Mittlerweile weiß man, dass dieser Stoff nur ein Teil der Story ist und dass auch andere Hirnteile betroffen sind. Zusätzlich zur Dopamintheorie kam ein Transmitter ins Spiel, der in weiten Teilen des Hirns zu finden ist und den wir schon kennen, nämlich Glutamat.[207]

Sucht

Ein Thema, das gerade für die „hauptsächlich lernende Generation" von zunehmender Wichtigkeit geworden ist.

Hier geht es aber nicht nur um illegale Drogen, sondern auch um die legalen und weiters um Süchte nicht-stofflicher Art (z. B. Magersucht, Spielsucht). Denn das so genannte Belohnungs system im Gehirn ist auf jeden Fall beteiligt. Zunächst (entdeckt[208] bereits 1954 von Olds und Milner) wurde dieses System als „Lustzentrum“ bezeichnet; aber es wurde zunehmend klarer, dass die entsprechenden Regionen nicht nur für sexuelles Lustempfinden zuständig sind, sondern auch für andere Arten von wohligen Gefühlen, für Freude, Genuss, …

Welche Regionen sind es?

Es sind Teile des Mittelhirns, Zwischenhirns und limbischen Systems (im Speziellen des mesolimbischen Systems), wobei ein kleines Kerngebiet, der so genannte Nucleus accumbens, eine wichtige Rolle spielt.

Da der Transmitter Dopamin in diesen Nervennetzen das Sagen hat, wurde das Belohnungssystem auch Dopaminsystem genannt und mit jeder denkbaren Form des Lustgewinns in Zusammenhang gebracht, gewissermaßen als „Hort der Gefühle“, als „G-Punkt des Gehirns“.[209]

Neuere Studien[210] zeigen jedoch, dass Dopamin nicht allein der Stoff der Gefühle ist, sondern eher des Verlangens, der allgemeinen Erregung, und für die Produktion des Wohlgefühls auch noch andere Stoffe sehr bedeutsam sind, nämlich vor allem die **Endorphine**, die wie Morphium und Heroin zur Klasse der Opioide gehören. Darum auch „Endorphine“ (= endogene, körpereigene Morphine).

Rezeptoren für Opioide sind nun keineswegs nur im Dopaminsystem, sondern an verschiedenen Orten im Gehirn zu finden, wobei das so genannte Pallidum im Zwischenhirn ein „heißer Kandidat für den Sitz der Lustgefühle“[211] ist.

Leider sind solche Opioidzellen auch im Frontalhirn (genauer im orbitofrontalen Cortex, direkt hinter den Augenhöhlen), das unter anderem für die emotionale Bewertung, für Verhaltens- und Impulskontrolle zuständig ist. Daher ist auch erklärbar, warum eine Überflutung dieses Gebiets mit Suchtmitteln (legalen wie illegalen) zu irrationalen Verhaltensweisen führt.

Gerade harte Drogen scheinen – unter Umgehung dieser Kontrollinstanz im Frontalhirn – die Dopamin- und Opioidsysteme direkt anzuzapfen, wodurch die rationale Notbremse ausfällt.[212]

Das große Drama der Suchtkrankheiten besteht darin, dass die dabei ablaufenden Lernvorgänge (das Verhalten wird mit Genuss, Befriedigung, Bestätigung „belohnt“ und damit verstärkt) biologische Veränderungen im Gehirn bewirken:
Sogar THC (Wirkstoff in Marihuana und Haschisch) wirkt auf Rezeptoren an den Nervenzellen, und zwar für Acetylcholin und Serotonin.

Robinson und Kolb[213] fanden länger dauernde Veränderungen (Länge und Zahl der Dendriten …) an den Nervenzellen des Nucleus accumbens nach wiederholter Anwendung von Amphetaminen.
Ecstasy schädigt Serotonin- und Dopaminrezeptoren, was unter Umständen zu Parkinson-ähnlichen Zuständen führen kann.[214]

Ganz schlimm ist, dass gerade die harten Drogen wie Opiate und Kokain eine extreme molekulare Programmierung an den Synapsen vornehmen:[215]
Gene (wie z. B. CREB) werden aktiviert, die die Nervenzellen dauerhaft verändern und damit das berüchtigte Suchtgedächtnis aufbauen (bei Heroin und Kokain kann ein einziger Kontakt genügen), das den extremen „Stoffhunger“ (auch noch nach längerer Abstinenz) bewirkt.

Gibt es angesichts der tiefen Programmierung Hoffnung, Chancen, Möglichkeiten? Was tun gegen den Horror Drogen?

Notwendig sind (auf Details kann hier nicht näher eingegangen werden):

- Intensive medizinische (Entzug, ...) und psychologische Therapie. Dazu gibt es auch asiatische Ansätze (z. B. in buddhistischen Klöstern in Thailand), die Erfolg versprechen.
- Selbstbindung:[216] Dies bedeutet den eigenen Handlungsspielraum einzuschränken. Zum Beispiel nur kleine Mengen Geld (keine Kreditkarten oder dgl.) mitnehmen, um nicht in Kaufversuchung zu kommen. Bestimmte Lokale meiden. Das eigene Outfit (Kleidung, Haare) weniger attraktiv (für bestimmte Kreise) gestalten. Genaue Tages- und Arbeitsabläufe planen.
- Alternative (erlaubte und kaum gefährliche) Endorphinkicks anstreben: Sport (ganz besonders wichtig!), Natur, Erotik und Sex ...
- Verlernen: Da Suchtverhalten gelernt (konditioniert) wird, kann man durch Gegenkonditionierung versuchen, das Suchtgedächtnis zu löschen: Auf einen drogenrelevanten Reiz (Geräte, Bilder, Zuschauen ...) wird keine „Belohnung" (durch die Droge) geboten, sondern eventuell ein alternativer Kick (siehe vorigen Punkt) oder gar nichts. Ein sicher mühsamer Weg!
- Vor allem müssen Eltern, FreundInnen, PartnerInnen trotz der sicherlich extrem schwierigen Situationen zu den bedauernswerten Suchtkranken stehen, die zwar wissen, was sie tun, aber oft nicht anders können. Man muss die Süchtigen wissen lassen, dass man für sie da ist.

Und: Es gilt immer das „Prinzip Hoffnung", z. B. auch auf die Regenerationsfähigkeit des Gehirns und des ganzen Körpers (nach geschafftem Entzug). Daher niemals aufgeben!

Die Story vom Nürnberger Trichter

Die Suche nach dem „Gedächtnismolekül" wurde zunächst durch die Analogie zu unserem Erbgedächtnis bestimmt: Es ist bekannt, dass im Kern jeder unserer Körperzellen das Erbmaterial in Form der DNA (oder DNS – Desoxyribonukleinsäure) gespeichert ist. Dies ist die Information, die die Lebensvorgänge steuert und bei der Zellteilung von Generation zu Generation weitergegeben wird. Warum sollte also nicht auch die durch Lernen erworbene Information ähnlich gespeichert werden?

Dieser Gedankengang führte zur so genannten **Eiweiß-Induktionshypothese:**
Die elektrischen Ströme, die in den Nervenschaltkreisen durch Wahrnehmen oder Lernen hervorgerufen werden, bewirken eine Aufspaltung der DNA in ihre zwei Stränge. An diesen bilden sich chemische Matrizen, Kopien, die so genannten RNA-(Ribonukleinsäure-)Moleküle. Damit ist die Information im Kurzzeitspeicher. Diese RNA-Moleküle dienen als „Druckvorlage" für die Bildung von Eiweißen (Proteinen), die sich in den Gehirnzellen dauerhaft einlagern und gewissermaßen den Langzeitspeicher darstellen.

Die Experimente zur Eiweiß-Induktionshypothese stimmten zunächst euphorisch: Man glaubte, dem „Nürnberger Trichter" etwas näher gekommen zu sein.
Man fand beispielsweise heraus, dass sich der Proteingehalt in den Nervenzellen beim Lernen verändert. Zahlreiche Untersuchungen zeigen jedoch, dass **jede** Nervenzellaktivität zu einer Steigerung der Eiweißsynthese führt.

Wird die Eiweißsynthese gezielt angeregt, kann der Lernprozess verbessert werden. Wird sie blockiert, werden die Lern- und Gedächtnisleistungen gestört.

Das Phänomen, dass alte Leute sich an Details aus der Jugendzeit, nicht jedoch an Ereignisse des Vortags erinnern können, ist ebenfalls mit Hilfe der Proteinsynthese erklärbar: Die Speicherung neuer Inhalte funktioniert deswegen nicht mehr, weil auch die Fähigkeit zur Proteinsynthese mit dem Alter nachlässt.

Furore machten die Experimente zur „Gedächtnisübertragung“: Ausgangspunkt war der „Kannibalismus“-Versuch McConnells, der Würmer trainierte, **nicht** in eine bestimmte Ecke zu kriechen. Nach dieser Lernphase wurden sie zerstückelt und untrainierten Artgenossen verfüttert. Laut McConnell konnten diese dann das Lernexperiment wesentlich schneller absolvieren. Haben sie die „Weisheit“ ihrer Vorgänger mit dem Futter „gefressen“?
„Schüler fressen ihren Professor!“, titelte eine Zeitung im Anschluss an dieses Experiment.

In diesen und ähnlichen Übertragungsversuchen wurden jedoch nicht „Gedächtnismoleküle“ übertragen, sondern Ergebnisse von durch Lernen bedingten **Stoffwechseländerungen**, die bei den undressierten Tieren bessere Lernprozesse ermöglichten. Der „Nürnberger Trichter“ war damit noch nicht gefunden!

Und allen Lehrenden unter den LeserInnen zur Beruhigung: Sie dürfen aufatmen! Sie werden weder gefressen noch zum Verteiler von „Lernstoffpillen“ degradiert!

Nervenzellen und Umwelt

Der Anlage-Umwelt-Streit

Ganz der Vater! – Hat das Kind, das so beschrieben wird, die Eigenschaften des Vaters geerbt? Oder ist der spezielle Erziehungseinfluss des Vaters gemeint?
Sind körperliche Eigenschaften vererbt, geistige jedoch nicht?

Wägen Sie folgende Aussagen gegeneinander ab:

- „Wir sind Marionetten der Gene!“
- „Alles ist machbar!“ „Erziehung ist alles!“

Der amerikanische Psychologe Watson soll gesagt haben: „Man gebe mir ein Dutzend Kinder und meine eigene, ausgesuchte Welt, und ich garantiere, dass es mir gelingt, irgendein zufällig ausgewähltes Kind zu einem beliebigen Spezialisten zu erziehen – sei es Arzt, Rechtsanwalt, Künstler … und auch Bettler oder Dieb.“[217]

Der Anlage-Umwelt-Streit führte immer wieder zu unterschiedlichen Positionen. Dieses Thema ist natürlich pädagogisch sehr bedeutsam und kann je nach Interpretation bzw. Beantwortung folgenschwere Konsequenzen haben:

- **Pädagogischer Optimismus:** möglichst viel fördern, fordern, anregen, erziehen.
- **Pädagogischer Pessimismus:** Wachsen lassen! Veränderungen wären nur durch „eugenische“ Maßnahmen (Veränderung der Erbsubstanz) möglich.

Die Klärung der Frage wurde von den verschiedensten Forschungsrichtungen versucht:
Die **Stammbaumanalyse** etwa geht von gehäuftem Auftreten von Begabungen (etc.) in Familien aus (wie etwa in der Familie von J. S. Bach). Eine eindeutige Antwort ist hier jedoch nicht möglich, da Anlage und Umwelt im Fall einer Familie ja immer untrennbar zusammenhängen.

Zwillings- und Adoptionsstudien untersuchten eineiige Zwillinge, die nach der Geburt in verschiedenen Familien aufgezogen wurden.
Die Intelligenzwerte, die hier bis zu 80 Prozent übereinstimmten, sowie der Bereich der Persönlichkeitseigenschaften brachten erhebliche Argumente für die Vererbungstheorie.
Dass getrennt aufgewachsene Zwillinge ähnliche Verhaltensweisen (etwa Bettnässen) aufweisen, muss jedoch nicht bedeuten, dass ihnen diese Verhaltensweisen angeboren sind. Solche Störungen sind oft typischer Ausdruck neurotischer Tendenzen. Diese Tendenzen und Dispositionen sind es, die vererbt sein könnten.
Auch in der Zwillingsforschung liegt kein sicherer Schlüssel zur Lösung des Problems: Oft sind die Zwillingspartner zwar getrennt aufgewachsen, aber ihre Umwelten waren dennoch sehr ähnlich (Milieu, Kulturkreis, ...).

Was sagt die **Hirnforschung** zu dieser wichtigen Frage?

Nervennetze entwickeln sich

Beschäftigen wir uns zunächst einmal mit der **Entwicklung des Nervensystems:**
Im Zuge der vorgeburtlichen Entwicklung kommt es durch fortwährende Zellteilung (250.000 neue Zellen pro Minute) zu einem gigantischen Anwachsen der Zahl der Nervenzellen. Diese bilden Neuralplatte, dann Neuralrinne und schließlich das so genannte Neuralrohr. Dieses entwickelt sich über das Bläschenstadium vorne zum Gehirn und hinten zum Rückenmark. Der Hohlraum wird zum Ventrikelsystem (mit der Hirn-Rückenmarksflüssigkeit).
Aus den Wänden des Rohrs entwickeln sich die Zellen (Neuronen und Gliazellen).

In der Schwangerschaft entstehen fast doppelt so viele Zellen wie dann im erwachsenen Gehirn vorhanden sind. Die nicht mehr benötigten Zellen werden durch den „programmierten Zelltod" (Apoptose) entsorgt. Dies dient der Stabilisierung der Schaltungen. Bei gentechnisch veränderten Mäusen konnte gezeigt werden, dass ein geringeres Absterben von Nervenzellen (Einbremsung der Apoptose) später zu motorischen Schwierigkeiten, aber auch zu Gedächtnis- und Verhaltensstörungen führt. Derartige Hintergründe vermutet man auch bei Krankheiten wie Schizophrenie.[218]

Beim Ungeborenen, aber auch noch beim Säugling entstehen jede Minute zirka zwei Millionen neue Synapsen. Diese extreme Zunahme der Schaltungen (auch mit der Entwicklung der Isolierschicht um die Nervenfasern) führt selbstverständlich zur Volums- und Gewichtszunahme (bis zum 5. Lebensjahr um mehr als das Dreifache).

Der größte Teil des Hirn-„Ausbaus" findet erst nach der Geburt statt. Insgesamt liegen zirka 5/6 der Wachstumsvorgänge (Synapsenbildung, Wachsen der Dendriten, Gliazellen, Myelinisierung) im postnatalen Bereich.
Ab der Pubertät wird die Entwicklung langsamer, doch gibt es auch noch das ganze Erwachsenenalter hindurch Synapsenbildung (abhängig von Erfahrung und Lernen). Erst im hohen Alter nimmt die Synapsenbildung deutlich ab.[219]

Die **Erfahrung** wirkt auf die Nervenzellentwicklung nach dem Prinzip „Use it or lose it!“: Neurone und Synapsen, die inaktiv sind, werden abgebaut. Dazu gibt es eine Reihe von Ergebnissen aus Tierexperimenten:
Tiere, die im Dunkeln aufwachsen mussten, wiesen weniger Synapsen auf. Ratten, die in abwechslungsreichen Käfigen leben durften, entwickelten dickere Hirnrinden mit mehr Synapsen/Neuronen.
Ganz spektakulär: Wenn Sehnervenfasern im sich entwickelnden Gehirn zu Umschaltstellen des Hörsystems umgeleitet werden, reagieren im ausgewachsenen Hirn die Neuronen der Hörrinde wie Sehrindenneuronen.[220]

Die **Sinne** entwickeln sich übrigens nicht im gleichen Tempo:[221]
Zuerst kommt der Tastsinn. Ab der siebenten Schwangerschaftswoche sind Reaktionen des Ungeborenen feststellbar, wenn die Mutter über den Bauch streicht. Volle Funktionsfähigkeit ist nach dem ersten Lebensjahr gegeben. Im letzten Drittel der Schwangerschaft kommen Hör-, Geschmacks- und Geruchssinn dazu. Beim Sehsinn sind schon im Uterus manche Aktivitäten vorhanden: Galli-Resta und Maffei konnten in einem außergewöhnlichen Experiment Signale vorgeburtlicher Gehirnzellen direkt aus der Gebärmutter ableiten und zeigen, dass die Netzhautzellen des unreifen Auges in der dunklen Gebärmutter von sich aus elektrische Signale erzeugen, und zwar in einem vorhersagbaren rhythmischen Muster. Dies scheint zu geschehen, um die für das normale Sehen nötigen Verbindungen herzustellen.[222]
Dazu kommen auch schon „Außenreize“: Der Fetus reagiert bereits auf starkes Licht.
Die Entwicklung nimmt selbstverständlich erst mit dem Öffnen der Augen einen rasanten Verlauf.

Fassen wir kurz zusammen:

Auf der Basis der genetisch vorgegebenen Programme entwickeln sich die Verschaltungen nur dann zur vollen Funktionsfähigkeit, wenn entsprechende Sinnesreize zur Verfügung stehen. Aktivität und Stimulierung sind von wesentlicher Bedeutung. Der Einfluss der Umwelt konnte in vielen Experimenten nachgewiesen werden.

Wichtige Entwicklungsschritte vollziehen sich jedoch nur in begrenzten Zeiträumen, in so genannten **kritischen Perioden** oder **sensiblen Phasen.** Starke Hornhauttrübungen etwa müssen deshalb im Kleinkind- und Vorschulalter operiert werden, sonst sind die Schäden irreversibel.

Bei neugeborenen Katzen, die man in einer nur aus vertikalen Linien bestehenden Umgebung aufwachsen ließ, funktionierten die für die Horizontale zuständigen Nervenschaltungen nicht mehr.[223] In anderen Experimenten konnte gezeigt werden, dass Katzen ihre „Zweiäugigkeit“ verlieren, wenn man ein Auge während der kritischen Periode (dritte bis zehnte Lebenswoche) verschlossen hält.[224]

Ähnliches gilt für schielende Kinder, deren Sehfehler nicht rechtzeitig behoben wird: Sie können die Nervenschaltungen, die das räumliche Sehen ermöglichen, nicht richtig entwickeln.

Die längste sensible Phase ist die für die **Sprachentwicklung**; sie dauert bis in die Pubertät. Wie die halbwegs seriös dokumentierten Fälle von „Wolfskindern“ (z. B. der Wilde von Aveyron) oder von Kaspar Hauser zeigen, kann sich Sprache nur dann gut entwickeln, wenn die Kinder ausreichenden Kontakt zu sprachlicher Anregung haben, ganz gleich, um welche Sprache es sich handelt. Die ersten Lebensjahre sind allerdings auch für den Spracherwerb die wichtigste Zeit. Daher entwickeln bilingual aufwachsende Kinder auch zwei wirkliche „Muttersprachen". Sie verarbeiten – beim Lernen der Sprache bis zum dritten Lebensjahr – beide Sprachen im selben Hirnareal.[225]

Auch für die Entwicklung emotionaler Stabilität sind die frühkindlichen Erfahrungen ausgesprochen wichtig:
Einschneidende Erfahrungen können – ähnlich der Prägung im Tierreich – die Verschaltung von Nervenzellen und auch das Gleichgewicht der Transmitter beeinflussen. Die alten Ergebnisse von Spitz und Harlow[226] über die fatalen Auswirkungen frühkindlicher emotionaler Deprivation (Mangel an Zuwendung von Eltern oder/und „Aufziehpersonen" führt zu schweren seelischen Störungen) bekommen leider gewichtige Belege aus der Hirnforschung: Emotionale traumatische Erlebnisse verringern die Vernetzung der Nervenzellen besonders im limbischen System (z. B. im Hippocampus und in der Amygdala) und verändern auch die Biochemie von Glutamat, bei den NMDA-Rezeptoren sowie im Dopamin- und Serotoninstoffwechsel. Die Folge können Lern- und Verhaltensstörungen bis hin zu schwereren psychischen Erkrankungen sein.[227]
Speziell Kindesmissbrauch bewirkt die oben angeführten Auswirkungen auf Struktur und Chemie des Gehirns und die daraus resultierenden Konsequenzen.[228]

Ein **Dogma** ist gefallen:
In der ersten und zweiten Auflage dieses Buches stand auf Seite 68 noch Folgendes: „Während sich die anderen Körperzellen auch nach der Geburt noch teilen und erneuern, ist die Zahl der Nervenzellen bei der Geburt festgelegt, und zwar genetisch!"
Wie sich doch die Zeiten ändern! Mittlerweile weiß man, dass zwar tatsächlich keine Teilung der Nervenzellen stattfindet, aber dass dennoch auch nach der Geburt (bis in spätere Lebensphasen) neue Nervenzellen gebildet werden. Aber wie?
Im Einzelfall ist dieses Dogma schon früher ins Wanken geraten: Es wurde nämlich entdeckt, dass im Gehirn von Kanarienvögeln auch im Erwachsenenalter noch neue Nervenzellen entstehen.[229]
Als der Entdecker Ende der 1980er Jahre auf wissenschaftlichen Konferenzen die Vermutung äußerte, dass es die Entstehung neuer Nervenzellen **(Neurogenese)** auch im menschlichen Gehirn geben könnte, wurde er noch belächelt.

Doch bald ging es Schlag auf Schlag:[230]
Anfang der neunziger Jahre (speziell 1997) gelang Gould der Nachweis neuer Nervenzellen im Hippocampus bei Ratten und Mäusen. 1998 fanden Gould und Fuchs bei Affen solche Zellen, gefolgt 1998 vom sensationellen Ergebnis von Erickson, dass auch im Hippocampus des Menschen eine derartige Neurogenese stattfindet.
1999 (Gould) und vor allem 2001 (Gould, Shors, Kempermann, Gage) konnte der endgültige Beweis erbracht werden, dass diese Neubildung von Nervenzellen im Zusammenhang mit Lernen auftritt.
2001 wurde dann auch gezeigt, dass es in der Großhirnrinde – zumindest bei Primaten[231] – eine solche Neurogenese **nicht** gibt!

Doch auch dieses – neue – Dogma wird von manchen ForscherInnen kritisch hinterfragt.
Was wird wohl in der vierten Auflage dieses Buches – falls es eine geben wird – dazu stehen?

Da sich ja Nervenzellen nach der Geburt wirklich nicht mehr teilen, stellte sich die Frage, woher denn nun die neuen Zellen kommen.

Die Antwort darauf lautet: So genannte **Stammzellen** aus der Entwicklung des Nervensystems finden sich auch noch im fertigen Gehirn. Sie können sich teilen und neue Nervenzellen produzieren.

An die Stammzellenforschung knüpfen sich viele Hoffnungen, auch in der Hirnforschung.[232] Vielleicht wird sie einmal Krankheiten wie Alzheimer, Parkinson, multipler Sklerose u. a. den Schrecken nehmen. So wurde kürzlich im Tierexperiment nachgewiesen, dass unter dem Einfluss von Antidepressiva im Hippocampus aus Stammzellen neue Nervenzellen gebildet wurden.[233]

Für **Lernen und Gedächtnis** ist die Neurogenese ebenfalls sehr wichtig:
Wie schon bei den Themen Nervenzellen, Synapsen, Entwicklung des Nervensystems gezeigt wurde, bewirken Lernerfahrungen und Umweltreize Veränderungen der Verschaltungen. Mehr Kontakte bilden sich, sie werden stabiler etc. Nun kommt noch dazu, dass auch neue Nervenzellen gebildet werden.

Hinsichtlich **„Anlage und Umwelt"** wird aus der Sicht der Hirnforschung bestätigt, dass es nicht nur auf die genetischen Grundlagen ankommt, sondern ganz entscheidend auch auf die Umwelt. Beide Einflüsse wirken nicht additiv, sondern interaktiv.
Wie schon ausgeführt, ist die Entwicklung in den sensiblen Phasen, vor allem im Baby-, Kleinkind-, Vor- und Grundschulalter, besonders wichtig.

Aus diesen Erkenntnissen der Hirnforschung wird als wesentliche Konsequenz eine möglichst gute und frühe Förderung der Kinder verlangt, weil ja gelten könnte: „Was Hänschen nicht lernt, lernt Hans (Schachl) nimmermehr."

Früh übt sich, was ein Meister werden will!
So wird beispielsweise die Forderung – sogar von BildungsforscherInnen[234] – nach einem früheren Schuleintritt (z. B. mit vier Jahren) immer lauter.

Appelle gibt es vor allem in Richtung Fremdsprachen lernen: Je früher mit dem Erlernen einer zweiten (oder gar dritten) Sprache begonnen wird, desto eher bildet sich eine perfekte zweite, dritte Muttersprache. Aber wir kennen alle auch Menschen, die trotz eines späteren Beginns nahezu perfekt Fremdsprachen beherrschen.

Manche Ausprägungen des „Früh übt sich" sind wirklich haarsträubend: pränataler Englischunterricht (im sechsten Schwangerschaftsmonat) in Japan; der Versuch, durch Klopfzeichen auf den Bauch der Schwangeren beim Kind die Grundlage für Zahlenverständnis zu schaffen.[235]
Wenn man von derartigen Dummheiten absieht, gibt es doch viele Bestrebungen und Praktiken in Kindergärten, Kinder mit „formalem" Lernen zu beschäftigen, oder besser, zu drillen.
Nur: Dieser frühe Lerndrill führt eher zu Angst, Verarmung des Sozialen und Emotionalen, schlechter Schulmotivation.[236]

Daher:
Nein zu einem Schuleintritt mit vier!
Nein zu formalem Lerndrill im Kindergarten!

Aber:
Ja zu viel Spielangeboten, die neugierig machen, vielfältige Material- und Umwelterfahrungen ermöglichen, zu Fragen anleiten, die Fantasie stimulieren, zum Sprechen (durchaus auch in spielerischer Form in einer fremden Sprache) motivieren ... und das alles in freudvoller Atmosphäre und ausreichender Zeit!

Und: Auch Hans kann immer noch – bis ins hohe Alter – lernen, wenn er „dranbleibt"! Ständige Aktivität ist auch bzw. gerade für das Gehirn wichtig: Use it or lose it!

Noch eine letzte, spannende Frage zum Thema „Nervenzellentwicklung":

Wie finden die Nervenzellen ihr Ziel?

Voraussetzung für die Synapsenbildung ist die Fähigkeit der Nervenzellen, Partner zu finden.

Goodman und Jessel haben gezeigt, dass die Nervenfasern meist sofort den richtigen Weg erkennen und präzise das Ziel, eine andere Nervenzelle, ansteuern. Die vorderen Spitzen („Wachstumskegel") werden durch molekulare Weg- und Zielmarkierungen (Positionsmarker) geleitet. Sie wachsen in Richtung der zunehmenden Konzentration.[237]

Solche „Erkennungsmoleküle" sind das NCA-(Neural Cell Adhesion-)Molekül und das NGF-(Nerve Growth Factor, **Nervenwachstumsfaktor-**)Molekül.
Für die Entdeckung des NGF (in den 1960er Jahren) gab es für Rita Levi-Montalcini 1986 immerhin den Nobelpreis.

Eine Schlüsselrolle bei der Zielfindung spielen die Gliazellen:
Im Laborexperiment konnte gezeigt werden, dass sowohl bei der Bildung neuer Synapsen als auch beim Reparieren beschädigter Synapsen diese Zellen unverzichtbar sind.[238]

Interessanterweise funktioniert diese „Zielfindung" bei Fischen auch nach Durchtrennung von Nervenfasern wieder,[239] während dies bei Säugetieren leider nicht möglich ist. Stellen Sie sich vor, welch ein Segen es für Querschnittgelähmte wäre, wenn es ermöglicht werden könnte!

Hoffnung gibt es auch hier aus der **Stammzellenforschung:**[240] Rothstein gelang es, die Bewegungsfähigkeit gelähmter Ratten teilweise wiederherzustellen, indem er den Tieren Stammzellen in den Wirbelsäulenkanal injizierte. In Tierexperimenten zur Schlaganfallforschung erreichte man durch eine Kombination aus NGF und Stammzellen eine Verminderung des Zellverlusts.

Ob auch eine andere Technik helfen wird, ist noch nicht abzusehen: Man hat auf elektronischen Chips durch Aufbringen des biologischen NGF Leitungsbahnen erzeugt, entlang derer die Fasern einer dazugelegten natürlichen Nervenzelle zu wachsen begannen.

Die **Zukunftsvision** dazu heißt: Künstliche werden mit natürlichen Schaltelementen zu einem neuronalen Netz verbunden. Abgesehen von der durchaus auch skeptischen Überlegung, was eine derartige direkte Mensch-Maschine-Kommunikation (Schnittstelle) an Negativem bringen könnte, gibt es die sehr positiven Perspektiven für Behinderte.

Viertes Kapitel:
Immer dieser Stress!

Worum geht es?

Dieses Kapitel handelt

- von den **biologischen Vorgängen,** die bei Stress ablaufen;
- vom Zusammenhang zwischen **Stress und Leistung;**
- von den **Ursachen** des schulischen Stresses;
- vom **Umgang mit Stress** (Reduktion und Bewältigung).

Der Lehrer betritt die Klasse, das Notenbuch schon gezückt; er setzt sich, blättert und ... „Schachl, komm an die Tafel!"

Die **Gedanken** schießen durch den Kopf: „Was wird er mich wohl prüfen? Ich habe ja nicht alles gelernt! Was werden meine Eltern sagen, wenn ich durchfalle? Meine MitschülerInnen werden mich auslachen!" **Von außen** kommen jetzt: das Rechenbeispiel an der Tafel, die bedrohliche Nähe des Lehrers (vielleicht verschärft durch „Na, was ist nun? Etwas flotter!"), die Blicke der MitschülerInnen.

Ob **von innen** kommende Reize (Aufregung, Angst, Gedanken an frühere schlechte Erfahrungen, Ärger) oder äußere „Erreger" (Rechenbeispiel, Drohgebärden, Sprache, Geräusche, ...) – es läuft auf dasselbe hinaus: Stress!

Das Herz schlägt schneller, der Blutdruck steigt (oft sichtbar am Farbenspiel der Haut), aus den Vorräten der Leber wird Energie in Form von Blutzucker bereitgestellt, ...
Diese akute Stressreaktion hat sich in der Evolution als lebensnotwendig entwickelt. Allerdings ist all das auf Bewegung ausgerichtet: auf Kampf oder Flucht!

Hier wird gleich eines der Hauptprobleme beim heutigen Stress sichtbar: Kampf oder Davonrennen ist oft nicht möglich. Das Abreagieren findet höchstens später, in der Pause, im Kampf mit den „Artgenossen" in der Klasse statt. Ein zweites Problem besteht darin, dass entgegen dem ursprünglichen „Programm" heute die Stressauslöser zu rasch aufeinander folgen: Wir sind gewissermaßen im Dauerstress, die natürliche Erholungsphase entfällt meistens.

Schon daraus kann man zwei entscheidende Konsequenzen für den Umgang mit Stress ziehen: **Bewegung** und **Erholung.**

Was passiert im Körper bei Stress?

Die Stressbiologie

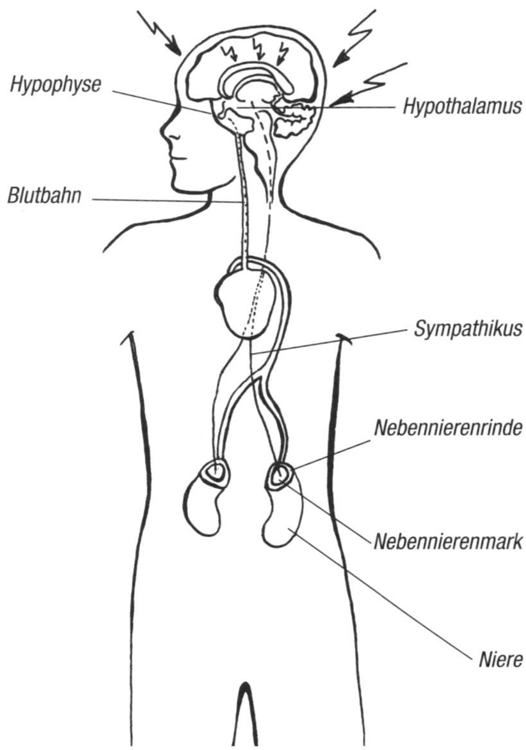

Ob die Stressreize (Stressoren) von außen über die Sinnesorgane kommen oder innen entstehen, die „Alarmmeldungen“ gelangen letztlich immer in den Hypothalamus. Von hier läuft die Reaktion auf zwei Bahnen ab:[241]

- Über die **Nervenleitung:**
Einer der beiden Anteile des vegetativen Nervensystems, der so genannte **Sympathikus,**[242] bewirkt im Nebennierenmark die Ausschüttung zweier Hormone, **Adrenalin** und **Noradrenalin**. Diese hemmen Verdauungsprozesse, sorgen für intensivere Atmung und Durchblutung; Herzfrequenz und Blutdruck steigen.

- Über die **Blutbahn:**
Der Hypothalamus befiehlt der **Hypophyse** mit einem chemischen Boten (dem Hormon CRF), ihrerseits einen Boten (ACTH) damit zu beauftragen über das Blut zur Nebennierenrinde zu schwimmen. Die Rinde heißt lateinisch *cortex*, sich zu etwas hinwenden griechisch *tropein*, die Nebenniere *adrenum*. Aus diesen Wörtern wurde der Name für den sich von der Hypophyse zur Nebennierenrinde hinwendenden Boten gebaut: Adrenocorticotropes Hormon **(ACTH).** Der erstere Bote, vom Hypothalamus zur Hypophyse, heißt Corticotropin Releasing Factor **(CRF),** vom englischen *release* („loslassen, freisetzen“).
Zusätzlich zum CRF wird vom Hypothalamus das Hormon Vasopressin ausgeschüttet, das ebenfalls die ACTH-Sekretion anregt und somit die Wirkung von CRF verstärkt.

Die Nebennierenrinde produziert nach Erhalt des Befehls Glukokortikoide. Dieser Name kommt vom wichtigsten Effekt auf den Stoffwechsel: Sie stimulieren die Glukosebildung (zur Energiesteigerung) in der Leber. Wichtig ist vor allem **Cortisol** (*cortex* = Rinde). Es wirkt obendrein noch entzündungshemmend (beim Kampf manchmal sehr wichtig) und meldet auch zum Hypothalamus zurück, um die Ausschüttung von CRF und ACTH zu bremsen.
Glukokortikoide hemmen aber leider auch die Produktion von Antikörpern und schwächen damit die Immunabwehr. Daher sind wir unter Stress besonders infektionsanfällig.

Die Nebennieren und die anderen Hormondrüsen (Schilddrüse, Thymus, „Inselorgan“ der Bauchspeicheldrüse, Eierstöcke und Hoden) arbeiten sowohl mit ihrer Befehlszentrale, der Hypophyse (bzw. dem Hypothalamus), als auch untereinander in Regelkreisen zusammen. Im Prinzip zwar ähnlich der Steuerung einer Zentralheizung, allerdings etwas komplizierter.[243]

Kampf und Flucht waren in der Evolution (und sind es immer noch) notwendig. Gerade der Kampf ums Dasein ist im Tierreich mit Aggression verbunden, einem Programm, das im Hypothalamus beheimatet ist. So kann man an bestimmten Stellen dieser Stresszentrale durch elektrische Reizung über dünne Drähte Aggressionen „aus- und einschalten", an anderen Punkten Flucht.

Das Nebennierenmark ist nicht der einzige Erzeuger von Noradrenalin, das gerade auch bei Gefühlen wie Angst eine wichtige Rolle spielt. In einem ganz kleinen Gebiet der Brücke im Stammhirn, dem so genannten Blauen Kern, werden 75 Prozent des gesamten Noradrenalins im Gehirn produziert. Von diesem Kern gelangt das Noradrenalin zum Hypothalamus (als Befehl zur Produktion von CRF) sowie ins gesamte limbische System und auch ins lernende Großhirn, wo es nun auf ganz andere Weise wirken kann, nämlich als Bremsstoff: Noradrenalin ist nicht nur ein Stresshormon, sondern auch ein Auslöserstoff (Transmitter) für „Hemmschaltungen". Das sind grob gesagt hemmende Synapsen, die die Weiterleitung von Strom behindern. Bei zu viel Noradrenalin (aufgrund von Stress) kann es durch diese Übertragungshemmung zu „Denkblockaden" kommen – vielen im Zusammenhang mit Prüfungen leidvoll bekannt.

Damit sind wir schon bei den **Auswirkungen** von Stress gelandet. Im nächsten Abschnitt wollen wir uns mit dem Zusammenhang mit dem Lernen beschäftigen. Das Thema „krank machender Stress" wird im Abschnitt „Was sonst noch interessant ist" behandelt.

Stressreize (von außen und/oder von innen) werden – ausgehend vom Hypothalamus – über zwei parallele Bahnen verarbeitet: Das vegetative Nervensystem (der Sympathikus) bewirkt im Nebennierenmark die Ausschüttung der Hormone Adrenalin und Noradrenalin. Auf dem zweiten Weg (über die Blutbahn) wird von der Hypophyse aus über spezielle Botenstoffe die Nebennierenrinde veranlasst, das Hormon Cortisol freizusetzen. Die Aufgaben dieser drei Hormone bestehen darin, den Körper auf „Kampf und/oder Flucht" (also auf Bewegung) vorzubereiten.

Der Stress beim Lernen

Erhöhte Cortisol- und ACTH-Werte, Adrenalin- und Noradrenalinanstieg wurden im Zusammenhang mit Prüfungen immer wieder nachgewiesen. Heißt das aber, dass sich dies auf die Leistung negativ auswirkt? Es könnte doch auch hier der Kampf ums Überleben wirksam werden und zu optimalen Leistungen führen! Diese positive Interpretation wird genährt durch die Meinung nicht weniger LehrerInnen, Eltern und SchülerInnen, dass man nur unter Druck besser lernen und mehr leisten könne. Dass permanenter Stress krank macht, ist jedoch mittlerweile allgemein bekannt. Schon aus diesem Grund ist es unverantwortlich, Stress zu billigen oder gar positiv zu bewerten.

Dennoch: Wie ist das nun wirklich mit Stress und Leistung?

Nicht nur Noradrenalin wirkt sich im Gehirn bei zu hoher Dosis negativ auf Lern- und Prüfungsleistungen aus. Ein über längere Zeit erhöhter Cortisolspiegel schädigt Nervenzellen und bremst die Neurogenese im Hippocampus, der nicht nur Teil der Gefühlsareale ist, sondern vor allem eine wichtige Funktion als Arbeitsspeicher und damit beim Lernen hat (vgl. drittes Kapitel, „Die Frage nach dem Ort").[244]

Neben diesen und anderen „medizinischen" Argumenten gegen die Ansicht, man müsse Lernende unter Stress setzen, damit sie etwas tun, gibt es eine uralte Erkenntnis, die sogar den Rang eines psychologischen Gesetzes bekommen hat.
Leistung und Aktivierung stehen in einem umgekehrt U-förmigen Zusammenhang:

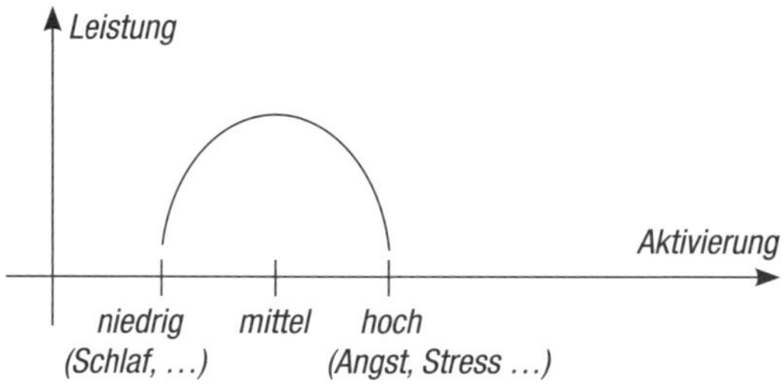

Wie in dieser Kurve klar ersichtlich ist, ist die Leistung bei **mittlerer** Aktivierung am größten. Dieser Zusammenhang wird nach seinen beiden Entdeckern „Yerkes-Dodson-Gesetz" genannt.[245]
Gerade in den Kreisen, die diese Erkenntnis am meisten berücksichtigen sollten, im System Schule, scheint dieser schon 1908 entdeckte Sachverhalt noch nicht überall bekannt zu sein, geschweige denn befolgt zu werden. Warum wohl?

Wahrscheinlich vor allem deshalb, weil die Alltagserfahrung nicht selten eben doch anderes zu zeigen scheint:

Übereinstimmung herrscht im linken Bereich der Kurve: Bei niedriger Aktivierung (Schlaf, Dösen, „totale geistige Abwesenheit") ist auch keine hohe Leistung zu erwarten. Eine gewisse Gegenposition nimmt die Extremform der Suggestopädie ein, die das Lernmaterial im besonders entspannten Zustand präsentiert. Allerdings halten die berichteten tollen Ergebnisse einer kritischen Überprüfung nicht stand: Denn oft ist die Aktivierung durch verschiedene Faktoren (wie z. B. sehr positive Lernatmosphäre) sehr wohl auf einem mittleren Niveau.

Im rechten Feld der Kurve scheiden sich die Geister: Die Berichte, dass manche Menschen nur dann die besten Leistungen erbringen können, wenn sie unter einem gewissen Druck stehen, sind natürlich ernst zu nehmen. Dies ist kein Widerspruch zum Yerkes-Dodson-Gesetz:
Natürlich gibt es aufgrund der persönlichen Lerngeschichte und unterschiedlicher biologischer „Grundausstattungen" sowie persönlicher Bewältigungsstrategien auch **individuelle Differenzen,** also leichte Verschiebungen des Kurvenmaximums, meist nach rechts, manchmal aber auch nach links. Weiters ist diese Kurve auch durch die **Art der Aufgaben** beeinflusst:

Bei mechanischen, automatischen Routineaufgaben, für die man keine sehr hohe geistige Anstrengung benötigt, ist tatsächlich etwas mehr Aktivierung notwendig, um ein Höchstmaß an Leistung zu erbringen.

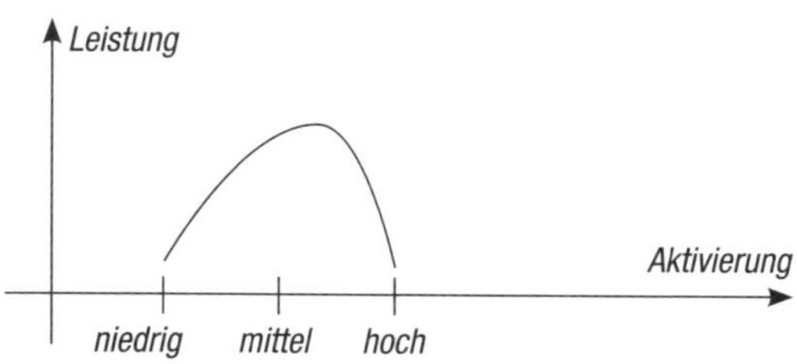

Wenn jedoch der Geist mehr gefordert wird, bei schwierigen Aufgaben und Problemen, dann ist wesentlich mehr Ruhe angesagt.

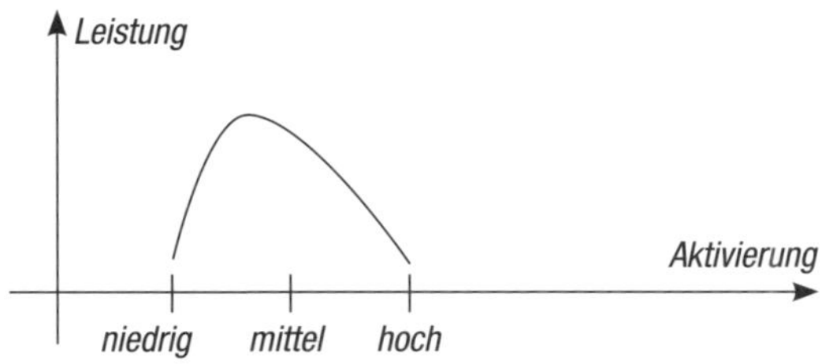

Sie werden hoffentlich der Meinung des Autors sein, dass es in der Schule oft um „schwierige Aufgaben" geht, auch wenn manche LehrerInnen und Eltern meinen, es sei alles ganz leicht. Was für den einen Schüler leicht ist, kann für den anderen sehr schwierig sein.

Die Notwendigkeit bzw. der große Nutzen von Ruhephasen für das Denken wurde in der Wissenschaftsgeschichte immer wieder sichtbar:
So hat Archimedes sein berühmtes „Heureka" („Ich hab's!") in der Badewanne ausgerufen, als ihn das Überlaufen des Wassers auf die Idee brachte, das Volumen der Königskrone durch die Menge der verdrängten Flüssigkeit bestimmen zu können. Oder:
Kekule soll die Struktur des Benzolrings beim Dösen vor dem Kaminfeuer gefunden haben.
Beide Beispiele zeigen eine für das Problemlösen sehr wesentliche Abfolge: Vorarbeit (Labor, Schreibtisch, Schule, ...) → „Inkubation" (Überbrüten) des Problems und der Lösungsversuche[246] → ein Auslöser in einer entspannten Phase drängt zur Analogie → „Aha-Erlebnis".

Ganz spannend sind die Geschichten über das Zustandekommen wesentlicher Erkenntnisse der Atomphysik im Buch von Werner Heisenberg „Der Teil und das Ganze" (1975):
So berühmte Leute wie Einstein, Bohr, Planck und eben auch Heisenberg trafen sich immer wieder einmal zu gemeinsamen Wanderungen oder zum Musizieren. Bei derartigen Gelegenheiten kamen im Gespräch die für den weiteren Fortschritt maßgeblichen Ideen ans Licht.

Eine gehirnbiologische Erklärung, wie in Ruhephasen nun wirklich Ideen entstehen, ist schwierig.
Die positive Rolle von Gefühlen bei geistigen Vorgängen ist uns jedoch bereits bekannt (siehe zweites Kapitel!).

Dass Lernen bei mittlerer Aktivierung gute Leistungen bringt, ist nicht nur durch das Yerkes-Dodson-Gesetz begründbar, sondern sogar gehirnelektrisch nachzuweisen: Dieser Zustand geht einher mit einer Verschiebung langsamer Gehirnströme in Richtung Minuspol. Wenn man nun genau in diesen Phasen Lernmaterial darbietet, kommt es zu Verbesserungen von bis zu 25 Prozent. Mehr zu diesem „Brain-Trigger-Verfahren" von Guttmann finden Sie am Ende des zweiten Kapitels.

Wie kann man das Gehirn in den Zustand mittlerer Aktivierung bringen?

Eine Methode wurde im Wiener Unterrichtsmodell von Beer/Guttmann angewendet, die so genannte Progressive Muskelentspannung von Jacobson:[247]
Durch bewusstes Anspannen und Entspannen der Muskulatur kann man die Aktivierung auf ein Mittelmaß „einschaukeln". Im nächsten Abschnitt wird das Grundprinzip erklärt.

Eine Darstellung des Wiener Unterrichtsmodells, die Möglichkeiten der Entspannungsübungen im Unterricht und weitere wissenswerte Details zu diesem Thema finden Sie im Anhang.
Es ist jedoch nicht unbedingt eine „künstliche" Technik notwendig, um ruhig und entspannt zu werden. Wie das Beispiel der Atomphysiker zeigt, gibt es sehr natürliche Möglichkeiten.

Stress hat auch seine guten Seiten: Aufregende Erfahrungen, Anreize zu neuen Herausforderungen etc. stimulieren nicht nur zu guten Leistungen, sondern erzeugen Zufriedenheit, Freude, also stressmindernde positive Gefühle. Unterforderung erzeugt Monotonie und damit auch Stress.

Lehrende: Bitte beachten und gut (neu, abwechslungsreich, „spannend", aber auch differenzierend) unterrichten!

Im Zusammenhang mit Prüfungen gibt es ebenfalls erhöhte Hormonausschüttungen, die den Körper nachhaltig schädigen können. Es ist ein Irrtum, dass unter Druck die Leistung am höchsten ist. Das Leistungsmaximum erreicht man bei **mittlerer** Aktivierung. Ruhe und Entspannung sind besonders für schwierige Aufgaben wichtig („Inkubationsphase").

Der Autor wagt es zwar nicht, sich mit Albert Einstein zu vergleichen, er hofft jedoch, durch die nun folgende Inkubationsphase beim Radfahren in der wunderschönen Herbstlandschaft zu guten Ideen für den folgenden Anwendungsabschnitt zu kommen.

Entspannen Sie sich und denken Sie positiv!

In der Überschrift wird auf die zwei wesentlichen Bereiche der Bewältigung von Stress hingewiesen:
Erstens auf die Notwendigkeit, den Stressfolgen im Körper vorzubeugen oder sie zu mildern, indem man die natürliche Konsequenz jeder Stressreaktion ermöglicht: Erholung, Pausen, Bewegung oder/und Techniken der Entspannung.
Zweitens geht es auch darum, die sehr oft schwerwiegenden inneren Stressoren anzugehen, z. B. das Gefühl der Ohnmacht, Selbstverurteilung, Minderwertigkeitsgefühle.[248]

Bevor man jedoch an die Bewältigung von bereits vorhandenem Stress denkt, muss man an den **Ursachen** ansetzen, sie beseitigen, reduzieren, abschwächen. Natürlich geht es nicht darum, SchülerInnen, Lernenden und Lehrenden jegliche Belastung aus dem Weg zu räumen. Leben ohne Stress ist Utopie: Stress ist ein biologisches Überlebensprogramm, ist Herausforderung und damit auch Chance, lebenstüchtig zu werden. Jeder Mensch muss lernen, mit Sorgen, Ängsten, Frustrationen fertig zu werden („Frustrationstoleranz“ zu erwerben), um in der Härte des Lebens bestehen zu können.

Aber …
Es ist vollkommen überflüssig, Stress künstlich herbeizuführen, absichtlich zu erzeugen, um Bewältigung trainieren zu können. Das Leben hat auch so allerhand zu bieten. **Gerade** angesichts der Überfülle von Stressoren (Reizüberflutung durch die Medien, Umweltbelastungen aller Art, Hektik des Alltags, …) muss **gerade** das Lernen wesentlich stressfreier gestaltet werden. Denken Sie an den vorausgehenden Abschnitt!

Absichtlich Stress für Lernende zu erzeugen ist völlig unverantwortlich. Aber auch ohne böse Absicht passiert im System Schule sehr viel Schlimmes, weil manche Gepflogenheiten zu wenig oder gar nicht hinterfragt werden. Überlegen Sie einmal: Welche Ursachen für Lernstress gibt es und wie kann man ihnen begegnen?

Der Umgang mit Stress muss sich auf zwei Ebenen abspielen: Erstens müssen die Ursachen von Stress reduziert werden und zweitens muss man lernen Stress zu bewältigen.

Nie mehr Schule!

Was führt zu diesem Frust?

Stressfaktor LehrerIn

Eine sehr wichtige Basis für ein stressfreieres Klima ist die positive Beziehung zwischen Lehrenden und Lernenden. Sie kann gestört werden durch autoritäres Verhalten, zu wenig Lob und Anerkennung, mangelndes Eingehen auf das individuelle Lerntempo, vor allem aber auch durch inhumane Gestaltung von Prüfungen. Es wäre gut, wenn die Lehrenden immer wieder einmal in die Rolle der Lernenden schlüpften, um sich deren Nöte in Erinnerung zu rufen.

Vieles ließe sich erleichtern, würde man den Prüfungsvorgang transparenter machen:
Rechtzeitige genaue Stoffangabe – Sinnvolle Aufgaben stellen – Anleitung zur richtigen Vorbereitung (Schlagwort „Lernen lernen") – Durchschaubarkeit der Beurteilung.
Vor allem aber sind „Rituale" zu unterlassen. Solche gibt es in den Tagen und Wochen vor Prüfungen, beim Szenario der Prüfungen selbst bis hin zur Rückgabe der Hefte. Manches erinnert allzu sehr an prähistorische, animalische Drohgebärden.
Erlernte (konditionierte) Ängste können unbewusst bereits zu massiven körperlichen Stressreaktionen führen.[249]

Geht es nicht SchülerInnen (teilweise auch LehrerInnen) manchmal so wie dem Verlierer im folgenden Experiment?
Wenn man zwei Tupajas (den Eichhörnchen ähnliche Tiere) nach einem Rivalenkampf durch eine undurchsichtige Wand trennt, erholen sich sowohl Sieger als auch Verlierer gleich schnell. Werden sie jedoch nur durch ein Gitter getrennt, sodass sie sich sehen können, stirbt der Verlierer innerhalb weniger Tage.[250]

Die VerliererInnen in der Klasse sterben zwar Gott sei Dank nicht, aber gesundheitliche Schäden (wie etwa Schwächung des Immunsystems) sind leider auch bei SchülerInnen nicht selten, die unter dem Dauerstress einer ständig vor Augen liegenden, drohenden Gefahr leiden.

Neben dem Umgang mit SchülerInnen, der Gestaltung von Prüfungen etc. können LehrerInnen auch durch die Art des Unterrichtens stressen: Unverständlichkeit der Sprache und der schriftlichen Darstellungsformen, langweiliger, eintöniger Unterricht sind hier zu nennen.

Stressfaktor Eltern

Die Eltern können oft nichts dafür, dass sie als Stressfaktor wirken. Viele sind im Räderwerk der Gesellschaft verfangen und meinen, Schulerfolg sei das Wichtigste im Leben. Lernen in der Schule ist wichtig und Eltern sollen ihre Kinder unterstützen durch Anerkennung, Geduld, Zeit und Verständnis. Schulischer Erfolg darf aber nicht zur Bedingung für Zuneigung werden.

An alle Lehrenden:
Schieben Sie die Schuld am Versagen nicht auf die Eltern und SchülerInnen ab! Spannen Sie die Eltern nicht als NachhilfelehrerInnen ein; Sie sind zuständig für „Lernen lernen"! Denken Sie auch über Ihr eigenes Unterrichtsverhalten nach!
Beachten Sie die „elf Gebote" dieses Buches und bemühen Sie sich um gehirngerechtes Lehren!

An alle Eltern:
Schieben Sie die Schuld nicht auf die LehrerInnen und SchülerInnen ab! Erforschen Sie auch Ihr eigenes Verhalten: Haben Sie Zeit und Verständnis für Ihre Kinder? Sehen Sie nur die Fehler oder loben Sie Ihre Lieben auch des Öfteren?

An alle Lernenden:
Sind Sie wirklich sicher, dass Sie das Beste gegeben haben? Schieben Sie die Schuld nicht nur auf die LehrerInnen oder auf das Schulsystem!

Weitere Stressfaktoren

- Die meist viel zu hohe Zahl an Arbeitsstunden: 50 Stunden pro Woche (Unterrichtsstunden und Zeit für das Lernen zu Hause) sind im derzeitigen Schulsystem keine Seltenheit. Welche Gewerkschaft würde das wohl hinnehmen?
- Medienwelt: Sie überflutet uns mit der Schaffung von Bedürfnissen – Schlagwort „möglichst viel mit wenig Anstrengung haben müssen". Wenn oft der Eindruck vorgegaukelt wird, alles gehe so einfach, warum sollte man sich dann beim Lernen anstrengen? Wie groß ist jedoch der Stress, wenn das „Wolkenkuckucksheim" einstürzt!
- Der manchmal desolate oder zumindest unwohnliche Zustand von Schulen: Vor allem die räumliche Dichte bedeutet schon rein biologisch eine Fülle von Stressoren („Dichtestress", zu kleine „Reviere", Lärm, Gestank etc.).
- MitschülerInnen: Sie können ebenfalls eine Menge Stress bewirken. Verbale und körperliche Aggressionen, Rivalität und Konkurrenz werden zu einem immer größeren Problem.
- Gesundheit, Tagesverfassung, Sorgen aller Art. Alle diese Stressfaktoren sind in der Gesellschaft wechselseitig vernetzt. Es bedarf daher großer Anstrengungen von allen Seiten (auch der verantwortlichen PolitikerInnen), um das System Schule endlich stressfreier und damit auch erfolgreicher zu gestalten.

Die Ursachen für Schulstress sind vielfältig und miteinander vernetzt. Einzelne Faktoren sind: menschlicher Umgang, aber auch die Qualität des Unterrichts; Leistungserwartungen von Eltern und Gesellschaft; zu viele Arbeitsstunden; Reizüberflutung durch die Medienwelt; räumliche Bedingungen; MitschülerInnen; Sorgen aller Art.

LehrerInnen im Stress!

Viele SchülerInnen werden es kaum glauben: Auch LehrerInnen sind gestresst. Oft sieht die Bevölkerung nur das Angenehme am Beruf der LehrerInnen, vor allem in den Ferien. Manchmal wird auch unterstellt, dass LehrerInnen ohnehin viel zu wenig arbeiten: Die Zahl der Unterrichtsstunden wird gleichgesetzt mit der tatsächlichen Arbeitszeit. Natürlich gibt es auch LehrerInnen, für die derartige Vorwürfe durchaus zutreffen. In der Regel gehört die lehrende Zunft jedoch wie viele andere Branchen zu den Gestressten. Burn-out ist das Schlagwort und es scheint traurige Realität zu sei: Berichtet werden Erschöpfungsgefühle, Depressionen, Kreislauf- und Magenbeschwerden, ein hohes Maß an Verspannungen der Muskulatur, Reizbarkeit u. a. – wobei Frauen weitaus häufiger von diesen Symptomen betroffen sind.

Nach einer österreichischen Studie liegen die **Ursachen** für den Lehrerstress in drei Bereichen, die sich natürlich gegenseitig beeinflussen:[251]

Gesellschaft – LehrerIn: Die Öffentlichkeit neigt dazu, die Schuld an vielen Missständen im Verhalten von Jugendlichen der Schule zuzuschreiben und Gegenmaßnahmen zu verlangen. Die LehrerInnen klagen, dass die Eltern zu wenig erzieherisch tätig seien. Dazu kommen auch noch andere Forderungen der Gesellschaft, die sich aus Veränderungen von Technik, Wirtschaft etc. ergeben. Das Leben, für das in der Schule gelernt werden soll, verändert sich immer schneller. Die Gesellschaft verlangt hohes Engagement, Idealismus, Professionalität von den LehrerInnen,

„eingebettet" in Bürokratismus, mangelnde Karrieremöglichkeiten, Elternkonflikte etc. Darüber hinaus soll nun auch noch Lust am Lernen vermittelt werden!

LehrerIn – LehrerIn: Das innerbetriebliche Klima ist schon aus obigen Gründen manchmal gespannt. Die Kommunikation wird erschwert durch die immer noch vorhandene Meinung mancher LehrerInnen, man dürfe über seine Schwierigkeiten nicht reden, weil man sonst zugeben würde, eine schlechte Lehrerin, ein schlechter Lehrer zu sein!

LehrerIn – SchülerIn: Hier, in der Alltagsarbeit, liegen natürlich die Hauptursachen für das „Ausbrennen": mangelnde Mitarbeit, Störungen und Konflikte; disziplinieren zu müssen, aber eigentlich nicht zu wollen; ein schlechtes Gewissen, zu autoritär zu sein; Angst, auch fachlich zu versagen; fallweise Inkompetenzen überspielen zu müssen.

Es sei nochmals betont, dass es starke Wechselwirkungen zwischen diesen Bereichen gibt. Außerdem erhebt diese Darstellung keinerlei Anspruch auf Vollständigkeit. Die LeserInnen dieses Buches kennen die Problematik selbst sicherlich nur zu gut.

„Was kann ich als LehrerIn tun?"

Im Prinzip gilt, was ganz allgemein für den Umgang mit Stress notwendig ist:

Erstens sind die **Ursachen** herauszufinden. Welche sind behebbar? Oft sind die notwendigen Maßnahmen längerfristig anzusetzen.

Zweitens soll, da nicht alle Stressoren beseitigt werden können, **Bewältigung** gelernt werden:

- körperlich, durch Entspannungstechniken, Erholungsphasen (möglichst mit Bewegung) etc.;
- geistig, durch Setzen neuer Ziele, Finden von geeigneten Strategien (Verbesserung des Unterrichts, neue eigene Lust am Lehren und Lernen etc.).

Untersuchen Sie bitte im nächsten Abschnitt, welche Maßnahmen für Ihre Probleme geeignet sind! Und übrigens: Wenn Sie als Lehrende manches auch für **Ihre** SchülerInnen umsetzen, werden diese **und Sie** weniger Stress, mehr Freude und Erfolg haben, ganz im Sinne des großen Pädagogen Comenius (1592–1670): „Dass in den Schulen weniger Lärm, Überdruss und unnütze Mühe herrsche, dafür mehr Freiheit, Vergnügen und wahrer Fortschritt!"[252]

Lehrerstress wirkt sich auch negativ auf die Lernenden aus. Ursachen sind unter anderem Anforderungen und Schuldzuweisungen der Gesellschaft, das innerbetriebliche Klima, vor allem die alltäglichen Erziehungsprobleme.

Alles im Griff!

Eine wichtige Vorbemerkung: Es gibt kein Rezept, wie man Stress am besten bewältigt.
Dies deshalb, weil die Art, wie man Stress verarbeitet, von vielen Dingen abhängig ist, unter anderem

- vom **„individuellen Nervenkostüm"** bzw. von der **Persönlichkeit:** Rein von der Anlage des vegetativen Nervensystems gibt es unterschiedliche Reaktionstypen. Bei Sympathikotonikern überwiegen eher Herz- und Kreislaufreaktionen, bei Vagotonikern „stresst" mehr der Verdauungsapparat; daneben gibt es natürlich Mischtypen. Manche antworten sehr nervös und rasch auf Belastungen, andere lässt die gleiche Situation kalt. Die einen reagieren mehr nach außen hin (extrovertiert), sie toben sich aus, reagieren sich in den verschiedensten Varianten ab (Boxsport, Waldlauf, Anschreien der Familie, ...) oder sie ziehen sich zurück (introvertiert), werden depressiv, bemitleiden sich selbst. All diese Unterschiede sind natürlich nicht nur vom Erbe abhängig, sondern auch

- von den **Erfahrungen,** die man seit frühester Kindheit gemacht hat. Wenn man mit Außenreaktionen wenig erfolgreich war, weil man dann noch mehr geprügelt wurde, entwickelt sich eher ein In-sich-Hineinfressen. Dieser Frust kommt dann früher oder später in anderer Gestalt an die Oberfläche. Die Mediziner sagen: Jemand wird neurotisch oder psychosomatisch krank. Gerade im Zusammenhang mit Lernen erweist sich diese zweite Reaktionsweise als die kurzfristig erfolgreichere: Mit „Kuschen“ eckt man am wenigsten an.

Weil es nun eben kein Rezept gibt, sind alle folgenden Bereiche, Vorschläge und Beispiele für das Fertigwerden mit Stress als Angebote zu sehen, aus denen man sich sein eigenes „Menü“ zusammenstellen muss.

Allgemeine Hilfen

Angenehme Räumlichkeiten, gute Lehr- und Lernbedingungen, humane Umgangsformen, Zuneigung und Liebe, Kunst, Sport und Hobby, Organisation des Alltags, ... sind nicht nur Schlagworte. Wahrscheinlich würden Einzelmaßnahmen und -techniken überflüssig, wenn das Lebensumfeld stimmte.

Hilfen für den Körper

Denken Sie daran: Stress ist ein Überlebensprogramm der Evolution, ausgerichtet auf Kampf oder Flucht, also auf Bewegung. Daher ist ein „absolutes Muss“ für Stressbewältigung: **Bewegung** ermöglichen und fördern.

Natürlich sind hier sportliche Tätigkeiten aller Art einsetzbar, außer sie werden in übertriebenem Ehrgeiz erst recht wieder zu Stress ... Phasen der Bewegung, und seien sie noch so kurz, sind immer wieder in den Lernprozess einzubauen. Lehrende sollten Bewegung nicht nur dem Turnunterricht überlassen, sondern jede Gelegenheit im eigenen Unterricht für „bewegte und bewegende“ Abschnitte nutzen. Damit wird gleichzeitig auch eine zweite natürliche Konsequenz der Stressreaktion ermöglicht: **Erholung.**

Erholungsphasen können auch anders als durch Sport gestaltet werden. Aber angesichts der Bewegungslosigkeit im traditionellen Unterricht sind aktive Phasen besonders wichtig, wie immer sie auch aussehen mögen (Tänze, Spiele, edukinesiologische Übungen, ...).

In diesem Sinne:

Erheben Sie sich doch einmal von Ihrem bequemen Sitzplatz!

Laufen Sie auf der Stelle, ganz locker, nicht „stressig“! Jetzt heben Sie die Knie beim Laufen etwas höher, Richtung Brust, zehn Mal links und zehn Mal rechts!

Damit die Beine etwas Ruhe haben: „Greifen Sie nach den Sternen!“ Abwechselnd mit der einen Hand, dann mit der anderen, ebenfalls je zehn Mal links und rechts!

- Neigen Sie sich nach vorne. Nun schwingen Sie die Arme seitlich hin und her, zehn Mal links und zehn Mal rechts!
- Springen Sie mit geschlossenen Beinen nach vorne und zurück, nach links und rechts, im Viereck (zehn Mal)!
- Zur Beruhigung: Während des Einatmens Arme zur Seite oder nach oben strecken; beim Ausatmen nach vorne und unten fallen lassen, zehn Mal!

Fühlen Sie sich wohl, aktiviert, fit?

Neben diesen sehr einfachen Alltagsübungen gibt es natürlich auch spezielle **Techniken der Entspannung,** vor allem das **autogene Training** und die **Progressive Muskelrelaxation** nach Jacobson. Da nach Meinung des Autors für ein sinnvolles Erlernen des autogenen Trainings der Besuch eines Kurses unter der Leitung einer Fachkraft unerlässlich ist, soll diese Technik hier nicht näher behandelt werden.

Die Muskelentspannungstechnik nach Jacobson ist jedoch wesentlich einfacher zu erlernen. Machen Sie sich das Grundprinzip deutlich:

- Setzen Sie sich bequem hin, nicht vornüber gebeugt (die freie Atmung darf nicht behindert werden), aber auch nicht nach hinten überdehnt!
- Konzentrieren Sie sich auf die Atmung, besonders auf das Ausatmen: langsam und ruhig ein- und ausatmen!
- Nun ballen Sie die rechte Faust! Spüren Sie die Spannung? Halten Sie diese fünf bis sieben Sekunden! Jetzt entspannen Sie sich: Öffnen Sie die Finger und spüren Sie bewusst das angenehme Gefühl, wenn die Spannung nachlässt! Dieses konzentrierte Genießen der Entspannung ist sehr wichtig. Wiederholen Sie die Übungen immer ein zweites oder drittes Mal!
- Jetzt kommt die andere Faust dran!

Nun, da Sie das Grundprinzip kennen, könnten Sie ein kleines „Gesamtprogramm" probieren: Eine Anleitung dazu finden Sie im Anhang (Übung „Anspannen – Entspannen!").

Eine wichtige Rolle bei **allen** Übungen spielt die **Atmung:**
„Mir bleibt die Luft weg!" – oft ein deutliches Signal für Angst und Stress. Konzentration auf langsames Ein- und Ausatmen sorgt für eine Beruhigung des vegetativen Nervensystems, schafft **Zeit,** um vielleicht doch noch nachdenken zu können, bevor man im Affekt losschreit. Gerade in der zwischenmenschlichen Kommunikation, ob im Privatleben oder beim Lernen in der Schule, kann eine Pause, um „Atem zu holen", sehr positive, beschwichtigende Effekte haben. Bauen Sie daher in Lernphasen, aber auch im Alltag manchmal fünf Minuten bewusstes Atmen ein! Nur so können Sie darauf hoffen, dass Sie auch im Ernstfall auf diese Beruhigungstechnik zurückgreifen können. Sie können das auch mit **„aktivem Zuhören"** koppeln:

- Im Gespräch mit einer Partnerin, einem Partner schieben Sie vor Ihre Antwort zwei, drei bewusste Atemzüge ein, während derer Sie „im Geist" die Aussagen des Gegenübers für sich wiederholen und überdenken. Erst dann gelingt eine wahrscheinlich besser überlegte, weniger emotionale Erwiderung.

Im medizinischen Bereich werden Atemübungen als Therapie bei diversen vegetativen Erkrankungen eingesetzt. So konnten z. B. BluthochdruckpatientInnen durch bewusstes Atmen ihren Blutdruckanstieg **willentlich** senken.[253] Derartige „Eingriffe des Geistes" in an und für sich autonome Funktionen sind uns durch östliche Techniken (wie Yoga) ja schon lange bekannt.

Als Entspannungshilfen sehr in Mode gekommen sind **Beruhigungsbilder** und **Fantasiereisen:** Dabei konzentriert man sich in ruhiger, angenehmer Atmosphäre auf statische Bilder oder bewegte Szenen. Durch derartige innere Bilder werden Sorgen, Ablenkungen ausgeklinkt, das vegetative Nervensystem beruhigt sich, Gefühle des Wohlbefindens stellen sich ein. Gerade in unserer Zeit der Überflutung durch äußere Bilder ist diese Kraft der inneren Fantasie extrem wichtig. Speziell in der Schule kann damit auch der vielfach beklagten Hyperaktivität ein wirksames (und beliebtes) Mittel entgegengesetzt werden.

Doch warum lange theoretisieren? Sie haben sicherlich nichts gegen einen kleinen Tapetenwechsel einzuwenden! Lesen Sie den folgenden Text zunächst durch (ohne gleich mitzumachen), damit Sie dann auswendig (weil ja die Augen geschlossen sind) Ihre eigene Übung starten können.

Des Autors Lieblingsübung:

Eine einsame Bucht

Er setzt oder legt sich bequem hin, schließt die Augen und konzentriert sich auf die Atmung: fünf bis zehn Atemzüge, langsam ein- und ausatmen. Er achtet besonders auf das Ausatmen, darauf, dass der Bauch sich beim Einatmen nach außen wölbt. Dann erinnert er sich zurück an einen Urlaub auf einer kleinen griechischen Insel: eine einsame Bucht, vor sich das wunderschöne blaue Meer. Schön langsam kommt auch das gleichmäßige Rauschen wieder ins Bewusstsein. Ganz allein ankert ein kleines, weißes Segelboot in der Bucht. Insgesamt eine herrlich beruhigende Szenerie. Der Autor genießt diese innere Ruhe, atmet ganz langsam und gleichmäßig. Wenn Alltagsgedanken dazwischen zu stören versuchen, werden sie sanft weggeschoben, indem er wieder das Bild ansieht. Wenn ihm danach ist, nach 10, 15, 20 Minuten, lässt der Autor das Bild verblassen: Er konzentriert sich wieder auf die Atmung. Fünf bis zehn bewusste, nicht zu tiefe Atemzüge. Dann reckt und streckt er die Arme zur Decke, öffnet und schließt die Fäuste ein paar Mal; schließlich öffnet er die Augen. Ein gutes Gefühl!

Dieses Ruhebild kann sich natürlich auch in Bewegung setzen und zu einer Fantasiereise werden:

Der Autor schwebt zum weißen Segelboot und treibt ganz langsam aufs Meer hinaus, genießt den Blick auf die winzigen Wölkchen am Himmel und vor allem die herrliche Ruhe. Es wird Nacht, der Blick wandert über den Sternenhimmel; er fühlt sich ganz frei.

Letztlich muss die Reise wieder zur Rückkehr führen und der Autor sich mit der Konzentration auf die Atmung „zurückholen".

So, wie wäre es jetzt mit Ihrer eigenen Reise?
Überlegen Sie sich eine Szene, merken Sie sich die wichtigsten Ablaufphasen (Atmung – Entspannung in der Reise – Zurückholen) und – schließen Sie jetzt die Augen!

***

Sind Sie auf den Geschmack gekommen? Wenn ja, dann probieren Sie in den nächsten Tagen auch die Übungen „Auto-Relax" und „Reisen in die Fantasie" im Anhang!

Eine Fülle von Angeboten an Entspannungsübungen und Fantasiereisen (auch für den Einsatz in der Schule) finden Sie in einschlägigen Büchern[254], zu denen oft Audiokassetten/CDs erhältlich sind.

„Innere Bilder" kann man nicht nur zur Entspannung und Stressbewältigung einsetzen. Im Sport werden mit Hilfe des **mentalen Trainings** Bewegungsabläufe simuliert. Denken Sie an Schirennläufer vor dem Start: Sie fahren im Geist die Strecke ab. Sie tun dies im Training natürlich immer wieder zwischen bzw. vor und nach den realen Läufen. Gekoppelt werden derartige Übungen einerseits mit Entspannungsübungen (meist Jacobson) und mit so genannten positiven Selbstinstruktionen („Ich werde es schaffen!", „Alles wird gut gehen!").

Eine solche **Kombination** aus Entspannung, mentalem Training und Stärkung des Selbstvertrauens ist gerade im Zusammenhang mit der Bewältigung von Prüfungssituationen sehr zu empfehlen. Lernende **und** Lehrende mögen sich Hilfen aus dem Beispiel „Gegen das große Zittern!" (im Anhang) für ihre eigenen Probleme ableiten.

Hilfen für das Denken

Zwei Schülerinnen unterhalten sich unmittelbar vor der gefürchteten Mathematikschularbeit: „Ich flippe aus! Heute früh war ich fünf Mal auf dem WC; mein Herz klopft doppelt so schnell! Wahrscheinlich wird Professor Kupfer wieder unlösbare Beispiele geben! Wenn es nur schon vorbei wäre! Nicht auszudenken, wenn ich einen Fünfer bekomme!"

Die andere: „Ich weiß nicht, was du hast. Wird schon nicht schief gehen! In einer Stunde ist alles vorbei. Und wenn es schon schlecht ausgeht, geht die Welt auch nicht unter! Müssen wir halt nächstes Mal ein paar Stunden mehr lernen."

Beide Schülerinnen sind „objektiv gleich": Keine Notenunterschiede in der Vorgeschichte, gleich lang vorbereitet, ... also müssten sie eigentlich gleich gestresst sein. Und dennoch: Die gleiche Situation erzeugt (speziell bei den drei Hormonen Adrenalin, Noradrenalin und Cortisol sogar exakt nachweisbar) unterschiedliche Reaktionen.

Zustandsangst (wie hier Prüfungsangst) äußert sich in zwei Komponenten:[255] in ***worry*** (Besorgnis, „Gedankenstress") und ***emotionality*** (Angstgefühle und körperliche Auswirkungen). Diese beiden Bereiche sind natürlich miteinander verknüpft: Der Gedankenstress führt zu Angst, Schweißausbrüchen etc. und in einem Teufelskreis bewirkt umgekehrt die Wahrnehmung dieser Auswirkungen „heiße Gedanken". Rückblickend auf die biologische Vernetzung (Formatio reticularis, limbisches System, Thalamus, präfrontaler Cortex; vgl. zweites Kapitel ab Seite 59) ist dies auch durchaus verständlich.
Ob etwas tatsächlich zur körperlichen Stressreaktion führt oder nicht, hängt also sehr stark von der **subjektiven Bewertung** der Situation und der Einschätzung der eigenen Bewältigungskapazität ab.[256]

Ein interessantes Ergebnis der Stressforschung:[257]
Stress ist weniger objektive Überforderung, sondern mehr gefühlter Stress, also sehr **individuell**. Ob jemand sich gestresst fühlt, hängt von mehreren Faktoren ab: genetische Grundpersönlichkeit, Vorschädigungen, Erfahrungen spielen eine Rolle, vor allem eben psychosoziale Faktoren: Je

autonomer ein Mensch ist, je mehr Kontrolle er über sein Leben und seine Entscheidungen hat, desto geringer ist die Stressanfälligkeit.

Daher sind gerade die „Hilfen für das Denken“ zur Erlangung besserer Bewertung und größerer Kontrolle über Stresssituationen von besonderer Wichtigkeit.

Warum bewerten die beiden Schülerinnen so unterschiedlich? Sie sind eben doch nicht „objektiv gleich“: Die erste hat möglicherweise eine nervösere Grundkonstitution (ererbt und/oder anerzogen), andere elterliche Konsequenzen zu befürchten, negative frühere Erfahrungen mit anderen Lehrern, keine guten Bewältigungsstrategien gelernt.

Eine Gegenmaßnahme kann auf jeden Fall angeraten werden: Entspannungsprogramme aller Art können der Schülerin helfen, die vegetativen Symptome zu dämpfen und damit auch einen kurzen Stopp im oben erwähnten Teufelskreis zu bewirken.
Aber nur diese *emotionality* zu bekämpfen, das ist zu wenig. Maßnahmen zum „Don't worry!“ sind ebenfalls erforderlich! Dieses „geistige Bewältigen“ kann nun verschieden aussehen:[258]

Die Situation erleichtern oder ihr ausweichen

Die Schülerin kann sich krankmelden, Schwindelzettel vorbereiten, sich neben eine/n gute/n SchülerIn setzen. Manchmal können derartige Strategien kurzfristig Erleichterung schaffen, eine tatsächliche Bewältigung stellen sie jedoch nicht dar.

Konstruktiv und produktiv arbeiten

Oft ist der einzige Rat, den Lernende von Lehrenden bekommen, ein Hinweis auf diese Art der Bewältigung: „Du musst eben mehr lernen!“ Mit dem „Mehr“ ist es allerdings nicht getan: Richtige Lerntechnik, Zeitmanagement, Klarheit über Prüfungsstoff und Art des Prüfens (inklusive Beurteilung), Kennenlernen des eigenen Lerntyps etc. sind wesentliche Elemente einer konstruktiven Bewältigung.

An alle Lehrenden: Machen Sie Ihren SchülerInnen Mut, auf den eigenen Lerntyp zu reagieren! Besprechen Sie Lerntechniken mit Ihren SchülerInnen.

Im Anhang finden Sie einige Tipps für sinnvolles Lernen vor einer Prüfung: „Nicht pauken, sondern mit Plan lernen!“.

Diese Bemühungen, die Probleme in den Griff zu bekommen, sind jedoch nur dann langfristig sinnvoll, wenn sich tatsächlich Verbesserungen einstellen. Ansonsten forcieren sie den Stress, führen zur Erschöpfung und bewirken wahrscheinlich auch weitere Bedrohungsgedanken. „Fighting spirit“[259] allein genügt eben nicht: Es müssen sich Erfolge einstellen! Dazu sind auch die anderen Bewältigungsstrategien notwendig.

Realistisch bleiben!

Da Stress von der subjektiven Bewertung abhängt, ist es wichtig, unrealistische und übertriebene Vorstellungen auf den Boden der Wirklichkeit zu holen. Eine genaue Analyse der Ursachen eventueller Misserfolge (möglichst unterstützt durch Außenstehende) kann schon viel helfen. Einzelflops müssen in ihrem Stellenwert zum Gesamtbild gesehen werden. Natürlich ist es unangenehm und manchmal auch folgenschwer, in einem Fach „total abzustürzen", aber als VersagerIn muss man sich deswegen noch lange nicht fühlen!

Um die Bedrohung aktiv anzugehen, ist eines sehr hilfreich: die Situation umdeuten („kognitive Umdeutung"[260]):
„Ich werde es diesem Lehrer schon zeigen; er wird sich wundern, wie gut ich bin!" „Ich sehe diese Prüfung als Chance zur Weiterentwicklung!"

Diese Vorsätze nach dem Motto „Es gibt keine Probleme, nur Herausforderungen!" sind durchaus geeignet, lebenstüchtiger zu machen. Sie dürfen jedoch nicht zur Verleugnung der Realität führen: Es **gibt** Probleme, die nur schwer lösbar sind. Nicht alles ist machbar! Daher ist es auch wichtig, Frustrationstoleranz zu lernen, sich mit manchen Realitäten abzufinden: „Glücklich ist, wer vergisst, was nicht mehr zu ändern ist!"

Vergessen wird wohl meist sehr schwierig sein, aber ein Akzeptieren eigener Grenzen, ohne Resignation, kann durchaus zur Bewältigung von Stress beitragen.[261]

Nicht nur, aber auch im Zusammenhang mit Lernen ist das Setzen eines **„realistischen Anspruchsniveaus"** bedeutsam.[262] Hier wird im Gesellschaftssystem schwer gesündigt: Viel zu viele Kinder werden auf „Laufbahnen" geschickt, die sie aufgrund ihrer Konstitution nie ohne Schaden schaffen können. Freilich kommen nicht wenige tatsächlich über die „Ziellinie Matura/Abitur", aber wie, unter welchen Opfern, mit welchen Verletzungen! Hier Abhilfe zu schaffen ist dringend erforderlich, aber leider noch nicht in Sicht. In den kleinen, alltäglichen Lernschritten können Lehrende, Lernende und Eltern einiges tun: Die Latte nicht zu hoch legen, Zeit geben, Etappenpläne aufstellen, ...

Don't worry, be happy!

„Happy" und „gestresst" schließen einander aus. Daher sind positive Stimmungen auf jeden Fall wirksame Gegenmittel gegen Belastungen. Gute Gefühle sind – das ist im zweiten Kapitel gehirnphysiologisch ausführlich begründet – wichtig für erfolgreiches Lernen!

Kehren wir zum Ausgangsbeispiel zurück: Kann man der nervösen Schülerin helfen, die Situation positiv zu sehen und damit ihre negativen Gefühle (mit deren körperlichen Symptomen) zu verarbeiten? „Positives Denken" ist ein Schlagwort, dessen Einlösung oft nicht gelingt. Dabei wäre gerade die Förderung von **Selbstvertrauen** nicht nur für SchülerInnen, sondern ganz allgemein sehr wichtig. Leider wird im System Schule oft genau das Gegenteil erreicht: Zu einseitige Konzentration auf die Fehler, verbunden mit Tadel und zu wenig Anerkennung, führt zur Minderung des Selbstwertgefühls.

Primär ist also danach zu trachten, durch Veränderung der Systembedingungen, durch andere Verhaltensweisen der Lehrenden und auch der Eltern ein Klima zu schaffen, in dem sich Selbstvertrauen entwickeln kann. Förderlich können zusätzlich auch so genannte positive Selbstinstruktionen sein: „Ich werde es schaffen! Ich bin gut vorbereitet!" Das sind Formeln, die man sich – möglichst in entspanntem Zustand – selbst vorsagt. Sie müssen jedoch realistisch sein, das heißt, Sie müssen selbst daran glauben können. Günstig sind Erinnerungen an positive Lernleistungen: „Ich habe es letztes Mal gut gemacht, daher wird es auch diesmal klappen."

Im Anhang finden Sie im Programm „Gegen das große Zittern!" eine Kombination aus Entspannungstraining und positivem Denken.

Für Lehrende:

Gute Möglichkeiten, den Lernenden Hilfen zur Bewältigung ihrer *worry*-Probleme zu geben, sind:

- Gespräche, Diskussionen über Ängste vor Prüfungen (Ursachen, gemeinsame Gegenmaßnahmen),
- Rollenspiele,
- Geschichten über die Angst,
- Ängste zeichnen, malen, …

Dass es effizient ist, Ängste nicht in sich hineinzufressen, sondern zum Thema zu machen, nach außen zu tragen und daran zu arbeiten, zeigen die Erfahrungen in der Medizin: So konnten positive Effekte auf Immunwerte, Hormonspiegel und sogar auf die körpereigenen „Freude"-Stoffe (Endorphine) nachgewiesen werden, wenn TumorpatientInnen über ihre großen Ängste reden konnten. [263]

Die **Stressverarbeitung** ist unter anderem abhängig von der individuellen Persönlichkeit, von den Vorerfahrungen und der jeweiligen Situation. Es gibt daher keine allgemein gültigen Rezepte für die Bewältigung von Stress. **Hilfen** betreffen den **Körper** (alle Arten von Bewegung, Entspannungstechniken, Erholung) und das **Denken** (konstruktives Lern- und Arbeitsverhalten, realistische Bewertung der Stresssituation, positives Denken). Alle diese Strategien helfen im Ernstfall jedoch nur dann, wenn ausreichend geübt wurde. Nutzen Sie als Lehrende und Lernende daher auch Gelegenheiten im „harmlosen Alltag", Elemente und Kombinationen der genannten Bewältigungsstrategien zu versuchen.

➡ ➡ ➡ ➡ ➡ ➡ Zum Kern der Sache! ➡ ➡ ➡ ➡ ➡ ➡

Im zweiten Kapitel, insbesondere in den Abschnitten über „Empfang" und „Gefühle", wurde – so hofft der Autor – die wichtige Rolle der Gefühle beim Lernen dargestellt und begründet. Angst und Stress sind nicht geeignet, Lernen effizienter zu gestalten: Andauernder und/oder überhöhter Stress schädigt Körper und Psyche oft nachhaltig. Die Auswirkungen auf die Leistung sind ebenfalls negativ.

Eines der wichtigsten Gebote ist daher das sechste: Achten Sie auf die GEFÜHLE!

Weil dieses Thema so wichtig ist, wiederholen Sie noch einmal die Inhalte der grauen Kästchen des vierten Kapitels, bevor Sie weiterlesen! Sie sind die Basis der folgenden Kurzfassung der Konsequenzen:

Erfolgreich lehren!

Beachten Sie für den Schwierigkeitsgrad der Hausaufgaben: Diese müssen allein, ohne Nachhilfe lösbar sein; daher sind sie gut vorzubereiten. Koordinieren Sie das Ausmaß mit Ihren KollegInnen. Befragen Sie von Zeit zu Zeit auch die Betroffenen!

Gestalten Sie Ihre Prüfungen, Tests, Schularbeiten „menschenwürdig":[264] Keine Machtspiele und Rituale! Schaffen Sie Klarheit darüber, was und wie geprüft wird; auch die Beurteilungskriterien müssen durchschaubar sein! Verteilen Sie die Prüfungen gleichmäßig!

Zeigen Sie Ihren SchülerInnen günstige Lerntechniken und leben Sie diese durch Beachtung im Unterricht selbst vor!

Verwenden Sie Entspannungstechniken, sorgen Sie auch für „bewegte" und erholsame Unterrichtsabschnitte!

Versuchen Sie, GesprächspartnerIn auch für außerschulische Nöte zu sein!

Machen Sie diese Nöte auch manchmal direkt oder indirekt zum Thema Ihrer Unterrichtsarbeit!

Denken Sie sich in die Welt Ihrer SchülerInnen hinein!

Anerkennen Sie die Leistungen, loben und verstärken Sie sie! Melden Sie Fehler sachlich zurück und geben Sie Anleitungen zur Korrektur!

Bemühen Sie sich um eine hohe Qualität Ihres Unterrichts: Anschaulichkeit (auch bei scheinbar abstrakten Inhalten), Verständlichkeit von Sprache und Schrift, Vernetzung innerhalb und außerhalb des Faches, Verbindung zur Realität etc.!

Denken Sie an die elf Gebote erfolgreichen Lehrens!

Erfolgreich lernen!

Bereiten Sie sich auf Prüfungen gut vor: längerfristig planen, den Stoff in kleinere Portionen einteilen, ausreichend Zeit für Wiederholungen einplanen!

- Besprechen Sie eventuelle Schwierigkeiten mit den Lehrenden, aber auch mit den MitschülerInnen!
- Machen Sie sich Übersichtsstrukturen, Skizzen, die den Lernstoff portionieren!
- Sorgen Sie für gute Arbeitsbedingungen: Keine Ablenkungen!
- Machen Sie immer wieder Erholungspausen, möglichst aber nicht vor dem Fernseher, sondern „in Bewegung“!
- Belohnen Sie sich nach vollbrachter Arbeit, klopfen Sie sich auch selbst auf die Schulter, machen Sie sich Mut, denken Sie positiv!
- Erlernen Sie eine Entspannungstechnik, koppeln Sie diese mit positivem Denken!
- Setzen Sie sich realistische Ziele! Überlegen Sie ruhig auch, ob die eingeschlagene Laufbahn für Sie die richtige ist! (Geben Sie aber nicht zu schnell auf!)
- Denken Sie an die elf Gebote erfolgreichen Lernens!

➡ ➡ ➡ Was sonst noch interessant ist … ➡ ➡ ➡

Der krank machende Stress

Zu Beginn des vierten Kapitels wurden bereits die zwei Hauptprobleme mit dem heutigen Stress angesprochen: In den seltensten Fällen ist die natürliche Folge bzw. das Ziel der Stressreaktion, nämlich Bewegung, möglich und es fehlt die nach Abklingen der Stresssymptome notwendige Erholungsphase, da wir nicht selten einer Vielzahl von Stressoren ausgesetzt sind. Bewegungslosigkeit und Dauerstress sind somit die zwei Hauptsünden der heutigen Zivilisation. Gepaart mit anderen ungesunden Faktoren unserer Lebensweise (Umweltbelastung, falsche Ernährung, Süchte etc.) führen sie dann zu vielerlei Krankheiten: Schlafstörungen, Herz- und Kreislauferkrankungen (bis hin zum Infarkt), Krankheiten der Atmung, der Verdauung, des Hormonsystems (Störungen des Zyklus etc.). Natürlich sind auch Vorschädigungen durch Krankheiten mit verantwortlich, wo und wie Stress sich organisch auswirkt: Magen-Darm-Krankheiten können empfindlicher machen und z. B. zum auch stressbedingten „Colon irritabile“ (Reizdarm) führen.[265]

Wegen der gegenseitigen Beeinflussung genügt es nicht, die Symptome einer Störung zu behandeln, weil die Krankheit möglicherweise dann „ausweicht“ (Symptomwechsel): Anstelle der Magenprobleme bekommen Sie z. B. Geschwüre im Darm. Es ist daher sehr wesentlich, die Ursachen zu ergründen: Wie weit ist Stress für die diagnostizierte Krankheit mitverantwortlich? Genauso fatal wie die Stressursachen von Krankheiten nicht zu berücksichtigen wäre es allerdings, alles auf den Stress zu schieben. Es gibt natürlich für Herzinfarkt auch andere Ursachen, die man genauso bekämpfen muss. Eine exakte medizinische Diagnose muss also beides umfassen, die Abklärung sämtlicher organischer Faktoren und die Berücksichtigung der psychischen Komponenten. Daraus folgt, dass auch die Therapie in beiden Bereichen ansetzen muss.

Diese Erkenntnis, dass der Mensch auch medizinisch nur ganzheitlich erfolgreich behandelt werden kann, setzt sich immer mehr durch, nicht zuletzt deswegen, weil die Psyche zunehmend naturwissenschaftlich fassbar wird: Sogar für die so genannten Geisteskrankheiten, die vor nicht allzu langer Zeit als organisch nicht begründbar eingestuft wurden, gibt es heute schon manche naturwissenschaftliche Messwerte: verändertes EEG und abnormale Hirndurchblutung im Stirnlappen bei Schizophrenen, Stoffwechselabweichungen (Transmitter Dopamin, Serotonin) bei Schizophrenen und Depressiven etc. Wobei die Entscheidung zwischen „Henne und Ei" noch nicht getroffen werden kann: Ist der veränderte Stoffwechsel bei Depressiven die Ursache oder die Folge der Krankheit?

Ein guter Beleg für diese ganzheitliche Sicht ist die Vernetzung zwischen **Psyche, Nerven-, Hormon-** und **Immunsystem:**
In der traditionellen Medizin wurde das Immunsystem lange Zeit als ein in sich geschlossenes, selbstständiges System gesehen. Zu dieser körpereigenen Abwehr gehören folgende Teile: Thymus, Knochenmark, Milz, Lymphknoten und Lymphgefäße. Einige „Kämpfer" in dieser Abwehr heißen Leukozyten, Lymphozyten, Granulozyten, Makrophagen, natürliche Killerzellen, Immunglobuline, Interleukine und Interferone. In den letzten beiden Jahrzehnten nahm die **Psychoneuroimmunologie** immer mehr Aufschwung. Schon im Namen ist angedeutet, dass die Zeit der isolierten Systeme vorbei ist. Es häufen sich die Erkenntnisse, dass die Immunabwehr durch Hormon- und Nervensystem beeinflusst wird.

Schon eine oberflächliche Betrachtung zeigt die Gemeinsamkeiten zwischen Nerven- und Immunsystem: Beide können über Entfernungen kommunizieren (durch „Wanderzellen" bzw. Nerven), haben ein Gedächtnis (beim Immunsystem so genannte Gedächtnis-Lymphozyten) und sie verwenden chemische Stoffe zur Nachrichtenübermittlung. Eine Reihe[266] dieser Botenstoffe wird von den drei Systemen gemeinsam benutzt. Eine faszinierende Erkenntnis in diesem Zusammenhang ist die Tatsache, dass Teile und Botenstoffe der jeweiligen Systeme chemische „Empfangsantennen" (Rezeptoren) für die anderen besitzen. So sitzen an der Oberfläche von Immunzellen Rezeptoren für Neurotransmitter, aber auch für Hormone.[267] Umgekehrt finden sich entsprechende Kontaktstellen für Immunzellen auch auf Nervenzellen. Interessant ist, dass solche Rezeptoren (sowohl für Nerven- als auch für Immunzellen) in auffallender Anhäufung im limbischen System zu finden sind.[268] Mittlerweile sind auch die „Kabelverbindungen" der Systeme nachgewiesen: Es gibt direkte Leitungen zwischen dem vegetativen Nervensystem und dem Immunsystem, wobei die Übertragung der Informationen des Nervensystems auf die Immunorgane (Thymus, Milz, Lymphknoten) durch das Hormon Noradrenalin (ein Stresshormon!) stattfindet.[269]

Die chemische und auch leitungsmäßige Vernetzung der drei Systeme muss offenbar eine große Bedeutung für den Organismus haben: Genauso wie akuter Stress einen Hormonanstieg bewirkt, um den Körper für den Überlebenskampf fit zu machen, sind auch die Veränderungen des Immunsystems auf dieses Ziel ausgerichtet. So bilden die „natürlichen Killerzellen" eine erste Front gegen mögliche Keime, die aufgrund von Verletzungen im „Kampf" eindringen. Eine Aufgabe, die im heutigen Zivilisationsstress kaum mehr nötig ist.

Warum können nun diese an und für sich sinnvollen, lebenswichtigen Veränderungen des Immunsystems bei Stress in unserer Zivilisationsgesellschaft zum Bumerang werden? Der Grund: Ein zu hoher Cortisolspiegel, wie er bei Dauerstress und mangelnder Erholung entsteht, stört die Produktion von Interleukinen und auch von Lymphozyten – und das so gestörte Immunsystem ist anfälliger für Infektionskrankheiten und für die Entstehung und Ausbreitung von Tumorerkrankungen.

Von besonderem Interesse für unser Thema „gehirngerechtes Lernen" sind die **immunologischen Veränderungen bei Prüfungsstress:** In einer Reihe von Arbeiten konnte unter Prüfungsbelastung eine Verringerung der Produktion von Killerzellen, Lymphozyten und Interleukinen festgestellt werden.[270] In einer sehr spezifischen Studie war die verminderte Immunabwehr weniger bei den StudentInnen zu beobachten, die Angst vor einem Versagen bei der Prüfung hatten, sondern eher bei denen, die einsam waren und keine soziale Unterstützung hatten.[271]

Alles in allem kann festgehalten werden: Stressbelastungen aller Art beeinflussen die Gesundheit, im Speziellen die Immunabwehr. Ganz allgemein heißt das, dass in der Therapie von Krankheiten auch Psyche, Gefühle und Gedanken *(worry)* der Patienten mehr beachtet werden müssen. Speziell im Bereich der Gefühle ist ein wichtiger Ansatz zu sehen: Es ist sicher kein Zufall, dass gerade im limbischen System die Rezeptoren für Immunzellen sehr dicht angeordnet sind; zweifellos deshalb, um die Kommunikation zwischen der Gefühlswelt und der Köperabwehr möglichst effizient gewährleisten zu können.

Auch im **Zusammenhang mit Lernprozessen** kann daher die Rolle der Gefühle nicht hoch genug bewertet werden: Nicht umsonst ist ihnen in diesem Buch ein eigenes Kapitel gewidmet. Alles, was das Lernen positiv beeinflusst, ist auch aus medizinischen Gründen zu befürworten, ja zu fordern. So gibt es bereits Untersuchungen, die Entspannungstechniken einen günstigen Einfluss auf Immunfunktionen bescheinigen.[272]
Daher ein Aufruf an alle Lehrenden und Lernenden: Entspannen Sie sich bewusst und denken Sie positiv!
Mehr dazu im Anhang!

Fünftes Kapitel: Wo steh ich nun, ich armer Tor?

Nun stehen wir am Ende unserer Reise durch die Geheimnisse des Gehirns und wissen, was wir alles „im Kopf haben". Wissen wir es wirklich? Dem Autor fällt ein Konzert ein, das er unlängst genießen durfte: Ein ganz junger Posaunist spielte Werke von Mozart, Debussy und einigen anderen, auch modernen Komponisten. Brillant in Technik und Ausdruck und … alles auswendig! Schon während des Konzerts drängten sich ihm „Forschergedanken" auf: Wie kann der Solist sich all das merken? Welch gewaltige Leistungen hat sein Gehirn dabei zu vollbringen? Ist es nicht verwegen anzunehmen, dies alles sei biologisch erklärbar?

Wir kommen damit zu einer alten Fragestellung, die ForscherInnen schon sehr lange beschäftigt, zum

Gehirn-Geist-(oder Leib-Seele-)Problem

Müssen wir nicht so wie Goethes Faust[273] resignieren?

> „Habe nun, ach, Anatomie,
> Physiologie und auch Chemie
> Und leider auch Kinesiologie
> Durchaus studiert, mit heißem Bemühn.
> Da steh' ich nun, ich armer Tor!
> Und bin so klug als wie zuvor."

Was rät Mephisto dem Schüler (in Faust I)?

> „Nachher, vor allen anderen Sachen,
> Müsst ihr euch an die Metaphysik machen!
> Da steht, dass ihr tiefsinnig fasst,
> Was in des Menschen Hirn nicht passt."

Gibt es etwas, was in des Menschen Hirn nicht passt, was „nach" *(meta)* der Physik, der naturwissenschaftlichen Erklärung liegt?

> „Und die Seele? Der Geist? Das Bewusstsein?
> Das ist ein Eisen, verehrter Leser, ein heißes, ein ganz heißes Eisen!
> Erwarten Sie, dass ich Ihnen auf eine Frage eine Antwort gebe, an der sich die Menschheit vom Neandertaler bis zum Nobelpreisträger die Zähne ausgebissen hat?"[274]

Wie stehen **Sie** zu folgenden „Antworten"?

> „Es ist in jeder Hinsicht ein sehr schwieriges Unterfangen, sich eine feste Meinung über die Seele zu bilden … Es scheint, als ob alle Erfahrungen der Seele nur in Verbindung mit einem Leib zustande kommen … Freude sowie Lieben und Hassen; in all diesen Fällen geht auch mit dem Leibe etwas vor sich … Wenn es aber so ist, dann enthalten offenbar diese Eigenschaften schon in ihrem Begriff etwas Stoffliches … Und das ist schließlich der Grund, warum der Physiker zuständig ist für die Untersuchung der Seele …"[275]

„... so ist es doch gewiss, dass der Mensch, der alle seine Begriffe und Vorstellungen von den Eindrücken her hat, die das Universum mittels des Körpers in ihm erregt, von der Beschaffenheit dieser Materie ... völlig abhängig ist."[276]

Der Mensch „hat nichts mehr mit dem Geist zu schaffen – es wird ihm genügen, ein neuronaler Mensch zu sein".[277]

„... dann können wir das Verhältnis zwischen Geist und Materie ... etwa analog zu dem Verhältnis zwischen Licht und Spiegel verstehen. Im leeren Raum bleibt Licht unsichtbar. Es leuchtet erst, wenn es auf eine Oberfläche trifft, die fähig ist, es zu reflektieren. ... Das Gehirn erzeugt den Geist nicht, der vermittels dieses Organs in unserem Bewusstsein aufgetaucht ist."[278]

„Ist der Geist eine Maschine? Daran habe ich nicht den geringsten Zweifel; für mich stellt sich nur die Frage: Was für eine Maschine ist der Geist?"[279]

„Es ist einfallslos, den menschlichen Geist mit einer Seele erklären zu wollen. Die Natur ist doch viel spannender."[280]

„Der Geist existiert unabhängig von den physikalischen Teilchen und nicht als Gefangener der Materie."[281]

„Fraglich ist nicht, ob Neurone die ‚Seele' konstituieren, sondern wie sie dies tun."[282]

Und woher kommt der Geist?

Antwort eines Genforschers: „Das ist – rein technisch betrachtet – derzeit noch keine gute Frage für die Molekularbiologie."[283]

Welche Ansicht ist richtig?

Das Grundproblem muss uns immer wieder bewusst sein: Wir forschen und reden über das Gehirn in der Dritte-Person-Perspektive (das Gehirn als **Gegenstand** der Forschung), gleichzeitig erfahren wir aber etwas über uns selbst und sind somit in der Erste-Person-Perspektive. Wir leben gewissermaßen in zwei Welten, deren Beschreibungsweisen sich gegenseitig eigentlich ausschließen, die wir aber trotzdem vereinen müssen.

Dazu ein einfaches (?) Beispiel:
Wir können objektiv alle physikalischen und chemischen Grundlagen der Farbwahrnehmung erforschen und beschreiben, aber wie ist das mit der „subjektiven Empfindung der Farbe ROT"?

Struktur der Antwortversuche[284]

Dualismus		
Grundaussagen: Geist und Gehirn sind grundsätzlich verschieden. Der Geist ist immateriell.		
Animismus	**Interaktionismus**	**Parallelismus**
Die Seele steuert den Leib.	Es besteht eine Wechselwirkung zwischen Leib und Seele. Berühmte Vertreter: Descartes, Eccles	Synchronismus von Leib und Seele, ausgehend von einer „höheren Steuerung“ (Gott). Berühmter Vertreter: Leibniz

Monismus			
Grundaussagen: Es gibt nur Geist oder Materie.			
Idealismus (Spiritualismus)	**Materialismus**	**Neutraler Monismus**	**Identitätstheorie**
Alles ist Geist. Berühmter Vertreter: Hegel	Alles ist Materie. Berühmter Vertreter: Marx	Materie und Geist sind verschiedene Aspekte ein und derselben Sache. Berühmte Vertreter: Heraklit, Aristoteles, Russell	Geist = Gehirn. Favorisiert von den meisten Natur- und ComputerwissenschafterInnen. Wichtige Sonderstellung: Evolutionäre Erkenntnistheorie (Konrad Lorenz, Rupert Riedl)

Etwas genauer zu einzelnen Antwortversuchen:

Der Dualismus

Die Ansicht, dass Geist und Gehirn (Seele und Leib) grundsätzlich verschieden sind, dass es also sowohl Geist als auch Materie gibt, findet sich in der Wissenschaftsgeschichte immer wieder.[285]

Berühmt wurde Platons **Ideenlehre:** Er glaubte an eine eigene Wirklichkeit hinter der „Sinnenwelt“. Diese Wirklichkeit nannte er die „Welt der Ideen“. Er betrachtete Menschen als zweigeteilte Wesen. Sie haben einen Körper, der „fließt“, und eine unsterbliche Seele; sie ist der Sitz der Vernunft. Die Seele war einst in der Ideenwelt, also schon vorher existent, ehe sie zum Körper kam. Die Sehnsucht nach der „Wohnung der Seele“ nannte Platon Eros. Alle Phänomene der Natur hielt er für bloße Schatten der ewigen Formen und Ideen (Höhlengleichnis).

Berühmter Dualist war **Descartes** (17. Jh.):[286] Für ihn gab es zwei verschiedene Formen der Wirklichkeit (zwei „Substanzen“). Die eine ist das Denken oder die Seele, die andere die Ausdehnung oder Materie.
Priorität hatte für ihn der Geist: „Cogito, ergo sum.“ (Ich denke, daher bin ich.)

Descartes unterschied also bereits zwischen Seele und Gehirn. Er erkannte jedoch, dass die Seele sich auf den Körper auswirkt – er war daher „Interaktionist“ – und so musste er eine „Kontaktstelle“ finden. Nach seiner Ansicht verbindet sich die Seele *(res cogitans)* mit dem Leib *(res extensa)* in der Epiphyse.[287]

Im Dualismus gibt es ein wichtiges Grundproblem: Wie kann etwas Nicht-Physikalisches Anlass für einen physikalischen Vorgang sein?

Ein „neuerer“ Dualist meint: Geist ist als „ewige Information“ schon immer da; es gab ihn schon **vor** dem Auftreten von Gehirnen.

Gehirn und Geist existieren unabhängig voneinander, wirken aber aufeinander ein: So muss das geistige „Ich will“ (meinen Finger bewegen) die motorischen Felder des Großhirns zu materieller Tätigkeit veranlassen.

Dies führt uns zum **Dualistischen Interaktionismus,**[288] z. B. von **Eccles** und **Popper.**

Ausgangspunkt für den Interaktionismus von Eccles ist die Drei-Welten-Philosophie von Popper.
Welt 1: Gesamte materielle Welt des Kosmos.
Welt 2: Welt der bewussten Erfahrungen (Sinneswahrnehmungen, Erinnerungen, Gedanken, Gefühle, Träume, Vorstellungen, Absichten, ...).
Welt 3: Welt des objektiven Wissens (wissenschaftliche Erkenntnisse, Sinfonien, Sprachen, ...).

Grundaussage: Geist und Gehirn sind unabhängig, wobei das Hirn Welt 1 angehört, der Geist Welt 2. Auf irgendeine Weise stehen sie in Wechselbeziehung.[289] Im Zentrum steht die Aktivität des **„selbstbewussten Geistes“.**
Eccles und Popper nehmen eine „Verbindungsschicht“ zwischen Welt 1 und Welt 2 an und nennen diese „Liaison-Hirn“.

Aber was und wo ist der „selbstbewusste Geist“? Was und wo ist das „Liaison-Hirn“?

Monistische Erklärungen

Sie gehen davon aus, dass es sich bei den Prozessen in Gehirn und Geist nur um eine einzige Art von Vorgängen handelt.

Idealismus (Phänomenalismus, Spiritualismus)

Grundaussage: Es gibt nur Psychisches. Physisches existiert nur in der Vorstellung.

Etwas schwer zu verstehen, wenn ich mir den Kopf an einem realen, physischen Tisch anschlage. Ist das dann nur psychisch?

Hegel (1770–1831) verwendete den Begriff „Weltgeist" (oder „Weltvernunft"). Er meinte damit die Summe aller menschlichen Äußerungen, weil ja nur der Mensch Geist habe.[290]
Auch Denker unserer Zeit lehnen sich an den Idealismus an: „Die Logik ist nicht erst mit unserem Gehirn in die Welt gekommen. Ich vermute vielmehr, dass das Neuronale nur eine der vielen Realisationsmöglichkeiten logischer Gesetzmäßigkeiten ist."[291]

Die für mich schönste – und vermutlich auch die älteste – Beschreibung des monistischen Denkansatzes stammt aus der **indischen Philosophie:**[292]
Die so genannte *vedanta*-Schule behauptet, es gebe nur eine Wirklichkeit, *brahman* oder *mahatman*, was „Weltseele" oder „große Seele" bedeutet; *brahman* sei ewig, unteilbar und immateriell.
Nicht die äußere, sichtbare, materielle Welt sei wirklich, sie sei nur eine traumähnliche Illusion, Blendwerk *(maya)*. Für weise Menschen sei nur *brahman* wirklich.
Wir brauchen auch keine Angst vor dem Sterben zu haben. Nichts kann wirklich sterben. Das Einzige, was bei unserem Tod verschwindet, sei *maya*[293]!

Materialismus

Grundaussage: Es gibt nur eine einzige, die materielle Wirklichkeit.

Vermutlich einer der ersten Materialisten war **Demokrit** (460–370 v. Chr.).[294] Für ihn bestand alles aus „Atomen", den kleinsten unteilbaren Teilchen. Auch die Seele bestehe aus Atomen, aus den besonders runden und glatten „Seelenatomen".

Ein berühmter Materialist war **Marx.**[295] Er war der Ansicht, dass vor allem die materiellen Lebensbedingungen in einer Gesellschaft unser Denken und unser Bewusstsein bestimmen. Die materiellen Verhältnisse (nach Marx die „Basis") tragen alles, was es in der Gesellschaft an Gedanken und Ideen („Überbau") gibt. Weil Marx auch eine gegenseitige Beeinflussung zwischen Basis und Überbau annimmt, wird seine Richtung als dialektischer Materialismus bezeichnet.

Auch die Denkrichtung des **Behaviorismus** (Watson, Thorndike, Skinner) kann als monistisch (und in gewisser Weise auch als materialistisch) eingestuft werden: Das Verhalten *(behaviour)* hat keine geistigen Ursachen, sondern ist Reaktion auf Umweltreize (also Materie).

> „Du hast wohl Recht, ich finde nicht die Spur
> von einem Geist, und alles ist Dressur!"[296]

Funktionalismus

Das Bewusstsein sei so etwas wie ein „Epiphänomen" körperlicher Zustände, unser Geist eine „Funktion" oder „immaterielle Eigenschaft" der Materie:

> „Geist ist einfach, was Gehirne tun!"[297]

Geist ist nach dieser Ansicht daher kein Ding, sondern Tätigkeit, Funktion, Prozess.

Ein Vergleichsbeispiel:
Eine Autofahrt ist eine Tätigkeit, zu der man ein Auto (mit allen Bestandteilen) braucht, aber sie **ist** nicht das Auto.

Der Funktionalismus ist dem Materialismus oder auch der Evolutionären Emergenztheorie zuordenbar. Manche sehen ihn auch als eine Art Dualismus.

Nach der Vorstellung des Funktionalismus sind Gehirn und Computer austauschbar; Geist ist demnach als Funktion auch in Computern möglich.

Kritik: Der Funktionalismus berücksichtigt nicht ausreichend die Vorgänge, die **innerhalb** der Kognition stattfinden. Es geht nur um das Input-Output-Verhalten (wie beim Behaviorismus).

Die Identitätstheorie

Die Identitätstheorie behauptet, Geist und Gehirn seien ein und dasselbe. Viele Befunde und Erkenntnisse der Hirnforschung sprechen für die Annahme dieser Identität:

- Zusammenhänge zwischen Verhaltensstörungen, Defiziten und bestimmten Krankheiten und Verletzungen.
- Zusammenhänge zwischen den Entwicklungsphasen des Gehirns und dem Auftreten der verschiedenen geistigen Leistungen.
- Ergebnisse von EEG-, PET- und anderen Untersuchungen: „Bilder" geistiger Tätigkeiten auf dem Videoschirm.
- Zusammenhänge von Gefühlen, Geisteskrankheiten, Charakter, Träumen etc. mit der „Chemie" des Gehirns.

Natürlich ist Bewusstsein, Geist, Seele nicht nur mit primitiven „Seelenatomen" (Demokrit) erklärbar, aber letztlich stellen Atome auch hier die Basis für das neuronale Geschehen dar.

Ist es daher wirklich ein „Frevel", nur ein „neuronaler Mensch"[298] zu sein?

> „... das Denken ist ein Funke, der vom Schlag des Herzens entfacht wird; verlöscht er, dann zerfällt der Leib zu Asche, und der Geist verweht wie dünne Luft."[299]

Viele PhilosophInnen und BiologInnen, die sich mit der Neurowissenschaft beschäftigen, betrachten „Geist" als eine „emergente" Eigenschaft des materiellen Gehirns.

Diese Sichtweise wird in der **Evolutionären Erkenntnistheorie (Emergenztheorie)** zusammengefasst:
Der Geist ist eine „Systemeigenschaft" des Gehirns und als solche an die volle Funktionsfähigkeit des Organs gebunden.[300] In der Evolution hat es immer wieder qualitative Sprünge gegeben, Sprünge auf ein höheres Niveau, in dem dann neue Eigenschaften aufgetaucht sind: So hat die Erfindung von Molekülen, sich selbst zu kopieren (Desoxyribonukleinsäure), zum qualitativen Sprung „organisches Leben" geführt und die Großhirnrinde hat den Geist als eine neue Funktion hervorgebracht.

Gehirn und Geist sind nach dieser Ansicht nicht ident: Offensichtlich handelt es sich um zwei an ein Organ gebundene Phänomene, die voneinander verschieden sind. Die Emergenztheorie ist daher eigentlich eine dualistische Position, aber eine, die sich mit einer „schwachen" Variante des Materialismus verträgt: Seelisches hat eine materialistische Basis, ist aber nicht damit identisch, sondern geht als etwas Neues daraus hervor.

Wir finden diese Ansicht im Ansatz schon bei **Aristoteles,** wenn er meint, dass die Natur von den „unbeseelten Dingen" zu den „lebenden Wesen" allmählich fortschreitet.[301]

Sind wir also Sternenstaub, der über die Entwicklung des Universums nachdenkt?

> „Alle Atome, aus denen dein Gehirn besteht, sind irgendwann einmal in einem Stern entstanden. Aber dann haben sie sich auf seltsame Weise zu etwas verbunden, das ihr ‚Bewusstsein' nennt. Die Menschenseele flimmert also durch ein Gehirn, das aus sehr feinem Staub entstanden ist, der einst von den Sternen am Himmel heruntergerieselt ist."[302]

Die Tatsache, dass der Mensch das Ergebnis einer chemisch-biologischen Evolution ist, spricht stark für das Argument, dass auch mentale Phänomene nicht mehr als eine **besondere** Ausdrucksform von Materie und Energie sind.[303]

Emergenz bedeutet, dass es sich um ein Auftauchen neuer, **qualitativ anderer** Eigenschaften handelt.
Diese in der Evolution spät aufgetretene Systemeigenschaft des Gehirns, die wir „Geist" nennen können, setzt aber als unabdingbare Grundlage das Organ (die Materie) in vollem Funktionszustand voraus.

Das „Cogito, ergo sum" („Ich denke, daher bin ich") von Descartes müssen wir also umdrehen: „Ich bin, daher kann ich denken!"

Für das Verständnis dieser „besonderen, andersartigen" Eigenschaft des Gehirns könnte uns der Vergleich mit den Geheimnissen der Physik helfen: „Bewusstsein gehört zu gewissen Gehirnzuständen wie Gravitation zu Materie."[304]

Oder nehmen wir das Welle-Teilchen-Verhalten von Licht:
Licht hat sowohl Teilchen- als auch Welleneigenschaften. Für dieses sonderbare Verhalten hat der große Atomphysiker Niels Bohr mit der so genannten Kopenhagener Deutung den Begriff Komplementarität geprägt. Sind auch Geist und Gehirn zueinander komplementär?

In diesem Zusammenhang ist auch die **Hologramm-Hypothese** von Pribram[305] interessant: Das Speichern von Inhalten erfolgt als Überlagerung (Interferenz) von Wellen wie bei einem Hologramm. In jedem Teil ist dann das Ganze gespeichert.

Eine Parallelität zu alten östlichen Denkweisen sei angemerkt: Das **Yin-Yang-Prinzip** dient als Beschreibung für Phänomene, die sich gleichzeitig ausschließen und bedingen. So steht z. B. Yin für Substanz und Yang für Funktion, Energie.[306]

Wenn Geist wirklich eine in der Evolution entwickelte Systemeigenschaft des Gehirns ist, dann ist eine brisante Frage durchaus legitim: Gibt es Geist nur im menschlichen Gehirn oder haben auch unsere tierischen Verwandten (z. B. Bonobos) Geist?

Oder noch krasser: Gibt es Geist in Computern?

> „Da mentale Zustände funktionale Zustände sind, können auch sie auf verschiedene Weise realisiert werden … Nichts spricht dagegen, dass andersartige Nervensysteme – etwa die von Delfinen oder extraterrestrischen Wesen – oder auch Computer dieselben funktionalen, mentalen Zustände haben wie wir."[307]

„Geist in der Maschine"

Gibt es wirklich einen solchen? Besteht zwischen natürlicher Intelligenz und künstlicher Intelligenz (KI) nur ein gradueller oder doch ein prinzipieller Unterschied? Verhält sich der Geist zum Gehirn wie die Software zur Hardware?

Bevor wir uns dem Geist **in** der Maschine zuwenden, zunächst ein kurzer, aber höchst bemerkenswerter Exkurs zum Thema „Wirkung des menschlichen Geistes **auf** die Maschine":
Über 1.000 Kilometer Entfernung wurden die Hirnströme von Affen (abgeleitet über implantierte Elektroden aus den motorischen Hirnarealen), die darauf trainiert wurden, nur in ihrer Vorstellung (!) einen Hebel zu bedienen, an einen Roboterarm übermittelt. Das Unglaubliche geschah: Der Roboterarm bewegte sich synchron.[308]

Derartige **Gehirn-Maschine-Schnittstellen** könnten segensreiche Anwendungen speziell für Gelähmte finden. Ohne Implantate – mit den Hirnströmen aus dem EEG – arbeitet Pfurtscheller: Durch Vorstellung werden Muskeln zur Bewegung stimuliert.[309]
Vielleicht ist es eines Tages möglich, die Vorstellungsströme auch künstlichen Muskeln zuzuführen, ein Segen für PatientInnen mit degenerativen Muskelerkrankungen![310]

Ein besonders grausames Schicksal haben Locked-in-PatientInnen:
Die unheilbare neurologische Krankheit Amyotrophische Lateralsklerose (ALS) führt im Endstadium zur totalen Lähmung. Neben der Notwendigkeit der künstlichen Beatmung und der Sondenernährung besteht das besonders Furchtbare vor allem darin, dass keinerlei Kontakt nach außen mehr möglich ist. Die PatientInnen sind „eingeschlossen" *(locked in)*. Dieser Zustand kann auch nach Schlaganfällen im Hirnstamm auftreten.[311]

In einer Weiterentwicklung der Biofeedback-Technik wurden schon Anfang der neunziger Jahre so genannte Hirn-Computer-Interfaces (Brain-Computer-Interfaces, BCI) entwickelt, die mit der willentlichen Beeinflussung der SCP (Slow Cortical Potentials) arbeiten. Birbaumer, einer der führenden Vertreter dieser Forschungsrichtung, nennt diese Technik „Gedanken-Übersetzungsapparat" (Thought Translation Device, TTD).[312]
Er arbeitete zunächst mit EpileptikerInnen und wendete die Technik dann bei Gelähmten an, denen er beibrachte, nur mittels Kraft der Gedanken auf einem Computer ganze Briefe zu schreiben (oder neuerdings sogar im Internet zu surfen). Das Grundprinzip besteht darin, die SCP so zu beeinflussen, dass sie den Cursor auf dem Schirm in die gewünschte Richtung steuern und damit Buchstaben auswählbar machen. Dazu müssen die PatientInnen ihre eigene Strategie (oft ganz persönliche Bilder und Vorstellungen) erlernen.[313]
Geist **in** der Maschine?

Wenn man die Errungenschaften der KI-ForscherInnen betrachtet, kann man durchaus den Eindruck eines Geistes in der Maschine gewinnen:

Der Schachweltmeister Kasparow sprach nach seiner Niederlage (1997) gegen den Schachcomputer „Deep Blue" frustriert von einer „fremdartigen Intelligenz, die hinter den Kulissen von versierten Schachspielern mit Tipps versorgt wurde".[314]
„Versteht" Deep Blue Schach wirklich? Eigentlich ist die Maschine ja nur schnell im Absuchen aller möglichen Kombinationen und Reaktionen.

*Wie steht es bei Computern mit der **Fähigkeit etwas zu verstehen?***

Auch dazu gibt es schon bemerkenswerte Vorarbeiten und Überlegungen: In naher Zukunft wird das so genannte Semantic Web Maschinen befähigen, Daten zu erarbeiten und zu verstehen, die sie heute lediglich anzeigen.[315]

Neuronale Netzwerke bringen auch im musischen Bereich durch „Lernen" Bemerkenswertes zustande:[316] „Harmonet" und „Melonet" komponieren im Stil von J. S. Bach; „Aaron" produziert Gemälde, die sogar schon in Galerien ausgestellt werden. „Poetron" generiert Gedichte; allerdings werden hier die Grenzen deutlich sichtbar.
Aber sind diese KI-Programme wirklich „eigenständige Künstler"? Letztlich arbeiten sie doch nur mit dem Wissen, das ihnen die menschlichen KünstlerInnen eingeben. Natürlich bringen sie auch Neues – via Zufallsgenerator – hervor.

Auch auf dem Robotermarkt gibt es ganz Interessantes: Volleyballspieler, den Schlagzeuger „Dynamic Brain" oder gar die Katze „Robokoneko" (mit 40 Millionen digitalen Neuronen).[317] Breazal schuf einen Roboter, der auf Gesten reagiert und sogar Emotionen ausdrücken kann.[318]

Schon ganz bemerkenswert, aber das ist bei weitem noch nicht alles. Spannend und auch beängstigend wird es, wenn man sich die Emergenz in der KI-Forschung ansieht. Dabei geht es um die Evolution von komplexen Programmen aus einfacheren Grundprogrammen, die miteinander interagieren:
Lipson und Pollack entwickelten einen Roboter, der sich selbst entworfen und gebaut hat. Die Aufgabe des Computers war, durch Evolution eine Maschine zu konstruieren, die möglichst schnell krabbeln kann. Nach 600 „Generationen" schickte der Computer seine Daten an eine Maschine, die den Krabbler aus Kunststoff formte.[319]
Steels lässt seine Computer miteinander „spielen", bis sie ihre Regeln selbst finden. Im Projekt „Talking Heads" waren die Spieler evoluierende Programme, die sich sogar „selbst fortpflanzten".[320]

Durch Evolution erzeugtes „künstliches Leben" (KL)? Manche aus der Forschungsrichtung mit diesem Namen behaupten dies.[321]

Was wird die Zukunft noch alles bringen?

Verbindung von Nervenzellen mit Chips

Sie ist bereits Realität: Die künstliche „Computerratte" **ANIMAT** (Name vom lateinischen *anima*, Seele) wird gesteuert durch ein „organisches Gehirn", bestehend aus Rattenneuronen in einer Laborschale. An 60 Kontaktstellen registriert der Computer die von diesen Nervenzellen kommenden Signale, analysiert sie auf wiederkehrende Muster, spielt sie in die Software von ANIMAT, die dann in der Computerwelt Bewegungen ausführt. Diese Ergebnisse werden den Rattenneuronen zurückgemeldet. Erstaunlicherweise bilden sich dort sogar neue Synapsen.[322]

Eine andere „Art" dieser **CYBORGs** *(cyber organisms)* studiert Mussa-Waldis:[323] Er benützt keine Nervenzellkulturen in der Schale, sondern gleich den ganzen Hirnstamm von Fischen (Neunaugen) und steuert damit einen Industrieroboter. Er konnte die Lernfähigkeit dieses Systems nachweisen.

Leider arbeitet man durchaus erfolgreich auch am umgekehrten Vorgang: Talwar[324] gelang es, Ratten *(ratbot)* über ins Gehirn (somatosensorischer Cortex) implantierte Elektroden wie Roboter „fernzusteuern" und obendrein auch noch für ihr richtiges Verhalten über Elektroden im Belohnungszentrum zu „verstärken".
Ein amerikanisches Team will den Hippocampus durch einen Chip ersetzen.[325] Das könnte zwar hilfreich sein gegen Gedächtnisverlust, aber ...

Ein Horror(?)-Szenario: „2030 werden wir Nanobots – Roboter von der Größe unserer Blutzellen – in unseren Blutkreislauf schicken, wo sie in unser Hirn reisen und drahtlos mit unseren Neuronen kommunizieren."[326]

Oder noch schlimmer: Werden wir unser Hirn „herunterladen", „duplizieren" können? Gott bewahre uns davor!

Werden wir wirklich Computer bekommen, die „menschliche Intelligenz" besitzen?

Maschinen sind intelligent, wenn sie den so genannten Turing-Test bestehen. Turing formulierte bereits 1951: „Ein Computer sei intelligent, wenn er sich mit einem Menschen unterhalten könne, ohne dass dieser etwas merke. Das werde um das Jahr 2000 der Fall sein."[327] Vollständig bestanden hat den Test bis heute kein Computer.
Andererseits wurde bei einem derartigen Turing-Wettbewerb auch ein menschlicher Kandidat als Computer eingestuft.[328]

Bewusstsein

Geist im Menschen, in der Maschine – wo ist der Unterschied?

> „In 30 Jahren wird man nichtbiologische Intelligenz nicht mehr von menschlicher Intelligenz unterscheiden können, vor allem nicht in ihrer Art, Sprache zu verwenden."[329]

Wird sich der Unterschied zwischen Mensch und Roboter auch dadurch aufweichen, dass sich der Mensch durch Implantate dem „Maschinendasein" annähert?
Ist nicht doch für die Beantwortung der Frage nach dem Unterschied die Schwierigkeit von Belang, sich ein Wesen vorzustellen, das denkt, ohne zu merken, dass es denkt?
Macht das Vorhandensein oder Nichtvorhandensein von Bewusstsein den entscheidenden Unterschied aus?

Bewusstsein – „one of the major unsolved problems of modern science":[330]
WAS ist Bewusstsein? **WO** ist es? **WIE** funktioniert es?
Das sind die Aspekte und Fragen des „ungelösten Problems"!

KritikerInnen naturwissenschaftlicher Erklärungsversuche argumentieren, dass Bewusstsein ein **subjektives** Phänomen und damit nur dem Individuum zugänglich sei, während Hirnaktivität als etwas Physisches objektiv betrachtet werden kann. Daher könne Bewusstsein kaum mit rein physischen Prozessen des Gehirns identisch sein.

Sollen wir uns also mit der grundsätzlichen Nichterklärbarkeit abfinden und es mit Buddha halten, der vor 2500 Jahren empfahl, „das Senkblei des Denkens nicht ins Unergründliche zu richten, da das keinen Schritt weiter auf dem Weg zu Heiligkeit und Frieden bedeute"?[331]

Könnte es nicht jedoch auch so sein, dass die Annahme einer Unerklärbarkeit einfach nur unsere Konzeptlosigkeit, unseren **derzeitigen** Wissensstand widerspiegelt? Wir sollten doch gemäß der berühmten Redewendung Albert Einsteins vorgehen: „Weiteres Nachdenken ergab …“[331]

Crick – gemeinsam mit Watson Nobelpreis für die Entdeckung der DNA-Struktur – formulierte die so genannte **Erstaunliche Hypothese:**

> „‚Sie‘, Ihre Freuden und Leiden, Ihre Erinnerungen, Ihre Ziele, Ihr Sinn für Ihre eigene Identität und Willensfreiheit – bei alledem handelt es sich in Wirklichkeit nur um das Verhalten einer riesigen Ansammlung von Nervenzellen und dazugehörigen Molekülen.“[332]

BewusstseinsforscherInnen unterscheiden **zwei Formen:**[333] Hintergrundbewusstsein und Aktualbewusstsein.
Das **Hintergrundbewusstsein** umfasst länger dauernde Gefühlserfahrungen wie „mein Körper“, „meine Identität“, „meine Kontrolle über Körper und Geist“, „mein Ort in Zeit und Raum“, „Unterscheidung zwischen Realität und Vorstellung“.
Zum **Aktualbewusstsein,** das auf dem Hintergrundbewusstsein aufbaut, gehören bewusste Sinneswahrnehmungen von Vorgängen in der Umwelt und im Körper, geistige Tätigkeiten (Denken, Vorstellen, Erinnern), Emotionen, Affekte, Bedürfnisse, Wünsche, Absichten, Willensakte.
Zum Vergleich dazu die Sichtweise der Upanishaden, der Hauptquelle östlicher Mystik (9.–5. Jh. v. Chr.): Hier finden sich Tagesbewusstsein (Verstand), Unterbewusstsein (Psyche) und spirituelles Bewusstsein (Intuition, *buddhi*).[334]

Eine interessante und wichtige Ergänzung: „Emotionen zu erkennen und auf sie zu reagieren ist für mich … der Lackmustest für ein Wesen, das behauptet, Bewusstsein zu haben.“[335]
Zumindest in der Sciencefiction gibt es fühlende Roboter mit Bewusstsein (David im Film „A. I.“ von Spielberg; er spielt im Jahr 2193).[336]

*Wie ist der „Stand der Dinge“ über das **WO** und **WIE** des Bewusstseins?*

So einfach wie bei Descartes – die Zirbeldrüse erzeugt Bewusstsein – wird es wohl nicht sein.

Im Prinzip gibt es zwei konträre Auffassungen über das WO des Bewusstseins:[337]
Nach der einen Meinung gibt es keine fixen Orte, wo Bewusstsein beheimatet ist, sondern es entsteht in den Bereichen, in denen die Sinneseindrücke gerade die entsprechenden Nervenaktivitäten auslösen. Potenziell kann also jeder Hirnteil Bewusstsein haben.
Ein singuläres Zentrum für Bewusstsein gibt es sicher nicht.[338]

Dies behaupten auch die Vertreter der zweiten Richtung (an prominenter Stelle Crick und Koch) nicht. Sie nehmen jedoch an, dass nur **bestimmte** Hirnareale Bewusstsein vermitteln. Je nach Sinnesmodalität gibt es verschiedene Facetten des Bewusstseins.

Nach dem derzeitigen Wissensstand[339] ist uns nur das bewusst, was mit der Aktivität der Großhirnrinde (und zwar der Assoziationsfelder) verbunden ist. An der Entstehung des Bewusstseins sind jedoch auch andere Hirnteile beteiligt, z. B. die Formatio reticularis (für Wachheit und Aufmerksamkeit) und vor allem der Thalamus (in Zusammenarbeit mit dem Hippocampus). Der Thalamus wird auch „Tor zum Bewusstsein“ genannt.

Eine wesentliche Rolle spielen auch die Gefühle. Sie entstehen subcortikal im limbischen System und wirken auf den Cortex ein.

Eine Anmerkung zum **„Ich"-Bewusstsein:**
Ob und wann ein Lebewesen sich seiner selbst bewusst ist, wird mit einem einfachen Test überprüft: Auf die Nase wird ein Farbpunkt gemalt und das „Testsubjekt" vor einen Spiegel gesetzt. Individuen, die nicht auf den Farbfleck auf dem Spiegel greifen, sondern auf die eigene Nase, haben bereits das „Ego" entwickelt. Schimpansen sind dazu fähig (vgl. Seite 38); Kinder im Alter von ein bis zwei Jahren ebenso.

Auch Geistiges wie „Selbstzweifel" scheint es bei Primaten schon zu geben.[340]
Aber: „Das menschliche Ich ist unendlich reicher: Das Wissen um unseren Charakter, unsere Geschichte und unsere Pläne, das Wissen um Gedanken, Worte und Werke – all dies gehört dazu."[341]

Frei entscheide ich ...

Was hat es mit dem **„freien Willen"** auf sich? Ist er die letzte Bastion des Geistes?

> „Die Seele ist ein Lebewesen ohne Körper, das Vernunft und freien Willen hat."[342]

Die Verwandlung des Willens in Bewegung nannte der Philosoph Karl Jaspers „die einzige Stelle in der Welt, wo das Magische wirklich ist, das heißt, wo ein Geistiges sich unmittelbar in physische und psychische Wirklichkeit umsetzt".[343] Eccles sah ihn im „selbstbewussten Geist", der sich physiologisch im Bereitschaftspotenzial auswirkt.

Ist der Wille wirklich frei oder nur eine Illusion der Erste-Person-Perspektive (also des Subjekts) und real, aus der Sicht der Naturwissenschaft, nicht existent?[344]

Folgen wir dazu der **Theorie über die Willensfreiheit** von Crick:[345] Seine **erste Annahme** sagt aus, dass ein Teil des Gehirns Pläne für das Handeln in die Zukunft macht, die nicht unbedingt ausgeführt werden müssen. **Zweite Annahme:** Man ist sich nicht der „Berechnungen", die im Hirn stattfinden, bewusst, sondern nur der „Entscheidungen", die aus den Plänen hervorgehen.

Dazu gibt es sehr interessante Experimente:
Das Bereitschaftspotenzial entsteht bereits **eine** Sekunde vor dem tatsächlichen Auftreten einer Bewegung (z. B. des Fingers) im entsprechenden Bereich der motorischen Hirnrinde.
Libet[346] – kürzlich bestätigt durch Haggard und Eimer[347] – konnte eindrucksvoll nachweisen, dass der Versuchsperson erst ca. **0,2** Sekunden vor der Bewegung **bewusst** wird, dass sie den Finger bewegen **will.**
Also: Lange, bevor der Wille sich bewusst zeigt, hat das Gehirn schon gearbeitet. Das **Bewusstsein** kann somit **nicht die Ursache** der Handlung sein!

> „Wir tun nicht, was wir wollen, sondern wir wollen, was wir tun."[348]

Am folgenreichen Experiment von Libet gibt es auch massive Kritik: Die dem Bewusstwerden um eine Fünftelsekunde vorauseilenden Schritte, die Auswahl der Handlungsentwürfe, erfolgen nicht aus einem „willenlosen Entscheidungsvakuum" heraus, sondern im ständigen Zusammenwirken zwischen Wahrnehmung, Erfahrung, Möglichkeiten, Handeln.[349]
Libets Resultate zeigen lediglich, dass nur die Steuerung von Teilhandlungen („Fingerschnipsen") unbewusst erfolge, nicht aber alle Handlungen. Außerdem sei das Experiment zu kritisieren, weil ja der Aufbau der „Absicht" schon zusammen mit der „Versuchsanweisung" erfolgt und nicht erst unmittelbar vor der Durchführung der Handlung.[350]

Libet konnte aber auch zeigen, dass eine durch ein Bereitschaftspotenzial schon eingeleitete und vorbereitete Bewegung im letzten Moment durch ein Veto des bewussten Willens gestoppt werden kann.[351] Manche meinen auch, dass die Freiheit des Wollens mit der Freiheit des Handelns verwechselt wird.[352]

Auch aus der Alltagsbeobachtung wissen wir, dass ein starker Wille noch nicht automatisch zu einer Handlung führt, dass wir z. B. sexuelle Wünsche auch bewusst unterdrücken können.

Aber: Woher kommt der „Vetowille"? Er ist doch auch ein Ergebnis vorgeschalteter Prozesse.

Dritte Annahme: Auch für die „Entscheidungen" gilt, dass der Inhalt, aber nicht die Berechnung für die Entscheidung unmittelbar bewusst abgerufen werden kann.

Eine wichtige experimentelle Erfahrung:[353] Wenn man anlässlich einer Operation am offenen Schädel durch leichte Reizung der entsprechenden Hirnregion eine Bewegung (z. B. des Fingers) auslöst und dann den Patienten – der ja nur lokal betäubt und somit bei Bewusstsein ist – fragt, **warum** er den Finger bewegt habe, bekommt man die Antwort: „Weil ich es **wollte**!"
Auch bei mehrfacher Wiederholung der Reizung ist das so. Der Patient wird also auf Knopfdruck **gezwungen,** etwas **zu wollen.** Das heißt, selbst der **Eindruck, etwas zu wollen, geht vom Gehirn aus** und es aktiviert nicht umgekehrt der Wille (die Absicht) das Gehirn!

*Aber was sind denn nun die **Ursachen** dieser Entscheidungen, wenn es nicht das Bewusstsein, der bewusste freie Wille ist?*

Wer oder was löst die „Entscheidungsberechnungen, Urteile und Entschlüsse" wirklich aus?

Es sind die genetischen Programme, Erfahrungen, Gedächtnisinhalte, Gefühle, äußeren Reize, die in Koppelung miteinander über die subcortikalen Prozesse (Formatio reticularis, Thalamus, Basalganglien, limbisches System) das Denken, Entscheiden, Bewusstsein erzeugen.[354]

> „Dies gilt letztlich auch für das Gefühl, in unseren Absichten und Handlungen frei zu sein."[355]

Sind wir damit auch nicht mehr verantwortlich für unsere Taten? Sind Sühne und Strafe dann noch gerechtfertigt? Manche NeurowissenschafterInnen meinen: „Nein!" StrafrechtlerInnen allerdings genügt unser subjektives Freiheitsbewusstsein, um Verantwortung zu begründen.

Und: „Kein Faktum der Natur – also auch kein Ergebnis der Naturwissenschaften – könne als solches begründen, wie wir leben sollten. Die Aufgabe, dies miteinander auszuhandeln, müssten wir selber übernehmen."[356]

Vielleicht liegt die Wahrheit in der Mitte: Einerseits sollte nicht alle Schuld und Verantwortung mit dem Verweis auf die neurologische Bedingtheit unserer Handlungen verworfen werden, andererseits gilt es mehr Verständnis für manche Taten aufzubringen, weil sie doch auch stark unbewusst gesteuert werden.[357]

Fragen über Fragen

Ist Geist, Bewusstsein gleichzusetzen mit **Seele?**

> „Ein moderner Neurobiologe braucht die religiöse Vorstellung einer Seele nicht, um das Verhalten von Menschen und anderen Lebewesen zu erklären!“[358]

> „Wenn man Geistiges nicht auf Physisches reduziert, benötigt man neben dem Urknall als unableitbarem Anfang des Physischen auch unableitbare Anfänge des Geistigen.“[359]

Mag sein, dass wir die „Hypothese einer Seele“ nicht brauchen, um das **Verhalten** von Menschen zu erklären, aber haben wir nicht als Menschen selbst das **Bedürfnis** nach Antworten auf das „3-W-Mysterium“ (vgl. Seite 42)?

Was ist mit dem Geist, mit der Seele ***nach dem Tod?***

So einfach wird es wohl nicht sein:

> „Wenn die Mitglieder einer religiösen Gemeinschaft tatsächlich an ein Leben nach dem Tod glauben, warum stellen sie dann keine ordentlichen Experimente an, um den Nachweis dafür zu erbringen?“[360]

Manche stellen Experimente und Überlegungen an, um zu zeigen, dass Religion auch ein Produkt von Hirnprozessen ist, dass „Gott im Kopf wohnt“:[361]
Einer der Wegbereiter für derartige Ideen war und ist der Hirnforscher Ramachandran, der zeigen konnte, dass PatientInnen mit Temporallappen-Epilepsie auch noch nach den Anfällen zu überdurchschnittlich tiefer Religiosität neigen. Das hinter dem Ohr liegende Areal (in Verbindung mit Hippocampus und Amygdala) wurde schlagzeilenwirksam „Gottes-Modul“ genannt. Aber auch Regionen im Scheitellappen verändern sich – sie werden aktiver – bei religiösen Übungen (Gebet, Meditation). Dieser Zustand ist allerdings auch künstlich erzeugbar:[362]
Durch Magnetstimulation konnten in den Nervenzellen des Temporallappens Epilepsie[363]-ähnliche elektrische Zustände ausgelöst werden, begleitet von der subjektiven Empfindung, die Gegenwart oder gar die Berührung Gottes zu erleben.

Sind Erscheinungen und Erleuchtungen auf besonders starke Anfälle (oder Sauerstoffmangel, Drogeneinwirkungen, Schockzustände etc.) im Gehirn zurückzuführen?

Was hilft es uns, wenn das „endgültige Ziel des wissenschaftlichen Naturalismus“ erreicht sein wird, „die traditionelle Religion, seinen Hauptkonkurrenten, als ein gänzlich materielles Phänomen zu erklären“?[364]

Ist es nicht besser, uns religiös zu trösten, dass wir nach unserem Tod in einem ganz anderen Zustand weiterleben:

> „Wir sehen jetzt durch einen Spiegel,
> in einem dunklen Wort;
> dann aber von Angesicht zu Angesicht.
> Jetzt erkenne ich stückweise;
> dann aber werde ich erkennen,
> gleichwie ich erkannt bin.“[365]

Zum Abschluss – oder zum Anfang?

Verfallen wir angesichts der vielen offenen Fragen nicht manchmal (oder oft) in **Pessimismus** oder **Resignation?**

> „Ich weiß, dass ich nichts weiß!" (Sokrates)
>
> „Da steh ich nun, ich armer Tor,
> und bin so klug als wie zuvor!" (Goethe)
>
> „Welch Schauspiel! Aber ach! Ein Schauspiel nur!
> Wo fass ich dich, unendliche Natur!" (Goethe)
>
> „Am schwersten ist zu verstehen,
> dass wir überhaupt etwas verstehen können!" (Einstein)

Lieber doch optimistisch:

> „Die Vorgänge im Gehirn liegen ebenso in der Reichweite der Wissenschaft wie der Ursprung des Universums."[366]

Aber selbst moderne und überzeugte NaturwissenschafterInnen müssen die Begrenztheit unserer derzeitigen Erklärungsmöglichkeiten eingestehen:

> „The universe is not only a strange place,
> but a stranger place than we can imagine."[367]

Sollen wir es mit der Weisheit des Buddhismus halten, der über etwas, das sich nicht mehr weiter erklären lässt, sagt: „So sind die Dinge eben!"[368]

Oder ist doch das **„Streben nach Erkenntnis"** der bessere Weg? **Warum?**

Hat Gott (!?) die Evolution so geplant(!?), dass unser Ziel der „Punkt Omega" ist, das „universell Zukünftige", das „Überpersönliche", die „Vereinigung der Menge des auf der Erde nach und nach freigewordenen Bewusstseins"?[369]

Mit der Evolution ist uns das Streben nach Erkenntnis gegeben worden. Die Erforschung des Kosmos, der Natur, des Gehirns kann uns quälen, deprimieren, aber hoffentlich und vor allem auch faszinieren.

Wir müssen uns bemühen – gemäß Galilei – zu messen, was sich messen lässt, und das, was sich – noch – nicht messen lässt, messbar zu machen. Dabei ist aber auch damit zu rechnen, dass sich nicht alles messen (naturwissenschaftlich erforschen) lässt. Dies ist jedoch kein Grund, zu „alten Märchen" – möglicherweise unter neuen Überschriften (z. B. New Age) – zurückzukehren!

Erkenntnisse der Wissenschaft haben vieles entmystifiziert. Das muss unserer Ehrfurcht vor der Natur, der Schöpfung nicht abträglich sein, ganz im Gegenteil:

> „Unsere Einsichten in die fantastischen Komplexitäten des menschlichen Gehirns – Komplexitäten, von denen wir heute nur einen flüchtigen Eindruck besitzen – werden Staunen und Hochachtung bewirken.“[370]

Das **„Erkenne dich selbst!“** – Inschrift am Tempel von Delphi – soll jedoch nicht nur Staunen und Hochachtung bringen, sondern vor allem **zur Gestaltung einer besseren Welt** führen.

Dazu bedarf es großer Anstrengungen auf allen Ebenen der Bildung, auch in der **Schule:** Neben dem Lernen von zweifellos notwendigem Wissen, von Fertigkeiten, geht es vor allem auch darum zu denken, zu philosophieren, „den Dingen auf den Grund zu gehen“.
Ein Appell an die Lehrenden, damit die folgende Kritik, die Gaarder seine Sofie äußern lässt, nicht zutrifft:

> „Der große Unterschied zwischen einem Schullehrer und einem echten Philosophen ist, dass der Schullehrer glaubt, eine Menge zu wissen, was er seinen Schülern ständig einzutrichtern versucht. Ein Philosoph versucht, zusammen mit seinen Schülern den Dingen auf den Grund zu gehen.“[371]

Zu den elf ein wichtiges weiteres Lern-„Gebot“ oder eher ein übergeordnetes Prinzip: Den Dingen auf den Grund gehen!

Der Zugang zum Verständnis des lernenden Gehirns muss ein naturwissenschaftlicher sein, denn nur gehirngerechtes Lernen kann letztlich erfolgreich sein. Aber nicht nur die Schule muss sich anstrengen!

Mit der Frucht vom Baum der Erkenntnis haben wir mit der neuen Systemeigenschaft Denken den Drang nach dem „Erkenne dich selbst“ geschenkt – oder auferlegt – bekommen. Wie ich glaube, verbunden mit der Pflicht, dieses Streben zum Nutzen unserer kleinen und auch großen Welt einzusetzen. Die Welt, die wir für die zukünftigen Generationen aufbauen oder zerstören, ist auch ein Produkt unserer Gehirne. Deshalb können wir nur dann, wenn wir – mit eben diesen Gehirnen – begreifen, wie sie funktionieren, auch hoffen, zu wesentlichen Einsichten in unser Denken zu gelangen.

Wir alle müssen uns bemühen – in wissenschaftlicher Redlichkeit – unseren Beitrag zu leisten, damit diese Welt besser wird und nach unserem Tod nicht einfach „alles vorbei“ ist, wie Goethe seinen Mephisto nach Fausts Tod formulieren lässt:

> „Vorbei und reines Nichts, vollkommenes Einerlei!
> Was soll uns denn das ew'ge Schaffen!
> Geschaffenes zu nichts hinwegzuraffen!
> Da ist's vorbei! Was ist daran zu lesen?
> Es ist so gut, als wär es nicht gewesen,
> Und treibt sich doch im Kreis, als wenn es wäre.
> Ich liebte mir dafür das Ewig-Leere.“

Nein, wir müssen – auch wenn wir im gigantischen Kosmos wirklich unbedeutend sein sollten – unser „Scherflein beitragen“, damit wir nicht „umsonst gelebt“ haben:

> „Tauch in die Wonnen des Lebens, du Blüte
> Im Frühlingsrain;
> Genieße, preisend des Ewigen Güte,
> Dein kurzes Sein.
> Füg auch du
> Schaffend dein Scherflein hinzu;
> Klein und zag,
> Atme, so viel deine Kraft vermag,
> Einen Zug in den ewigen Tag!“[372]

Anhang

Auflöser für die Lernaufgaben

Erstes Kapitel

1. Aufgabe

Hirnteile (evolutionär geordnet)	Aufgaben
Hirnstamm (Mittelhirn, Brücke, verlängertes Mark mit Formatio reticularis)	Koordination von Sinnesmeldungen und Bewegungen, lebenswichtige Zentren für Verdauung, Herz-Kreislauf, Atmung, Blutdruck; Aktivierungssteuerung
Kleinhirn	Bewegungskoordination, Teile des Gedächtnisses
Zwischenhirn (Thalamus, Hypothalamus, Epiphyse, Hypophyse)	zentrale Schaltstation zum Großhirn, Steuerung der vegetativen und hormonellen Vorgänge sowie grundlegender Verhaltensweisen (Triebe)
limbisches System (ältester Teil des Großhirns, verbunden mit den Teilen des Zwischen- und Mittelhirns) wichtige Teile: Hippocampus und Amygdala	übergeordnete Steuerung vegetativer und hormoneller Vorgänge sowie der Körperrhythmen; Zentrale der Gefühle; Grundlage für die Informationsverarbeitung und damit für das Lernen
Großhirn mit Großhirnrinde (Einteilung in Stirn-, Scheitel-, Schläfen- und Hinterhauptslappen) zwei Gehirnhälften (Hemisphären), verbunden durch den Balken	Steuerung von Motorik und Sensorik; „geistige“ Funktionen (Sprache, Gedächtnis, Denken), Vernunft, Persönlichkeit

4. Aufgabe

a) „Talente“ der Hirnhälften:

links	rechts
Bewegungssteuerung der rechten Körperhälfte	Bewegungssteuerung der linken Körperhälfte
Informationen aus dem rechten Sehfeld	Informationen aus dem linken Sehfeld
Sprache (außer bei manchen LinkshänderInnen), logisches Denken	Kreativität, räumliches Vorstellungsvermögen, Emotionalität

b) Viele differenzierte Untersuchungen zeigen, dass diese strenge Aufteilung der Funktionen auf die Gehirnhälften nicht zutreffend ist: An den angeführten Aufgaben wirken meist beide Hälften mit, da sie ja die Informationen über den Balken austauschen. Das Hirn wirkt als eine Ganzheit.

Zweites Kapitel

1. Die Wahrnehmung ist subjektiv, da die Analyse der Außendaten durch bereits Gespeichertes (Vorerfahrung, Erwartung, Kontext, ...) gesteuert wird.

2. Sensoren sind die Empfangsantennen für die Informationen: Stäbchen und Zapfen in der Netzhaut, Haarzellen im Innenohr, Sinneszellen in der Haut, ...

3. Alles muss durch die Formatio reticularis, weiter in den Thalamus und damit ins limbische System gelangen.

Sinn: Steuerung der Aufmerksamkeit, Vernetzung mit den Gefühlen und Vergleich mit bereits Gespeichertem (siehe Frage 1).

4. Allgemeine Wachsamkeit *(arousal, activation)*, Erfahrungen etc. (siehe Frage 1), Gefühlszustand.

5. Limbisches System, im Besonderen Thalamus, Hypothalamus, Hippocampus, Amygdala, präfrontaler Cortex; Formatio reticularis.

Drittes Kapitel

1. Aufgabe

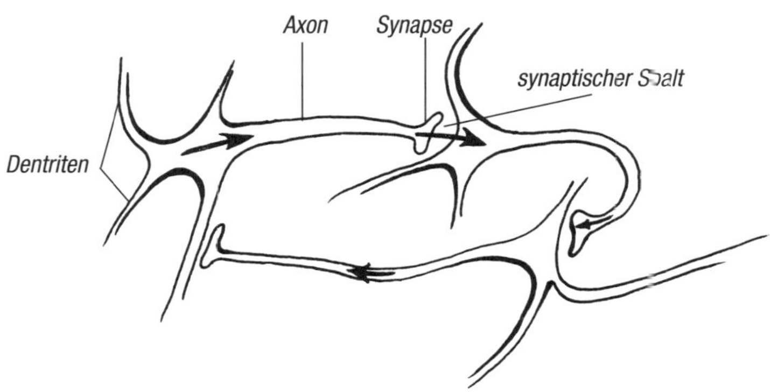

2. Aufgabe

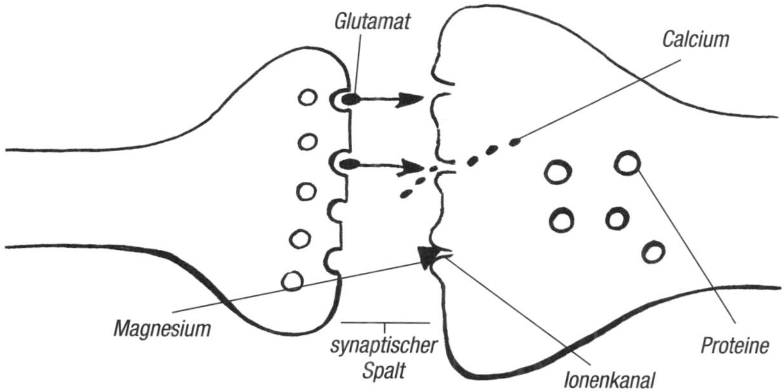

3. Aufgabe

Ideen zum vernetzten Vokabellernen:

Fertigen Sie sich eine Lernkartei an, die aus drei Fächern besteht. In diese Fächer sollen die Vokabelkarten gestellt werden können. Das erste Fach ist etwa drei Zentimeter breit, das zweite fünf, das dritte zehn Zentimeter.

Das übliche Lernen mit der **Kartei**:

- Jede Vokabel wird auf eine Karteikarte (oder einen Zettel) geschrieben, die Übersetzung steht auf der Rückseite.
- Neue Vokabeln kommen ins erste Fach. Jede gelernte und gespeicherte Vokabel wandert ins nächste Fach. Wird sie bei einer späteren Wiederholung immer noch gekonnt, kommt sie ins dritte Fach.

Diese gegenüber dem Lernen mit Vokabelheft bereits effizientere Technik kann noch **verbessert** werden:

- Die Vokabeln nach Bereichen sortieren, Klassifizierungen versuchen.
- Phrasen zu den Vokabeln dazuschreiben, in denen diese vorkommen.
- Bilder, Comics dazuzeichnen oder -kleben
- Mit den Karteikarten Spiele erfinden (Memory, Punkte sammeln, …).

Weitere Anregungen, um Vokabeln zu lernen:

- Die neuen Vokabeln auf Kassette aufnehmen; dabei nach jeder Vokabel eine Pause lassen, in die beim Üben die richtige Bedeutung gesprochen werden kann; erst nach dieser Pause die Bedeutung/Übersetzung aufs Band sprechen.
- Zu den einzelnen Vokabeln Gesten oder Bewegungen machen (etwa bei „to be shocked“ die passende Mimik).
- Die neuen Vokabeln in möglichst viele Sätze einbauen („Don’t worry!“, „Why does he worry?“ usw.).
- Neue Vokabeln bestimmten Personen, Ereignissen zuordnen.

- Redewendungen mit einer Partnerin, einem Partner spielen.
- Neue Vokabeln in einem Rollenspiel anwenden.
- Einen Reim dichten, in dem das neue Wort vorkommt.

Bei all dem ist eines wichtig: Nach zehn Minuten eine Pause einlegen! Am besten ein anderes Stoffgebiet folgen lassen. Erst dann weiterlernen.

Welcher Lerntyp sind Sie?

Erinnern wir uns: Die Wahrnehmungsdaten werden von den Sensoren über die Formatio reticularis (Aufmerksamkeit) ins limbische System geleitet. Hier findet nicht nur die gefühlsmäßige Färbung statt, sondern die Umschaltung in die Großhirnrinde. Durch Rückkopplung kann der Vergleich mit schon Gespeichertem auf die weitere Auswahl geeigneter Sinnesreize zurückwirken. Da die bereits vorhandenen Erfahrungen individuell unterschiedlich sind, ist dieser Prozess der Wahrnehmung sehr subjektiv (vgl. zweites Kapitel, „Wie wahr ist die Wahrnehmung?").

Diese Subjektivität ergibt sich jedoch nicht nur durch das unterschiedliche Wissen, das man im Laufe des Lebens einspeichert, sondern auch durch die grundlegende Entwicklung des Wahrnehmungsapparats: Zunächst sind schon einmal die **genetisch vorgegebenen Programme** nicht bei allen Menschen genau gleich. Dann kommt es noch darauf an, ob und in welchem Ausmaß in der so genannten „sensiblen Phase" die **notwendigen Außenreize** geboten werden. Wenn beispielsweise zu wenig optische Reize auf die Augen treffen, bilden sich die entsprechenden Leitungen (über den Thalamus bis hin zum Hinterhauptslappen) nicht aus oder verkümmern. Die „Verarbeitungszellen" im Sehzentrum trifft das gleiche Schicksal (vgl. drittes Kapitel, „Nervenzellen und Umwelt"). Aus dem Zusammenwirken von Anlage und Umwelt ergeben sich somit unterschiedlich gut funktionierende Wahrnehmungskanäle.

Für das Lernen ist diese Tatsache von wesentlicher Bedeutung: Möglicherweise müht man sich mit einer Lerntechnik ab, die für den eigenen Wahrnehmungstyp gar nicht optimal ist. Daher sollten Lehrende und Lernende einen „Lerntypentest" durchführen, um daraus geeignete Lehr- und Lernstrategien ableiten zu können. Wichtig: Es geht dabei lediglich um die Feststellung, auf welchen Kanälen die **Erst**erfassung von Lernmaterial am effizientesten ist. Es wird also ein Teil der **Arbeitsspeicherfunktion** überprüft. Die Weiterverarbeitung im Langzeitgedächtnis und damit auch die Effizienz des Denkens können damit nicht getestet werden.

Dennoch: Da die Qualität dieser Weiterverarbeitung natürlich auch davon abhängt, welche und wie viele Daten in welcher Zeit aufgenommen werden, ist eine Überprüfung des Arbeitsspeichers sicher sinnvoll. Noch dazu, wo dieser ohne Rückmeldungen vom Langzeitgedächtnis gar nicht funktionieren würde.

Kret[373] hat von Vester[374] eine praktikable Form eines derartigen Lerntyptests übernommen. Das folgende Testverfahren schließt sich von der Grundkonzeption an diese Quellen an, ist in der Konkretisierung jedoch nach den Durchführungserfahrungen des Autors modifiziert.

Lehrende können diese Überprüfung mit Ausnahme der Teile 4 und 5 mit der ganzen Klasse durchführen; möchten Sie sich selbst testen, benötigen Sie eine Partnerin, einen Partner als TestleiterIn.

Sind Sie bereit?

Die **folgenden Anleitungen** sind **für die/den TestleiterIn** geschrieben.

Versichern Sie den Testpersonen glaubhaft, dass es sich um keinen „Notentest" handelt! Motivieren Sie sie, indem Sie ihnen den Vorteil des Kennenlernens ihres Lerntyps schildern!

Jede Testperson legt das folgende Ergebnisblatt und einen Bleistift bereit, darf aber bei der Präsentation nicht mitschreiben.

Ergebnisblatt

Name:

Kanal	Richtig
Lesen	
Hören	
Sehen	
Begreifen	
Kombination	

Meine Stärke(n):

Meine Schwäche(n):

Was kann ich tun?

1. Kanal: Lesen

Vorbereitung:

Auf A4-Kartons werden groß und deutlich folgende Wörter geschrieben (es können auch andere sein; sie dürfen jedoch in keinem Sinnzusammenhang zueinander stehen):

VIOLINE	TÜR
KLEID	KATZE
SEIFE	GRAS
LUFT	PISTOLE
SEE	AUTO

Präsentation:

„Versucht, euch das, was ihr jetzt seht, gut zu merken!"

- Im Zwei-Sekunden-Takt jeweils ein Wort vorzeigen (am besten zwischen den einzelnen Wörtern „21, 22" zählen).
- Sofort nach dem letzten Wort:
  „Rechnet auf der Rückseite des Zettels oder im Kopf die Achterreihe!" Bei älteren Testpersonen sind entsprechend schwierigere Aufgaben zu stellen (z. B. Quadratzahlen von 11 bis 20).
  Diese Zwischenphase (30 bis 40 Sekunden) soll den Arbeitsspeicher daran hindern, durch inneres Wiederholen an den Testwörtern weiterzuarbeiten. Es soll ja nicht die Speichertätigkeit, sondern die Erstauffassung getestet werden.
- „Schreibt jetzt alle Wörter auf, an die ihr euch noch erinnern könnt!"
  Ca. 30 bis 40 Sekunden Zeit geben; bei Grundschulkindern auf jeden Fall mehr.
- Kontrolle: Richtige Lösungen vorzeigen (oder auf Overheadfolie einblenden). Die Testpersonen schreiben die Zahl der richtigen Wörter im Ergebnisblatt in die Tabelle.

2. Kanal: Hören

„Versucht euch das, war ihr jetzt hört, gut zu merken!"

Präsentation:

Im Zwei-Sekunden-Takt werden folgende Wörter laut und deutlich vorgelesen:

Dose	Schuhe
Glas	Füllfeder
Insel	Ball
Schokolade	Musik
Sessel	Baum

- Sofort nach der Präsentation wieder 30 bis 40 Sekunden rechnen lassen! (Neunerreihe, ...)
- „Schreibt jetzt alle Wörter auf, an die ihr euch noch erinnern könnt!"
  30 bis 40 Sekunden Zeit geben!
- Kontrolle: Richtige Wörter vorlesen. Die Anzahl der richtigen Wörter in die Tabelle eintragen lassen.

3. Kanal: Sehen

Vorbereitung:

Folgende Gegenstände in einer Schachtel (unter einer Decke) so verstecken, dass man sie im Zwei-Sekunden-Takt hervorholen und dann auch wieder verstecken kann:

Münze	Apfel
Schlüssel(bund)	Bleistift
Taschentuch	Blume
Kamm	Buch (ohne Titelumschlag)
Audiokassette oder CD	Krawatte

Präsentation:

- Diese Dinge im Zwei-Sekunden-Takt präsentieren.
- Zwischenrechnen (Zwölfer-Reihe, ...)
- Kontrolle und Eintragen der Lösungszahl (wie vorher)

Die nächsten beiden Tests sind etwas aufwändiger: In der Schulklasse entweder durch Partnerarbeit oder indem die SchülerInnen einzeln in einem Nebenraum getestet werden, während die übrigen SchülerInnen sich still beschäftigen.[375]

4. Kanal: Begreifen

Vorbereitung:

Der Testperson die Augen verbinden. Zehn Gegenstände (nicht ident mit den vorherigen Testmaterialien und Wörtern; auch in keinem Zusammenhang zueinander stehend!) auf einem Tisch auflegen, z. B.:

Radiergummi	Kerze
Tasse	Stein
Flaschenkorken	Nuss
Wollknäuel	Schneckenhaus
Zinnsoldat	Ring

Präsentation:

- Im Zwei-Sekunden-Takt wird der Testperson ein Gegenstand in die Hand gedrückt; dieser muss dann sofort in eine Schachtel oder in einen Sack gelegt werden.
- Zwischenrechnen
- Kontrolle und Eintragen der Lösungszahl

5. Kombination der Kanäle

Vorbereitung:

Wieder zehn (neue!) Gegenstände verstecken, z. B.:

Schere	Walkman
Luftballon	Flasche
Pinsel	Glühbirne
Löffel	Handschuh
Bürste	Teddybär

Präsentation:

- Der Testperson wird im Zwei-Sekunden-Takt ein Gegenstand gezeigt, dieser wird benannt und der Testperson in die Hand gegeben.
- Zwischenrechnen.
- Kontrolle und Eintragen der Lösungszahl

Grafische Darstellung aller Ergebnisse im Säulendiagramm

Die Ergebnisse werden nun ins Säulendiagramm eingetragen. Je nach der höchsten Säule kann der Lerntyp bestimmt werden: der Lesetyp, der Hörtyp, der Sehtyp, der Begreiftyp und der Kombinationstyp.

Die meisten Tests, die der Autor durchgeführt hat, ergaben eine eindeutige Dominanz der Kombinationstypen, die geringste Effizienz zeigte sich beim Kanal Hören.

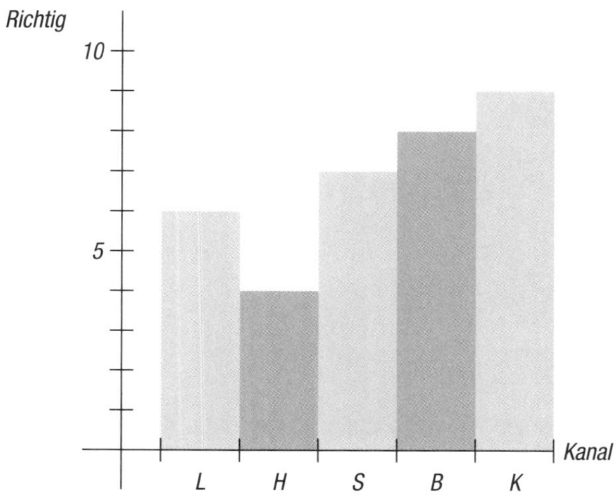

Dies allein schon sollte allen Lehrenden zu denken geben:

Lange Vorträge im Frontalunterricht, womöglich auch noch ohne Visualisierung, sind bei den meisten Lernenden die denkbar ungeeignetste Methode, Informationen den Weg ins Gehirn zu bahnen. Das fünfte Gebot („Mehrere Sinne ansprechen!“) erfährt durch derartige Tests eine eindrucksvolle Bestätigung.

Immer dort, wo Bildmaterial zur Verfügung steht, sollte es auf jeden Fall eingesetzt werden. Besonders günstig sind auch entsprechende „emotionale Verknüpfungen“ (z. B. Karikaturen). Übrigens: Sind Sie in diesem Buch damit zufrieden gewesen, war Ihr limbisches System positiv gestimmt?

Lehrende und Lernende sollten über die Testergebnisse reden und Strategien für besseres Wahrnehmen entwickeln.

Warnung an alle Lehrenden:
Die Auswertungsgespräche können kritische Reflexionen über den Unterrichtsstil auslösen. Dies ist vom Autor durchaus nicht unbeabsichtigt …

Wagen Sie es trotzdem!

Wie nutze ich meinen Lerntyp?

Weiß ein Lernender erst einmal näher über seinen Lerntyp Bescheid, stellt sich meist ein verblüffender Effekt ein: Er beginnt selbstbewusster, selbstständiger, lustvoller zu lernen. Hat diese Initialzündung stattgefunden, wird es SchülerInnen, Studierenden oder allgemein Neugierigen immer leichter fallen, sich Informationen in der richtigen Weise zu besorgen und aufzubereiten.

Wichtig ist dabei aber auch die Rolle der Lehrenden: Sie müssen ihre Informationen so gestalten, dass jeder Lerntyp profitieren kann. Das bedeutet: Sie müssen alle bzw. möglichst viele Sinneskanäle für die Vermittlung von Informationen nutzen.
Und noch etwas ist für Lehrende wichtig: die Lernstrategien mit den Lernenden zu reflektieren und ihnen richtiges Lernen „vorzuleben".

Im Folgenden finden Sie eine kurze Übersicht über die wichtigsten Konsequenzen aus dem Ergebnis des Lerntests.

Für den Lesetyp:

- Insgesamt mehr lesen![376]
- Wesentliches mit Farbe markieren und aus dem Markierten eine Übersicht herausfiltern.
- Prüfungsfragen schriftlich vorbereiten.
- In Gruppenarbeit schriftliche Beiträge verfassen und diese den anderen Gruppen zum Lesen geben.
- Versuchen, komplizierte Texte zu vereinfachen und zu verkürzen.
- Für Präsentationen von Gruppenarbeiten Arbeitsblätter und Overheadfolien gestalten.
- Merktexte mit dem Computer in leicht lesbarer, ansprechender Schrift aufbereiten.

Für den Hörtyp:

- Fragen stellen.
- Lernstoff auf Tonband sprechen.
- Im Gespräch mit einer/einem PartnerIn Lernstoff nachvollziehen.
- Sich gegenseitig „abprüfen".
- Laut lesen. (Eventuell mit leiser Musik unterlegt.)

- Eventuell vorhandene Kassetten anhören. (Mitschnitte aus Unterrichtsstunden, Radiosendungen, ...)
- Beim Lernen mitsprechen. Auf laut/leise, Betonung, Dynamik etc. achten.

Für den Sehtyp:

- Sich Kompliziertes aufzeichnen (lassen).
- Übersichten zeichnen und farbig gestalten.
- Bildliche Darstellungen suchen und selbst herstellen.
- Dias, Bilder, Filme ansehen.
- Merkblätter, Hefte selber mit attraktivem Bildmaterial ausgestalten.
- Karikaturen und Comics zum Thema suchen bzw. selbst zeichnen.
- Vor allem: Genau beobachten, fotografieren, nachzeichnen.

Für den Begreiftyp:

Versuchen, den Lernstoff „greifbar" zu bekommen:

- Material besorgen. Experimente durchführen.
- Lernspiele verwenden bzw. selber herstellen.
- Selbst-Tun (sezieren, beobachten, ...).
- Lernstoff mit eigenen Erlebnissen in Verbindung setzen (z. B. die elektrischen Vorgänge bei einem Gewitter mit einem bestimmten Gewittererlebnis).
- Anderen den Lernstoff berichten, vorspielen, zeigen.
- Unterrichtsphasen selbst vorbereiten (mit entsprechenden Materialien).
- Die Natur ins Studierzimmer, ins Klassenzimmer holen.

Für den Kombinationstyp:

Hier sollen aus allen vorhergegangenen die für das jeweilige Lerngebiet geeignetsten Techniken ausgewählt und kombiniert werden.

Für Lehrende aber gilt diese Forderung auf Schritt und Tritt: Denn nur so können sie den unterschiedlichen Lerntypen einer Klasse wirklich gerecht werden.

Das Wiener Unterrichtsmodell

Ausgehend von der Entdeckung im EEG-Labor, dass Lernen im Zustand einer Verschiebung der Hirnströme in Richtung Minuspolung effizienter ist und dass diese Verschiebung durch die Entspannungstechnik von Jacobson künstlich herbeigeführt werden kann, initiierten Beer und Guttmann österreichweite Schulversuche mit dem so genannten Wiener Unterrichtsmodell. Neben

der erwähnten Entspannungstechnik wurden auch Elemente der traditionellen Lernpsychologie in Erinnerung gerufen: Beschränkung auf das Wesentliche, Pausen, Wiederholen.
Dieses Modell befolgt die meisten der biologisch begründeten Lerngebote.

Grundaufbau einer Unterrichtseinheit nach dem Wiener Modell:

Tag	Zeit (min)	Phasen	Begründung
1. Tag	5	Entspannungsübung	Herstellen der „mittleren Aktivierung".
	20	Informationsphase (Vortrag, Erarbeitung etc.)	Da das Gehirn auf Empfang geschaltet ist, kann hier das Lernmaterial am besten verarbeitet werden.
	5–10	Pause	Die Speicherung der neuen Stoffe soll nicht gestört werden. Die Pausengestaltung kann unterschiedlich sein (auch andere Unterrichtstätigkeiten fallen darunter).
	5	1. Wiederholung	Da gerade am Beginn am schnellsten vergessen wird, soll durch diese Wiederholung gegengesteuert werden.
	5–10	Pause	Das Gehirn kann den wiederholten Stoff weiter festigen.
	5	2. Wiederholung	
2. und 3. Tag	je 5	3. und 4. Wiederholung	Durch diese mehrfachen Wiederholungen wird der Stoff stabilisiert.

Es versteht sich von selbst, dass nicht jede Unterrichtseinheit genau nach diesem starren Schema aufgebaut sein muss. Das limbische System der Lehrenden und auch der Lernenden könnte leiden.

Aber: Die Sinnhaftigkeit der einzelnen **Bausteine** des Modells ist auch aus der modernen Gehirnforschung gut begründbar. Diese Elemente vernünftig in immer wieder neuen Spielarten zu variieren bleibt der Kreativität der Lehrenden überlassen.

Wichtig ist, dass eben in **jedem** Unterricht auch an Festigung durch Wiederholen, an neue Lernbereitschaft durch Pausen und Aktivierungsübungen etc. gedacht wird. Und ganz wesentlich: Dadurch, dass dafür auch Zeit sein muss, die bei der reinen Stoffvermittlung einzusparen ist, wird die Frage nach dem wirklichen „Kern der Sache" bei Unterrichtsüberlegungen den zentralen Wert bekommen, der ihr auch zusteht: Nicht alles ist wichtig! Vieles wird vergessen, leider auch Wichtiges. Was ist für das Leben wirklich wesentlich?[377] Wie kann ich dieses langfristig und auch verfügbar einspeichern?

Anspannen – Entspannen!

Sie haben das Grundprinzip der Progressiven Muskelrelaxation von Jacobson im vierten Kapitel („Alles im Griff!") studiert?

Wenn ja, dann können Sie eine vollständige Übung probieren!

Falls Sie niemanden haben, der Ihnen die Übung vorliest: Lesen Sie den gesamten Text zwei Mal durch, damit Sie anschließend mit geschlossenen Augen die Übung aus dem Gedächtnis ausführen können.

Setzen Sie sich bequem hin, nicht zusammengekauert, und schließen Sie die Augen!

Konzentrieren Sie sich auf die Atmung: Langsames Ein- und Ausatmen, etwa fünf bis zehn Mal.
Ballen Sie jetzt die rechte oder linke **Faust,** halten Sie diese Spannung fünf bis sieben Sekunden.
Dann Entspannen durch Öffnen der Faust. Wichtig ist, dass Sie diese Entspannung bewusst genießen. Wiederholen Sie diese Übung!
Während der Übungen ruhig und gleichmäßig weiteratmen.
Jetzt zwei Mal mit der anderen Faust.

Ballen Sie die Faust und beugen Sie den **Arm;** spannen Sie auch die Armmuskulatur an! Halten Sie wieder die Spannung, dann entspannen Sie in der gewohnten Weise! Zwei Mal, dann mit dem anderen Arm!
Dann beide Arme gleichzeitig.

Nun zur **Gesichtsmuskulatur:** Ziehen Sie Ihre Augenbrauen nach oben und halten Sie diese Spannung! Dann bewusst die Spannung lösen! Natürlich wieder zwei Mal.
Ziehen Sie nun die Augenbrauen nach unten, Richtung Nase!
Drücken Sie die Zunge gegen den Gaumen und pressen Sie die Lippen aufeinander.

Den **Kopf** langsam nach vorne zur Brust sinken lassen, dann die Hals- und Nackenmuskeln spannen; gleichzeitig mit dem Entspannen den Kopf wieder heben.
Arme hinter dem Kopf verschränken, die Hände bilden dabei eine Nackenstütze für den Hinterkopf: Kopf gegen dieses Hindernis drücken, mit den Händen dagegenhalten. Immer zwei Mal!

Jetzt beschäftigen wir uns mit dem **Brustkorb:**
Bei diesen Übungen jeweils den Atem anhalten und gleichzeitig mit der Entspannung ausatmen.
Einatmen (Achtung: Bauch hinaus!), Brust- und Bauchmuskeln anspannen, halten und entspannen! Natürlich wieder zwei Mal!
Faust ballen, Arme beugen, einatmen, Brust- und Bauchmuskeln spannen! Ausatmen und alle Muskelgruppen wieder langsam entspannen.

Ein **Bein** in die Waagrechte heben, die Zehen nach vorne, vom Körper weg; dadurch Anspannen der Beinmuskulatur! Entspannen, dann die Übung wiederholen und Bein wechseln.
Nun drücken Sie mit beiden Händen von außen gegen die Knie; diese halten dagegen!

Lassen Sie noch einige Übungen Ihrer eigenen Wahl folgen. Sie kennen ja das Grundprinzip: Muskelgruppe(n) anspannen, halten, entspannen! Wiederholen Sie die vorhergehenden Übungen oder erfinden Sie neue!

Zum Abschluss noch eine **Kombinationsübung:** Atmen Sie ein und spannen Sie gleichzeitig möglichst viele Muskelgruppen an! Entspannen Sie und atmen Sie aus. Wiederholen Sie die Übung.

Jetzt konzentrieren wir uns nur mehr auf die Atmung: Ruhig einatmen, dann langsam ausatmen. Drei bis fünf Mal!

Nun heben Sie die Arme, strecken Sie die Finger zur Decke und ballen Sie mehrmals die Fäuste! Schütteln Sie die Arme nach unten aus! Und nochmals zur Decke! Und wieder ausschütteln! Erst nach diesem unbedingt notwendigen Abschluss dürfen Sie die Augen öffnen. Lassen Sie sich mit dem Aufstehen Zeit!

Haben Sie die Übung genossen? Wenn nicht, seien Sie nicht gleich unzufrieden: Manchmal dauert es etwas länger, bis sich die positiven Effekte einstellen.

Was Sie unbedingt beachten sollten:

- Schaffen Sie möglichst günstige Umfeldbedingungen: Störungen vermeiden (Schild an die Tür, ...), vorher gut lüften, kein grelles Licht (Abdunkeln wäre ideal), ...
- Achten Sie besonders auf die Entspannung und genießen Sie sie bewusst.
- Vergessen Sie nicht darauf, sich abschließend wieder „zurückzuholen“, die Übung durch einige bewusste Atemzüge und anschließendes Strecken, Schütteln oder andere Bewegungen abzuschließen! Erst dann die Augen öffnen! Nicht sofort aufstehen!

Für Lehrende:

- Machen Sie die Übungen mit! Die SchülerInnen müssen sicher sein, dass sie nicht beobachtet werden, wenn sie die Augen geschlossen halten.
- Achten Sie darauf, dass Sie diese Übung nicht erst zum „Ernstfall“ (etwa vor einer Schularbeit) einführen, sondern mit den SchülerInnen schon vorher trainieren.
- Bei jüngeren SchülerInnen sollten Sie sie „spielerisch“ einführen.
- Zwingen Sie niemanden zur Teilnahme – versuchen Sie nur, durch gute Begründungen zu überzeugen.
- Sprechen Sie nach den Übungen mit den SchülerInnen über die die Übung begleitenden Gefühle, Probleme etc.
- Die Übungen werden eher wirkungslos sein, wenn das Gesamtklima zwischen LehrerInnen und SchülerInnen abgekühlt ist!

Auto-Relax mit Musik

Einige Grundelemente des autogenen Trainings (Ruhe-, Schwere- und Wärmeübung) können mit der „Relaxation“ von Jacobson kombiniert werden. Musik eignet sich, ob mit oder ohne zusätzliche Techniken, auf jeden Fall sehr gut für Entspannung. Besonders günstig ist langsame Barockmusik (Largos von Händel, Vivaldi, Bach …), aber auch moderne Stücke. Wichtig ist, dass es langsame, „weiche“ Musik sein muss; es sollte kein Rhythmus mitgeklopft werden können. Auch Vokalstücke, bei denen man mitsingen kann, sind zu vermeiden.

Haben Sie eine geeignete CD oder Kassette gefunden?
Ist das Umfeld vorbereitet (keine Störung möglich, abgedunkelt)?

Lesen Sie den nun folgenden Text zuerst durch, damit Sie bei geschlossenen Augen die Übungen aus dem Gedächtnis machen können.

Nun schalten Sie Ihre leise Hintergrundmusik ein!
Setzen Sie sich bequem hin. Konzentrieren Sie sich auf die Atmung: fünf bis zehn Mal bewusstes Ausatmen!

Ballen Sie Ihre beiden Fäuste, halten Sie die Spannung fünf bis sieben Sekunden, entspannen Sie mit Genuss, indem Sie die Fäuste wieder öffnen! Und noch einmal!

Ballen Sie die Fäuste, beugen Sie die Arme und spannen Sie damit auch die Armmuskulatur! Halten und entspannen! Ein zweites Mal!

Konzentrieren Sie sich wieder auf die Atmung und sagen Sie sich (im Geiste oder real): „Ich bin ganz ruhig. Ruhig und entspannt.“

Lassen Sie den Kopf nach vorne auf die Brust sinken: Spannen Sie Hals- und Nackenmuskeln! Beim Entspannen langsames Hochheben des Kopfes! Und noch einmal!

Verschränken Sie die Arme hinter dem Kopf, sodass Ihr Hinterkopf auf die Handinnenseiten drücken kann. Leisten Sie mit den Händen dem Druck des Kopfes Widerstand. Wieder zwei Mal. Jetzt konzentrieren Sie sich wieder auf die Atmung und sagen sich: „Ich bin ganz ruhig. Ruhig und entspannt. Tiefe Ruhe zieht durch meinen Körper.“ Sagen Sie es sich nochmals – und Sie spüren, wie Sie ruhig und entspannt werden.

Atmen Sie ein, halten Sie den Atem an und spannen Sie gleichzeitig Brust- und Bauchmuskeln. Genussvoll ausatmen und entspannen! Nochmals mit gleichzeitigem An- und Entspannen von Fäusten und Armmuskeln (Beugen der Arme)!

Heben Sie Ihr rechtes Bein in die Waagrechte, drücken Sie die Zehen von sich weg und spannen Sie dadurch die gesamte Beinmuskulatur! Nochmals mit dem linken Bein!

Legen Sie beide Hände von außen an die Knie und drücken Sie gegen sie; leisten Sie mit den Knien Widerstand. Und nochmals!

Konzentrieren Sie sich wieder auf die Atmung. Sagen Sie sich: „Ich bin ganz ruhig; ruhig und entspannt. Tiefe Ruhe zieht durch meinen Körper. Mein rechter Arm liegt schwer auf dem Oberschenkel; ich spüre, wie er immer schwerer wird.“ Nun genießen Sie einige Zeit die Musik, ohne irgendeine Übung zu machen.

„Mein rechter Arm ist schwer; ich spüre, wie er schwer ist. Er wird jetzt auch warm und noch etwas wärmer. Mein Arm ist schwer und warm. Und ich bin ganz ruhig, ruhig und entspannt." Hören Sie bewusst die Musik und spüren Sie Wärme, Ruhe und Entspannung!

Jetzt holen Sie sich ganz langsam wieder zurück: Einige bewusste Ausatmungen, Stecken der Arme nach oben, Fingerübungen, Schütteln. Langsames Öffnen der Augen. Warten Sie mit dem Aufstehen.

Reisen in die Fantasie

Zwei Übungen (in etwas veränderter Form auf Basis von Texten von Teml[378]) als Anreiz: Vergessen Sie nicht, sich am Beginn der Reise mit einigen Jacobson-Übungen zu entspannen. Und: Vorher zwei Mal durchlesen, bevor Sie die Augen schließen.

Weiße Wolke

Legen Sie sich bequem auf den Boden (aufs Bett) und stellen Sie sich vor, Sie liegen im Sommer auf einer Wiese. (Wenn gerade Sommer ist, dann legen Sie sich wirklich in die Wiese.)

Alles ist ruhig. Sie hören nur die Natur. Sie blicken zum Himmel und sehen im schönen Blau eine kleine weiße Wolke.

Sie schauen fasziniert hinauf, langsam heben Sie ab und schweben in diese kleine Wolke hinein. Sie genießen diesen Blick von oben herab auf die schöne Landschaft und Sie fühlen sich ganz frei und entspannt.

Sie schweben einige Zeit in dieser herrlichen Ruhe und bewundern die Aussicht von oben. Was sehen Sie alles?

Langsam, ganz langsam sinken Sie wieder herab und landen sanft auf der Wiese.

Nun atmen Sie noch einige Male bewusst aus und ein, strecken die Arme nach oben, bewegen die Finger und öffnen dann die Augen. Lassen Sie sich Zeit mit dem Aufstehen!

Ein schöner Tag

Legen Sie sich entspannt hin, schließen Sie die Augen, konzentrieren Sie sich auf bewusstes Ein- und Ausatmen.

Denken Sie an einen Tag, an dem Sie sehr glücklich waren!

Erinnern Sie sich zurück, stellen Sie sich alles wieder vor, die Person(en), das Umfeld, die Ereignisse …

Denken Sie an alle diese besonders schönen Minuten, vielleicht Stunden, und versuchen Sie, dabei zu bleiben und nochmals intensiv zu genießen. Wenn momentane Sorgen sich in Ihre Gedanken mischen, schieben Sie sie sachte beiseite, indem Sie sich wieder auf die schönen Bilder Ihrer Erinnerung konzentrieren!

Langsam, ganz langsam lassen Sie die Bilder wieder verblassen, indem Sie sich auf Ihre Atmung konzentrieren. Bewegen Sie die Finger, strecken Sie die Arme nach oben und öffnen Sie die Augen. Sie wissen ja: Noch nicht sofort aufstehen!

Gegen das große Zittern!

Sie haben am Morgen vor einer Prüfung (und auch noch unmittelbar davor) eine zu häufige „WC-Frequenz“, ein hämmerndes Herz, das große Zittern?

Dann probieren Sie doch einmal das folgende Fünf-Minuten-Intensivprogramm! Es ist eine Kombination aus Entspannung, mentalem Training und positivem Denken.

Voraussetzung: Sie haben sich auch wirklich gut vorbereitet und ausreichend gelernt.

Setzen Sie sich bequem hin! Konzentrieren Sie sich auf die Atmung: fünf Mal ein- und ausatmen! Bei jedem Ausatmen sagen Sie sich: „Ich bin ganz ruhig, ich rege mich nicht auf.“ Ballen Sie beide Fäuste, halten Sie die Spannung in der gewohnten Weise einige Sekunden, dann entspannen Sie sich mit Genuss! Nun noch einmal! Jetzt stellen Sie sich vor, Sie hätten eine Nackenstütze, aber nur im Geiste (die Mitprüflinge sollen Ihre Übungen ja nicht sehen)! Drücken Sie den Kopf gegen diese imaginäre Stütze, indem Sie die Hals- und Nackenmuskeln spür-, aber nicht unbedingt sichtbar anspannen! Dann natürlich wieder entspannen! Ein zweites Mal.

Spannen Sie die Stirnhaut, indem Sie die Augenbrauen nach unten ziehen. Entspannen! Noch einmal! Wirkt sich bestimmt positiv auf das spätere Denken aus.

Pressen Sie die Zunge gegen den Gaumen! Dann wieder entspannen! Ein zweites Mal.

Atmen Sie ein, halten Sie den Atem an, ballen Sie gleichzeitig (unter der Bank) beide Fäuste und spannen Sie auch die Armmuskeln an! Ausatmen und entspannen. Ein zweites Mal.

Konzentrieren Sie sich wieder auf die Atmung! Stellen Sie sich die einzelnen Phasen der Prüfung vor: Sie bekommen den Schularbeitentext, beginnen das erste Beispiel, lesen es ganz ruhig durch, analysieren die Fragestellung und beginnen. Dabei sagen Sie sich: „Ich bin ganz ruhig! Ich habe mich gut vorbereitet! Ich werde es schaffen!“

Ein letztes Mal: Ballen Sie die Fäuste! Entspannen Sie sich.

Für Lehrende:

Besprechen und üben Sie dieses Programm mit Ihren SchülerInnen!

Bereiten Sie die Prüfung gut vor!

Stärken Sie das Selbstvertrauen durch Ihren täglichen guten „Umgang“ mit den SchülerInnen!

Geben Sie am Beginn einer Schularbeit die notwendigen fünf Minuten Zeit – und seien Sie glaubwürdig: Bemessen Sie den Umfang der Schularbeit so, dass die fünf Minuten kein Opfer sind!

Nicht pauken, sondern mit Plan lernen!

Der richtige Weg zum gehirngerechten Lernen

Lernen soll, kann, ja muss auch Freude bereiten. Es kann sogar Spaß machen! Aber ohne Mühe und Anstrengung wird es in den meisten Fällen nicht gehen.

Das Verhältnis von Aufwand und Gewinn soll möglichst optimal sein. Sinnloses Büffeln und Pauken erzeugt nur Frust und ist aus den schon bekannten Gründen einem effizienten Lernen nicht zuträglich.

Daher sind alle Möglichkeiten auszuschöpfen, um den notwendigen Aufwand ganz gezielt und ökonomisch einzusetzen: Nicht wild drauflos, sondern gut geplant und organisiert! Die folgenden Punkte mögen Ihnen dabei helfen!

- Als Basis wiederholen Sie die **elf Gebote** am Beginn dieses Buches.

- Arrangieren Sie die **räumlichen Bedingungen** günstig:
  Ihr Studier- und Arbeitszimmer soll **gemütlich** sein, was immer Sie darunter verstehen. Im Gesichtsfeld Ihres Schreibtisches sollen sich jedoch keine „Ablenker" befinden (z. B. Poster); Sie könnten sonst zu oft ins Träumen geraten. Ausreichend **Licht** muss es auch geben: Bei Rechtshändern von links, bei Linkshändern umgekehrt. Schreibtisch und Sessel müssen **haltungsgerecht** sein. Die **Arbeitsfläche** ist von Überflüssigem „freizuschaufeln"; nicht aus purer Ordnungsliebe, sondern damit die Arbeitsschritte (auch geistig) überschaubar bleiben. Alle äußeren Störungen und **Ablenkungen** möglichst ausklammern.
  Ein heikles Thema: Manche behaupten, auch laute Musik störe sie nicht. Es mag schon sein, dass eine gewisse Gewöhnung eintritt, aber Ihr Gehirn muss auf jeden Fall all diese Reize mitbearbeiten, auch wenn Ihnen das gar nicht mehr bewusst wird: Musik ja, aber nur weiche Hintergrundmusik, und das ist sicher auch nicht immer anzuraten.

- Befragen Sie Ihre Lehrerin, Ihren Lehrer, selbstverständlich höflich (denken Sie an deren/dessen limbisches System!), was und wie geprüft wird! Die **Klarheit der Anforderungen** ist wichtig, damit man nicht „leere Kilometer" Lernweg zurücklegt.

- Und jetzt kommt der **Plan:**
  Man nehme den großen Schreibtischkalender (oder den elektronischen Organizer) und trage ein: Natürlich das Prüfungsdatum, aber nicht nur das! Ganz wichtig sind die **Lernschritte:**
  1. Wiederholung des Stoffpaketes „xy" am …;
  2. Wiederholung etc.

  Daraus kann man schon ableiten, dass man sich den Stoff **portionieren** muss: Lieber fünf Pakete zu je einer Lernstunde als ein Paket zu fünf Stunden. Es ist erwiesen: Verteiltes Lernen ist wesentlich ökonomischer und effizienter.
  Achten Sie bei der zeitlichen Anordnung des Lernstoffes darauf, dass Sie ähnliche Inhalte nicht unmittelbar hintereinander lernen (also keine Italienisch- und Französischvokabeln in einem Block)!
  Auch die **Pausen** gehören in den Plan.

- **Das „eigentliche" Lernen:**
  Der Plan allein macht es noch nicht. Jetzt müssen Sie das alles anwenden, was Sie in diesem Buch gelesen haben. Ein paar Nachdenkhilfen (natürlich ist nicht alles bei jedem Stoff gleich umsetzbar):
  Lesen Sie zuerst die **Überschriften** Ihres Stoffes. Formulieren Sie daraus **Leitfragen**, Ziele!
  Betrachten Sie die **Abbildungen, Skizzen, Karikaturen!**
  Erstellen Sie selbst eine grafische Übersicht über die einzelnen Themenbereiche (vielleicht ergibt sich gar ein **„Netz"**).
  Erstes **Gesamtlesen** eines Kapitels, **Markieren** (nicht allzu viel und nur, wenn das Buch Ihnen gehört)!
  Vergleichen Sie mit den Leitfragen. Versuchen Sie, die Leitfragen nun selbst zu beantworten.
  Lesen Sie anschließend den Stoff noch einmal durch. Und nun gönnen Sie sich eine Pause!
- **Wiederholen:**
  Am besten wiederholen Sie das Gelesene anhand der Leitfragen. Schreiben Sie die wichtigsten Antworten in Form eines Merktextes! Gestalten Sie diesen anschaulich und so, dass er Ihnen persönlich gefällt!
- **Mentales Training:**
  Spielen Sie „Prüfung". Eine Anleitung haben Sie im Programm „Gegen das große Zittern!".
- Nicht vergessen: **Belohnen!** Seien Sie nicht zu großzügig, aber auch nicht zu knauserig!

Falls Sie dieses Kapitel des Anhangs nicht schon zwischendurch gelesen haben, sondern wirklich am Schluss: Dann haben Sie jetzt das Buch tatsächlich bis zum Ende durchgelesen! Dies spricht auf jeden Fall für Ihre Anstrengungsbereitschaft; Sie bekommen dafür „mental" ein großes Lob des Autors!

Ein bisschen möchte er sich auch selbst belobigen: Dafür, dass er dieses Buch jetzt endlich geschrieben und intensiv überarbeitet hat, und auch dafür, dass Sie es bis zum Ende gelesen haben.

Anmerkungen

1 Changeux, 2003a, 35
2 Vgl. Goldner, 1994, 24
3 Vgl. Vester, 1980
4 Vgl. Friedrich/Preiss, 2002, 64ff
5 Vgl. Spitzer, 2002
6 Vgl. Die Zeit, 01.07.2004
7 Vgl. GEO, 2004, 10
8 Vgl. auch Vester, 1980, 141–143
9 Friedrich/Preiss, 2002, 70
10 Vgl. Lenzen, 2003b, 38
11 Eine wichtige Konsequenz auch aus der PISA-Studie!
12 Gaarder, 2000a, 67
13 Weinberg, 1995, 10
14 Dies ist die so genannte Kopenhagener Deutung der Quantenphysik. Bei der Messung des Orts eines Teilchens wird die Wellenfunktion dieses Teilchens verändert.
15 Schrittweise wurde Lucy durch *Ramidus* (4,4 Mio. Jahre) und den Tschad-Fund (7 Mio. Jahre!) dieser Rang abgelaufen. Vgl. dazu Tattersall, 2000, 48, und Wong, 2003a, 44.
16 Eine von ihm am Beginn eines neuen Kapitels häufig gebrauchte Formulierung.
17 Ditfurth, 1976, Buchtitel
18 Vgl. Changeux, 1984, 315ff; Washburn, 1985, 178; Wilson/Cann, 1992, 72ff; Beck/Habicht, 1997, 30ff; Litman, 1997, 36ff
19 Gaarder, 2000a, 352
20 Vgl. Weinberg, 1978 und 1995
21 Interessierten seien jedoch die Artikel von Allegre/Schneider, Orgel und Gould (alle 1995) empfohlen.
22 Vgl. Restak, 1981, 43
23 Vgl. Roth/Prinz, 1996, 150
24 Roney, 2004, 8
25 Bibel, Genesis 1,26f
26 Aus Goethes „Faust I"
27 Jodie Foster im Film „Contact" auf die Frage, ob es weiteres Leben im Universum gäbe.
28 Vgl. Heck/Sultan, 2001; Kap. „Wo ist die Bibliothek?".
29 Vgl. Klivingston, 1992, 66
30 Vgl. Lensing/Schachl, 1995
31 Vgl. Sandyk, 1994
32 Vgl. Sandyk/Anninos, 1992
33 Vgl. Luczak, 2000
34 Vgl. Phillips, 2004
35 Seidler, 1991, 53
36 Vgl. Kap. „Methoden der Hirnforschung"
37 Vgl. Bartels, 2001, 1
38 Vgl. Riedl, 1976, 222
39 Vgl. Monod, 1975, 141; und Abschnitt „Was sonst noch interessant ist" (Seite 38ff).
40 Vgl. Changeux, 1984, 32f
41 Vgl. Breuer, 2002a
42 Vgl. Bolz, 2003, 49–50
43 Vgl. Sakmann, o. J.
44 Gevins in Hooper/Teresi, 1988, 276
45 Vgl. Birbaumer/Schmidt, 1990, 487
46 Birbaumer/Schmidt, 1990, 490
47 Vgl. Friederici, 1984, 31
48 Nach einer Übersicht von Kimura, 1992, 104; Hilbig, 2000, 2
49 Vgl. Hilbig, 2000, 1f
50 Vgl. Kraft, 2004a, 69–71
51 Kimura, 1992, 104
52 Moir/Jessel, 1990, 63
53 Vgl. Moir/Jessel, 1990, 67
54 Minsky, 1990, 67
55 Vgl. Schulter/Papousek, 1995, 57
56 Poeck, 1995, 92
57 Friederici, 2003
58 Vgl. Hickok et al., 2001b, 46ff
59 Vgl. Sandmeier, 2002, 9–12
60 Sandmeier, 2002, 37
61 Vgl. Bruhn, 1989, 97; Kölsch, 2000, 215
62 Vgl. Kraft, 2004b, 55
63 Vgl. Davidson in Klimchak, 2004, 18
64 Vgl. Klimchak, 2004, 19
65 Levy, 1986, 35
66 Vgl. Friedrich, 1993, 242
67 Zit. n. Levy, 1986, 33
68 Vgl. Sonnenschmidt/Knauss, 1995, 23
69 Dennison/Dennison, 1990
70 Lehner, o. J., 3
71 Sonnenschmidt/Knauss, 1995, 30
72 Vgl. Sonnenschmidt/Knauss, 1995, 30
73 Vgl. Sonnenschmidt/Knauss, 1995, 32
74 Vgl. Samac, 2001
75 Vgl. Friedrich, 1993
76 Dennison/Dennison, 1990
77 Sonnenschmidt/Knauss, 1995
78 Österreichisches Bundesministerium für Unterricht und Kunst, o. J.
79 Vgl. Pinel, 1997, 14
80 Vgl. Gehirn, 1980, 135ff
81 Vgl. Lensing/Schachl, 1995
82 Vgl. Picq, 2003, 24
83 Leakey, 2001, 26
84 Gould/Gould, 1997, 92–99
85 Whiten/Boesch, 2001

86 Vgl. Vaas, 2000, 40
87 Vaas, 2002, 38
88 Vgl. Leonard, 2003, 33
89 Vgl. Roth/Prinz, 1996, 175
90 Vgl. Roth/Prinz, 1996, 178
91 Vgl. Roth/Prinz, 1996, 64
92 Vgl. Hooper/Teresi, 1988, 75f; Klix, 1980, 95; Sagan, 1978, 125f
93 Sagan,1978, 126
94 Sabbatini, 2001, 5, 3
95 Vgl. Roth/Prinz, 1996, 179f
96 Vgl. Tattersall, 2002, 61
97 Vgl. Vaas, 2001, 29
98 Bickerton in Sabbatini, 2001, 5, 2
99 Lenzen, 2003a, 70
100 Bibel, Genesis, 3, 4–5
101 Monod, 1975, 141
102 Bestenreiner, 1991, 69
103 Alexander Pope: „Versuch von dem Menschen" 1733; zit. nach Gould/Gould, 1997, 223
104 Painadath, 2003, o. S.
105 Monod, 1975, 146
106 Vgl. Ditfurth, 1984, 208f
107 Vgl. Gaarder, 1996, 390
108 Vgl. Gaarder, 1996, 216
109 Painadath, 2003, o. S.
110 Gaarder, 2000b, 24
111 Ewe, 2002, 22
112 Schneider, 2001, 73
113 Ditfurth, 1984, 131
114 Bibel, Genesis, 1,31
115 Bestenreiner, 1991, 181
116 Riedl, 1976, 283f
117 Einstein, 1945, in 1984, 134
118 Vester, 1984, 448
119 Monod, 1975, 157
120 Vgl. Klimchak, 2004, 17ff
121 Vgl. Kühnen, 2003, 10ff
122 Zit. nach Urban, 2004, 82
123 Vgl. Jäger, 2003, 42
124 Ayan, 2004, 70
125 Kret, 1993, 13
126 Schmid, 2003, 64
127 Popper, 1994
128 Vgl. Warnke/Hanser, 2004, 64ff
129 Vgl. Euler, 2003, 64
130 Vgl. Petit/Zago, 2003, 30
131 Vgl. Degen, 2003, 72
132 Vgl. Bergmann, 2001; Roland/Hadjikhani, 2000
133 Vgl. Klimesch et al., 1992, 187
134 Vgl. Baltissen/Heimann in Debus et al., 1995, 233ff
135 Vgl. Birbaumer/Schmidt, 1990, 253, 498
136 Vgl. Rothenberger/Banaschewski, 2004, 53f
137 Vgl. Rothenberger/Banaschewski, 2004, 54
138 Vgl. Rothenberger/Banaschewski, 2004, 5[illegible]
139 Vgl. Rothenberger/Banaschewski, 2004, 5–ff
140 Vgl. Sowell, 2004, 10; Rothenberger/Banaschewski, 2004, 56
141 Vgl. Rothenberger/Banaschewski, 2004, 57
142 Vgl. Kap. 4
143 Vgl. Kap. „Anspannen – Entspannen" und folgende (Anhang)
144 Vgl. Kap. „Die Rolle der Gefühle"
145 Vgl. Kap. „Nicht pauken, …" im Anhang
146 Vgl. Rothenberger/Banaschewski, 2004, 59
147 Vgl. Ciompi, 1993
148 Zit. nach Friedrich/Preiss, 2002, 86
149 Vgl. Nauta/Feirtag, 1990, 140–142
150 Vgl. LeDoux, 1994
151 Vgl. Markowitsch, 1992, 231
152 Vgl. Ciompi, 1993, 82
153 Vgl. Steriade et al., 1990; Pfurtscheller, 1992; Lensing/Schachl, 1995
154 Vgl. Guttmann in Beer/Guttmann, o. J., 4–7
155 Vgl. Guttmann in Beer/Guttmann, o. J., 8–9
156 Vgl. Pinel, 1997, 309
157 Aus Shakespeares Macbeth, zit. nach Siegel, 2004, 30
158 Vgl. Born in Bachmann, 2004, 120
159 Vgl. Maquet, 2000, 196; Klösch/Kraft, 2004, 6[illegible]; Bachmann, 2004, 123
160 REM bedeutet „rapid eye movements" (schnelle Augenbewegungen) während bestimmter Traumphasen.
161 Vgl. Klösch/Kraft, 2004, 60
162 Vgl. Siegel, 2004, 35
163 Vgl. Düweke, 2001, 21
164 Genaue Werte bei Schmidt/Schaible, 2000, 24
165 Vgl. Roth/Prinz, 1996, 72, 142; Laroche, 2003, [illegible]6
166 Vgl. Calvin, 2004, 171
167 Vgl. Changeux, 2003b, 22
168 Vgl. Krebs et al., 2004, 38
169 Vgl. Pinel, 1997, 58–63; Pritzel et al., 2003, 34–37; Trepel, 2004, 6–9
170 Vgl. Fields, 2004, 27
171 Vgl. Fields, 2004, 27
172 Vgl. Krebs et al., 2004, 38
173 Vgl. Fields, 2004, 27
174 Vgl. Hines, 2004, 6
175 Cinotti, 2003, 26
176 Vgl. Changeux, 2003a, 38
177 Vgl. Changeux, 2003a, 35
178 Vgl. Trepel, 2004, 12 und 367ff
179 Vgl. Changeux, 2003a, 35

[180] Vgl. Changeux, 2003b, 24

[181] Palm, 1988, 57

[182] Vgl. Braitenberg/Schüz, 1989

[183] Vgl. Laroche, 2003, 22ff; Changeux, 2003a, 38ff; Calvin, 2004, 180f.,187f

[184] Abkürzung für N-Methyl-D-Aspartat. – Auch für die Zeitraffervorgänge bei Nahtoderfahrungen werden Prozesse an den NMDA-Rezeptoren diskutiert. Vgl. dazu Linke, 2003, 47ff

[185] Vgl. Kraft, 2004c, 25f

[186] Vgl. Kronenzeitung, 11. 5. 2003, 40

[187] Dafür gab es den Nobelpreis 1998.

[188] Vgl. Laroche, 2003, 25

[189] Vgl. Krebs et al., 2004, 39

[190] Vgl. Fields, 2004, 32f

[191] Autor und Verlag möchten sich an dieser Stelle ausdrücklich von Tierversuchen distanzieren, die nicht der Rettung von Menschenleben dienen und durch die Tiere gequält werden.

[192] Vgl. Winson, 1986, 21ff

[193] Vgl. Selkoe, 1992, 126

[194] Vgl. Johnson, 1991, 29f.; Sacks, 1990, 186f

[195] Penfield in Hooper/Teresi, 1988, 231

[196] Vgl. Loftus/Loftus in Hooper/Teresi, 1988, 236

[197] Vgl. Changeux, 2003a, 36

[198] Vgl. Meienbrock, 2003, 16

[199] Vgl. Braitenberg/Schüz, 1989, 83

[200] Vgl. Oeser/Seitelberger, 1988, 11

[201] Mishkin/Appenzeller, 1987, 99

[202] GEO-Wissen, 1987, 134

[203] Vgl. Fuster, 2003, 12

[204] Vgl. Ferrand/Segui, 2003, 45ff

[205] Vgl. auch Jaffard, 2003, 8

[206] Vgl. Markowitsch, 1996, 52ff; dazu auch Jaffard, 2003, 8, und Laroche, 2003, 19

[207] Vgl. Javitt/Coyle, 2004, 38ff

[208] Vgl. Giros/Spielewoy, 2003, 42

[209] Phillips, 2004, 42

[210] Vgl. Phillips, 2004, 42ff

[211] Berridge in Phillips, 2004, 44

[212] Vgl. Rolls in Phillips, 2004, 45

[213] Vgl. drug abuse, o. J.

[214] Vgl. Schumacher, 2003, 8f.

[215] Vgl. drug abuse, o. J.; Giros/Spielewoy, 2003, 44

[216] Vgl. Manhart, 2004, 15

[217] Zit. nach Pinel, 1997, 21

[218] Vgl. Rondi-Reig/Mariani, 2003, 28f

[219] Vgl. Changeux, 2003b, 25

[220] Vgl. Pinel, 1997, 404f

[221] Vgl. Streri, 2004, 53f

[222] Vgl. Shatz, 1992, 50f

[223] Vgl. Hooper/Teresi, 1988, 91

[224] Vgl. Shatz, 1992, 48

[225] Vgl. Prasch, 2004, 21

[226] Vgl. Sapolsky, 2002, 11

[227] Vgl. Braun/Bock, 2003, 53

[228] Vgl. Teicher, 2002, 60

[229] Nottebohm, 1989

[230] Vgl. Paulsen, 2001, 62f; Degen, 2001, 27ff; Schmidt, 2002, 86ff; Changeux, 2003b

[231] Vielleicht ist das der evolutionäre Preis für die komplexer gewordenen Nervennetze, in denen neue Zellen destabilisierend wirken könnten. Vgl. dazu Kempermann in Breuer/Lessmöllmann, 2005, 67

[232] Vgl. Feld/Hescheler, 2003, 66ff

[233] Vgl. Breuer/Lessmöllmann, 2005, 65

[234] Vgl. Lenzen, 2003b

[235] Vgl. Haug-Schnabel, 2003, 49

[236] Vgl. Haug-Schnabel, 2003, 49

[237] Vgl. Shatz, 1992, 46f

[238] Vgl. Fields, 2004, 33

[239] Vgl. Stürmer, 1992

[240] Vgl. Neuroscience-Tagung, 2001

[241] Vgl. Englert, 2002, 58ff; Gaschler, 2002, 24ff

[242] Der zweite Anteil ist der Parasympathikus (Vagus).

[243] Vgl. Debus et al., 1995, 178–180

[244] Vgl. Kalin, 1993, 76; Degen, 2001, 28; Teicher, 2002, 59f

[245] Vgl. Dieterich, 1991, 76

[246] Dörner, 1979, 84

[247] Jacobson, 1959

[248] Vgl. Schachl, 1991, 20

[249] Vgl. Öhman, 2003, 76ff

[250] Vgl. Holst, 1993, 95

[251] Vgl. Temml, 1993, 88–95

[252] Zit. n. Schachl, 1991, 8

[253] Vgl. Lynch, 1987, 338

[254] U. a. Teml, 1991

[255] Vgl. Krohne, 1985, 79

[256] Vgl. Schedlowski, 1994, 23

[257] Vgl. Sandmeyer/Sadre-Chirazi-Stark, 2004, 40f

[258] Vgl. Schachl, 1991, 19ff

[259] Zänker, 1991, 39

[260] Schachl, 1991, 19

[261] Vgl. Kaluza, 1993, 107

[262] Vgl. Schachl, 1991, 23

[263] Vgl. Zänker, 1991, 39f

[264] Beispiele dafür, wie Schularbeiten menschenwürdig (und sogar lustig) gestaltet werden können, finden Sie etwa in Vucsina, 1996.

[265] Vgl. Luczak, 2000, 156

[266] Vgl. Schedlowski, 1994, 14

[267] Vgl. Felten, 1994, 32, und Schedlowski 1994, 61

[268] Vgl. Zänker, 1991, 24

[269] Vgl. Felten, 1994, 37, und Schedlowski, 1994, 66
[270] Vgl. Schedlowski, 1994, 49
[271] Vgl. Felten, 1994, 35
[272] Vgl. Schedlowski, 1994, 162
[273] Der Autor hat sich erlaubt, das Zitat des alten Meisters etwas abzuwandeln.
[274] Bestenreiner, 1991, 93
[275] Aristoteles in De Anima, zit. nach Pöppel, 1989, 73
[276] Immanuel Kant in Oeser/Seitelberger, 1988, 109
[277] Changeux, 1984, 216
[278] Hoimar von Ditfurth in Bestenreiner, 1991, 93
[279] Minsky, 1990, 324f
[280] Pinker in Klimchak, 2003b, 67
[281] Dalai Lama, in GEO, 1999, 136
[282] Dörner, 2004, 36
[283] Josef Penninger in OÖN vom 27. 12. 2001
[284] Vgl. Bestenreiner, 1991, 238–239
[285] Vgl. Gaarder, 1996, 49ff
[286] Vgl. Gaarder, 1996, 283ff
[287] Vgl. GEO, 1987, 148
[288] Eccles, 1982
[289] Vgl. Eccles, 1982, 208
[290] Vgl. Gaarder, 1996, 425
[291] Breidbach, 2003, 89
[292] Vgl. Gaarder, 2000a, 172ff
[293] Anmerkung: Interessanterweise ist *maya* im Spanischen die Bezeichnung für Gänseblümchen. Aussagekräftiger ist die botanische Bezeichnung *bellis perennis* („ganzjährig schön"). Also eine ganzjährig schöne Illusion?
[294] Vgl. Gaarder, 1996, 58
[295] Vgl. Gaarder, 1996, 454ff
[296] Aus Goethes „Faust I"
[297] Minsky, 1990, 287
[298] Changeux, 1984
[299] Bibel, Buch der Weisheit: „Vom Treiben der Frevler"
[300] Bestenreiner, 1991, 240
[301] Vgl. Gaarder, 1996, 138
[302] Gaarder, 2000b, 108f
[303] Vgl. Churchland, 1997, 248
[304] Freeman, zit. n. Mechsner, 1998, 73
[305] Pribram, 1979, 32ff
[306] Oudermans, 2000, 11ff
[307] Pöppel, 1989, 66
[308] Vgl. Nicolelis/Chapin, 2003
[309] Vgl. Wagner-Oswald, 2003
[310] Vgl. Ashley, 2003, 34–41
[311] Vgl. Parker, 2003a, 56
[312] Vgl. Hanisch, 2000
[313] Vgl. Parker, 2003a und 2003b, sowie Pfurtscheller (siehe oben)
[314] Müller, 2001, 90
[315] Vgl. Berners-Lee et al., 2001, 43
[316] Vgl. Sesin, 2002, 52f
[317] Vgl. Seche, 2000, 80
[318] Vgl. Müller, 2001, 93
[319] Vgl. Müller, 2001, 93
[320] Vgl. Seche, 2000, 78
[321] Vgl. Bachmann, 1998, 105
[322] Vgl. Potter in Kraft, 2002c, 71
[323] Vgl. Kraft, 2002c, 71
[324] Vgl. Kraft, 2002c, 73
[325] Vgl. Kraft, 2004c, 27f
[326] Kurzweil, 2001a, 52
[327] Müller, 2001, 90
[328] Vgl. Churchland, 1997, 273
[329] Kurzweil, 2001a, 51
[330] Koch, 2001, 26
[331] GEO, 1999, 130
[332] Crick, 1997, 17
[333] Vgl. Roth, 2002b, 38
[334] Vgl. Painadath, 2003
[335] Kurzweil, 2001a, 56
[336] Vgl. Aleksander, 2003, 74
[337] Vgl. Kirschfeld, 2001, 3
[338] Vgl. Singer, 2001, 74
[339] Vgl. Roth, 2002b, 40ff
[340] Vgl. Schubert, 2004, 14f
[341] Mechsner, 1998, 69
[342] Katholischer Katechismus, zit. n. Crick, 1997, 17
[343] Mechsner, 2003, 65
[344] Vgl. Singer, 2001, 75
[345] Vgl. Crick, 1997, 324ff
[346] Vgl. Kirschfeld, 2001, 5
[347] Vgl. Roth, 2002b, 41
[348] Mechsner, 2003, 78
[349] Vgl. Spengler, 2004, 6
[350] Vgl. Walde, 2003, 14
[351] Vgl. Mechsner, 2003, 78; Breuer, 2003, 10
[352] Vgl. Roth, 2002a, 5
[353] Vgl. Kirschfeld, 2001, 5
[354] Vgl. Roth, 2002a, 7ff
[355] Roth, 2002b, 41
[356] Burkhardt in Mechsner, 2003, 84
[357] Vgl. Hoff/Klimchak, 2004, 32
[358] Crick, 1997, 21
[359] Kutschera, 2002, 61
[360] Crick, 1997, 317
[361] Vgl. Kraft, 2002a, 10ff; Angel/Krauss, 2004, 6ff
[362] Vgl. Breuer, 2004, 76
[363] Epilepsie wurde von Hippokrates im 5. Jh. v. Chr. als „heilige" Krankheit bezeichnet.

[364] Wilson in Grolle, 2002, 201

[365] 1. Paulus-Brief an die Korinther, zit. n. Gaarder, 2000b, 175

[366] Damasio in Kraft, 2004c, 22

[367] Koch, 2001, 27

[368] Dalai Lama, zit. n. GEO, 1999, 146

[369] de Chardin, 1969, 267f

[370] Crick, 1997, 321

[371] Gaarder, 1996, 88

[372] Björnson, zit. n. Gaarder, 1996, 504

[373] Kret, 1993

[374] Vester, 1980

[375] Sollten Sie dafür keine Zeit haben, können Sie vorläufig auch mit den ersten drei Tests auskommen.

[376] Siehe PISA-Studien!

[377] Kann man das in so genannten Standards formulieren?

[378] Vgl. Teml, 1991

Literatur

Aleksander, I. (2003). Ich rechne, also bin ich. In: Gehirn&Geist, 6, 74–78.

Allegre, C. J./Schneider, S. H. (1995). Die Entwicklung der Erde. In: Spektrum der Wissenschaft Spezial, Leben und Kosmos, 36–42.

Altenmüller, E. (2002). Musik im Kopf. In: Gehirn&Geist, 1, 18–25.

Angel, H. F./Krauss, A. (2004). Der interdisziplinäre Gott. In: Gehirn&Geist, 4, 68–72.

Ashley, S. (2003). Artificial Muscles. In: Scientific American, 10, 34–41.

Ayan, S. J. (2004). Spieglein, Spieglein macht Verstand. In: Gehirn&Geist, 2, 69–71.

Bachmann, K. (1998). Die Wesen aus dem Morgen-Land. In: GEO, 3, 94–112.

Bachmann, K. (2004). Die Geheimnisse der Nacht. In: GEO, 8, 110–130.

Bartels, A. (2001). Macht Liebe dumm? In: Society for Neuroscience, http://www.sfn.org.

Beck, G./Habicht, G. S. (1997). Das Wirbeltier-Immunsystem: Vorformen bei Wirbellosen. In: Spektrum der Wissenschaft, 1, 30–35.

Beer, F./Guttmann, G. (o. J.). Lernen unter Selbstkontrolle. Das Wiener Unterrichtsmodell. Wien: Bundesministerium für Unterricht, Kunst und Sport.

Bergmann, J. (2001). Gebündelte Sinne. In: bild der wissenschaft, 9, 80–81.

Berners-Lee, T./Hendler, J./Lassila, O. (2001). The Semantic Web. In: Scientific American, 5, 29–37.

Bestenreiner, F. (1991). Der Phantastische Spiegel. Quanten, Quarks, Chaos – oder vom Trost, der aus der Formel kommt. Frankfurt: Fischer.

Bibel, Die Große (1983). Bd. 1 und 2, Hg. von G. Stemberger. Dortmund: Harenberg.

Birbaumer, N./Schmidt, R. F. (1990). Biologische Psychologie. Berlin: Springer.

Bolz, A. (2003). Wozu man ein unbewusstes Gedächtnis braucht. In: Spektrum der Wissenschaft Spezial, 5, 46–53.

Bower, J. M./Parsons, L. M. (2003). Rethinking the „Lesser Brain". In: Scientific American, 8, 39–47.

Braitenberg, V./Schüz, A. (1989). Cortex: hohe Ordnung oder größtmögliches Durcheinander? In: Spektrum der Wissenschaft, 5, 74–86.

Braun, K./Bock, J. (2003). Die Narben der Kindheit. In: Gehirn&Geist, 1, 50–53.

Breidbach, O. (2003). Logik entsteht nicht im Hirn. In: GEO, 1, 86–90.

Breuer, H. (2002a). Der Homunculus wird renoviert. In: Gehirn&Geist, 4, 74–75.

Breuer, H. (2002b). Zellen, die Gedanken lesen. In: Gehirn&Geist, 2, 70–71.

Breuer, H. (2003). Gedankenschranken. In: Gehirn&Geist, 2, 10–15.

Breuer, H. (2004). Der magnetische Geist. In: Gehirn&Geist, 2, 73–76.

Breuer, H./Lessmüllmann, A. (2005). Sprießendes Glück. In: Gehirn&Geist, 1–2, 64–67.

Bruhn, H. (1989). Musik, Emotion und Sprache. Unterschiedliche Aspekte der neuronaler Informationsverarbeitung im Gehirn? In: Psychologie in Erziehung und Unterricht, 36, 91–101

Calvin, W. H. (2004). Wie das Gehirn denkt. München: Elsevier.

Cardoso, S. H. (2001). The Brain's Growth. In: http://www.epub.org.br/cm/n11/mente/einstein/growth.htm

Changeux, J. P. (1984). Der neuronale Mensch. Hamburg: Rowohlt.

Changeux, J. P. (2003a). Die Chemie der Gedanken. In: Spektrum der Wissenschaft Spezial, 5, 35–41.

Changeux, J. P. (2003b). Die Revolution in der Hirnforschung. In: Spektrum der Wissenschaft, 3, 22–27.

Chardin, Teilhard de, P. (1969). Der Mensch im Kosmos. Le Phenomene Humain. München: Beck.

Churchland, P. M. (1997). Die Seelenmaschine. Eine philosophische Reise ins Gehirn. Heidelberg: Spektrum.

Cinotti, F. (2003). Doppelt genäht. In: Spektrum der Wissenschaft Spezial, 5, 26–27.

Ciompi, L. (1993). Die Hypothese der Affektlogik. In: Spektrum der Wissenschaft, 2, 76–87.

Crick, F. (1997). Was die Seele wirklich ist. Die naturwissenschaftliche Erforschung des Bewusstseins. Reinbek bei Hamburg: Rowohlt.

Debus, G. et al. (Hrsg.) (1995). Biopsychologie von Stress und emotionalen Reaktionen. Göttingen: Hogrefe.

Degen, R. (2001). Sterben und Werden in der Schädelhöhle. In: bild der wissenschaft, 8, 27–29.

Degen, R. (2003). Das Mehrkanal-Gehirn. In: bild der wissenschaft, 7, 72.

Dennison, P. E./Dennison, G. (1990). Brain Gym. Freiburg im Breisgau: Verlag für Angewandte Kinesiologie.

Dieterich, R. (1991). Studien zur Psychologie und Physiologie entspannter Lernprozesse. In: Unterrichtswissenschaft, 1, 76–92.

Die Zeit (2004). Wer macht die Schule klug? In: Die Zeit, 1. Juli 2004.

Ditfurth, H. v. (1976). Der Geist fiel nicht vom Himmel. Hamburg: Hoffmann und Campe.

Ditfurth, H. v. (1984). Wir sind nicht nur von dieser Welt. Naturwissenschaft, Religion und die Zukunft des Menschen. München: dtv.

Dörner, D. (1979). Problemlösen als Informationsverarbeitung. 2. Aufl., Stuttgart: Kohlhammer.

Dörner, D. (2004). Man muss wissen, wonach man sucht. In: Gehirn&Geist, 7, 36–38.

Dörner, D./van der Meer, E. (Hrsg.) (1995). Das Gedächtnis. Probleme – Trends – Perspektiven. Göttingen: Hogrefe.

drug abuse (o. J.). The Chemical Changes Induced by Drugs in the Brain. In: http://www.epub.org.br/cm/n08/doencas/drugs/abuse.

Düweke, P. (2001). Ein Pferdchen im Hirn? In: NZZ-Folio, 12, 18–26.

Eccles, J. C. (1982). Das Rätsel Mensch. München: Reinhardt.

Eliot, L. (2002). Was geht da drinnen vor? Die Gehirnentwicklung in den ersten fünf Lebensjahren. 2. Aufl., Berlin: Berlin-Verlag.

Einstein, A. (1984). Aus meinen späten Jahren. Stuttgart: DVA.

Englert, H. (2002). Wenn der Bär im Höhleneingang auftaucht. In: Gehirn&Geist, 1, 58–63.

Euler, T. (2003). Richtungsmelder im Auge. In: Gehirn&Geist, 4, 64–67.

Ewe, T. (2002). Durch Mutation in die Moderne. In: bild der wissenschaft, 7, 22–28.

Feld, M./Hescheler, J. (2003). Potente Zellen. In: Spektrum der Wissenschaft, 5, 66–73.

Felten, D. (1994). Wie Gedanken und Gefühle das Immunsystem beeinflussen. In: Psychologie heute, 5, 31–39.

Ferguson, K. (1993). Das Universum von Stephen Hawking. Düsseldorf: ECON.

Ferrand, L./Segui, J. (2003). Das unterschwellige Gedächtnis. In: Spektrum der Wissenschaft Spezial, 5, 54–56.

Fields, R. D. (2004). The Other Half of the Brain. In: Scientific American, 4, 26–33.

Friederici, A. D. (1984). Neuropsychologie der Sprache. Stuttgart: Kohlhammer.

Friederici, A. D. (2003). Der Lauscher im Kopf. In: Gehirn&Geist, 2, 43–45.

Friedrich, G. (1993). Suggestive Lehr- und Lernverfahren unter neurodidaktischen Gesichtspunkten. In: Erziehung und Unterricht, 5, 242–248.

Friedrich, G./Preiss, G. (2002). Lehren mit Köpfchen. In: Gehirn&Geist, 4, 64ff.

Fuster, J. (2003). Im Netzwerk der Erinnerung. In: Spektrum der Wissenschaft Spezial, 5, 10–15.

Gaarder, J. (1996). Sofies Welt. Roman über die Geschichte der Philosophie. München: Hanser.

Gaarder, J. (2000a). MAYA oder Das Wunder des Lebens. München: Hanser.

Gaarder, J. (2000b). Durch einen Spiegel, in einem dunklen Wort. München: dtv.

Gaschler, K. (2002). Hart im Nehmen. In: Gehirn&Geist, 4, 24–27.

Gehirn und Nervensystem (1980). Weinheim: Spektrum der Wissenschaft.

GEO-Wissen (1987). Heft 1. Hamburg: Gruner und Jahr.

GEO (1999). Wer erklärt uns die Welt? In: Heft 1, 128–155.

GEO (2004). Wie wir klüger werden. Serie, Teil 1, Heft 10, 160–190.

Giros, B./Spielewoy, C. (2003). Wie die Sucht sich eingräbt. In: Spektrum der Wissenschaft Spezial, 5, 42–44.

Goldner, C. (1994). Das Geschäft mit der Verblödung. In: Psychologie heute, 7, 22–24.

Gould, E. (2001). Young Cells in Old Brains. In: Scientific American, 9, 24–25.

Gould, J. L./Gould, C. G. (1997). Bewußtsein bei Tieren. Ursprünge von Denken, Lernen und Sprechen. Heidelberg: Spektrum.

Gould, S. J. (1995). Die Evolution des Lebens. In: Spektrum der Wissenschaft Spezial, Leben und Kosmos, 52–60.

Grolle, J. (2002). Hotline zum Himmel. In: Der Spiegel, 21, 190–201.

Hanisch, C. (2000). Geistes-Kraft. In: bild der wissenschaft, 1, 62–66.

Hanser, H. (2003). Zahlenspiele im Kindergarten. In: Gehirn&Geist, 4, 30–33.

Haug-Schnabel, G. (2003). Früh übt sich? In: Gehirn&Geist, 1, 49.

Heck, D./Sultan, F. (2001). Das unterschätzte Kleinhirn. In: Spektrum der Wissenschaft, 10, 36–44.

Heisenberg, W. (1975).: Der Teil und das Ganze. Gespräche im Umkreis der Atomphysik. München: dtv.

Hennevin-Dubois, E. (2003). Lernen im Schlaf. In: Spektrum der Wissenschaft Spezial, Gedächtnis, 64–68.

Hickok, G./Bellugi, U./Klima, E. S. (2001a). Sign Language in the Brain. In: Scientific American, 6, 42–49.

Hickok, G./Bellugi, U./Klima, E. S. (2001b). Sprechende Hände. In: Spektrum der Wissenschaft, 10, 46–53.

Hilbig, H. (2000). Geschlechtsunterschied aus neurowissenschaftlicher Sicht. In: Lexikon der Neurowissenschaft. Heidelberg: Spektrum Verlag, 1–4.

Hines, T. (2004). Einsteins Brain. In: Scientific American, 8, 6.

Hoff, P./Klimchak, S. (2004). Freiheit, die wir meinen. In: Gehirn&Geist, 1, 28–32.

Holst, D. (1993). Zoologische Stress-Forschung – ein Bindeglied zwischen Psychologie und Medizin. In: Spektrum der Wissenschaft, 5, 92–96.

Hooper, J./Teresi, D. (1988). Das Drei-Pfund-Universum. Das Gehirn als Zentrum des Denkens und Fühlens. Düsseldorf: Econ.

Jacobson, E. (1959). Progressive Relaxation. A physiological and clinical investigation of muscular states and their significance in Psychology and Medical Practice. 2. Aufl., Chicago: The University of Chicago Press.

Jaffard, R. (2003). Das facettenreiche Gedächtnis. In: Spektrum der Wissenschaft Spezial, 5, 6–9.

Jäger, L. (2003). Ohne Sprache undenkbar. In: Gehirn&Geist, 2, 36–42.

Javitt, D. C./Coyle, J. T. (2004). Decoding Schizophrenia. In: Scientific American, 1, 38–45.

Johnson, G. (1991). In den Palästen der Erinnerung. Wie die Welt im Kopf entsteht. München: Droemer-Knaur.

Kalin, N. H. (1993). Neurobiologie der Angst. In: Spektrum der Wissenschaft, 7, 76–83.

Kaluza, G. (1993). Stressbewältigung und Gesundheit. In: Spektrum der Wissenschaft, 5, 106–109.

Kimura, D. (1992). Weibliches und männliches Gehirn. In: Spektrum der Wissenschaft, 11, 104–113.

Kirschfeld, K. (2001). Wo endet Hirnforschung, wo beginnt Philosophie? Bemerkungen über unser Denkorgan. In: http://193.97.251.33/rb2/studio/2000/s20000513.htm.

Klimchak, S. (2003a). Das Ich im Schneckenhaus. In: Gehirn&Geist, 3, 68–69.

Klimchak, S. (2003b). Intuitiv sind wir alle Dualisten. In: Gehirn&Geist, 5, 66–68.

Klimchak, S. (2004). Intime Botschaften. In: Gehirn&Geist, 1, 17–19.

Klimesch, W./Pfurtscheller, G./Schimke, H. (1992). Pre- and post-stimulus processes in category judgement tasks as measured be event-related desynchronization (ERD). In: Journal of Psychophysiology, 6, 185–203.

Klivingston, K. A. (1992). Gehirn und Geist. Heidelberg: Spektrum Akademischer Verlag.

Klix, F. (1980). Erwachendes Denken. Eine Entwicklungsgeschichte der menschlichen Intelligenz. Berlin: Deutscher Verlag der Wissenschaften.

Klösch, G./Kraft, U. (2004). Der Stoff, aus dem die Träume sind. In: Gehirn&Geist, 2, 54–60.

Kluwe, R. H./Lüer, G./Rösler, F. (Hrsg.) (2003). Principles of Learning and Memory. Basel: Birkhäuser.

Koch, C. (2001). A Mind for Consciousness. In: Scientific American, 7, 26–27.

Kölsch, S. (2000). Harmonie im Kopf. In: GEO-Magazin, 10, 215.

Kraft, U. (2002a). Wo Gott wohnt. In: Gehirn&Geist, 2, 10–13.

Kraft, U. (2002b). Wenn Welten verschmelzen. In: Gehirn&Geist, 3, 74–76.

Kraft, U. (2002c). Entlassen in die Wirklichkeit. In: Gehirn&Geist, 4, 71–73.

Kraft, U. (2004a). Die Macht des Weiblichen. In: Gehirn&Geist, 1, 68–73.

Kraft, U. (2004b). Küss mich, Muse. In: Gehirn&Geist, 4, 50–57.

Kraft, U. (2004c). Schöne neue Neuro-Welt. In: Gehirn&Geist, 6, 20–29.

Kramer, K. (2003). Wie werde ich ein Sprachgenie? In: Gehirn&Geist, 2, 48–50.

Krebs, C./ Hüttmann, K./Steinhäuser, C. (2004). Ende einer Zweiklassengesellschaft. In: Gehirn&Geist, 4, 38–41.

Kret, E. (1993). Anders Lernen. Tips für den offenen Unterricht. Lernideen für Schüler, Eltern und Lehrer. Linz: Veritas.

Krohne, H. W. (Hrsg.) (1985). Angstbewältigung in Leistungssituationen. Weinheim: VCH.

Kronenzeitung (2003). Viagra fürs Gehirn. In: Kronenzeitung, 11. Mai 2003.

Kühnen, U. (2003). Denken auf Asiatisch. In: Gehirn&Geist, 3, 10–14.

Kurzweil, R. (2001a). Der Griff nach dem Gehirn. In: Neue Zürcher Zeitung, Folio, 12, 51–56.

Kurzweil, R. (2001b). Homo s@piens. Leben im 21. Jahrhundert. Was bleibt vom Menschen? 3. Aufl., Köln: Kiepenheuer und Witsch.

Kutschera, F. (2002). Vom Himmel gefallen. In: Gehirn&Geist, 4, 56–61.

Laroche, S. (2003). Vom flüchtigen Signal zur stabilen Erinnerung. In: Spektrum der Wissenschaft Spezial, 5, 16–25.

Leakey, M. G. (2001). Finding Homo sapiens' Lost Relatives. In: Scientific American, 10, 26–27.

LeDoux, J. E. (1994) Das Gedächtnis für Angst. In: Spektrum der Wissenschaft, 8, 76–83.

Lehner, J. (o. J.). Angewandte Kinesiologie. Linz: Eigenverlag.

Lensing, P./Schachl, H. (1995). Biopsychologie und Schule. Projekt zur Pädagogischen Tatsachenforschung. Wien: Bundesministerium für Unterricht und kulturelle Angelegenheiten.

Lenzen, M. (2003a). Krabbeln, Planen, Denken. In: Gehirn&Geist, 4, 68–70.

Lenzen, D. (2003b). Mit vier Jahren in die Schule. In: Die Zeit, 13. November 2003, 38.

Leonard, W. R. (2003). Menschwerdung durch Kraftnahrung. In: Spektrum der Wissenschaft, 5, 30–38.

Levy, J. (1986). Das Gehirn hat keine bessere Hälfte. In: Psychologie heute, 1, 32–37.

Linke, D. B. (2003). An der Schwelle zum Tod. In: Gehirn&Geist, 3, 46–52.

Litman, G. W. (1997). Das Wirbeltier-Immunsystem: Frühformen bei Haien. In: Spektrum der Wissenschaft, 1, 36–41.

Luczak, H. (2000). Signale aus dem Reich der Mitte. In: GEO, 11, 136–162.

Lynch, G./Baudry, M. (1984). The Biochemistry of Memory: A New and Specific Hypothesis. In: Science, 224, 1057–1064.

Lynch, J. J. (1987). Die Sprache des Herzens. Wie unser Körper im Gespräch reagiert. Paderborn: Junfermann.

Manhart, K. (2004). Hart am Limit. In: Gehirn&Geist, 6, 12–15.

Maquet, P. (2000). Hirnforschung – Lernen im Schlaf. In: GEO, 9, 196.

Markowitsch, H. J. (1992). Neuropsychologie des Gedächtnisses. Göttingen: Hogrefe.

Markowitsch, H. J. (1996). Neuropsychologie des menschlichen Gedächtnisses. In: Spektrum der Wissenschaft, 9, 52–61.

Martin, R. D. (1995). Hirngröße und menschliche Evolution. In: Spektrum der Wissenschaft, 9, 48–55.

Mechsner, F. (1998). Die Suche nach dem Ich. Wieso gibt es eigentlich das Bewusstsein? In: GEO, 2, 62–80.

Mechsner, F. (2003). Wie frei ist unser Wille?. In: GEO, 1, 65–84.

Meienbrock, A. (2003). Entscheidende Hirnregionen. In: Gehirn&Geist, 3, 16–19.

Melot, A.-M. (2003). Wie Kinder lernen, sich etwas zu merken. In: Spektrum der Wissenschaft Spezial: Gedächtnis, 62–63.

Minsky, M. (1990). Mentopolis. Stuttgart: Klett-Cotta.

Minsky, M. (1995). Werden Roboter die Erde beherrschen? In: Spektrum der Wissenschaft Spezial, Leben im Kosmos, 80–86.

Mishkin, M./Appenzeller, T. (1987). Die Anatomie des Gedächtnisses. In: Spektrum der Wissenschaft, 8, 94–104.

Moir, A./Jessel, D. (1990). Brainsex. Der wahre Unterschied zwischen Mann und Frau. Düsseldorf: Econ.

Monod, J. (1975). Zufall und Notwendigkeit. Philosophische Fragen der modernen Biologie. München: dtv.

Müller, B. (2001). Gestatten, Rob – ich bin Ihr Nachfolger. In: bild der wissenschaft, 1, 90–94.

Nauta, W. J. H./Feirtag, M. (1990). Neuroanatomie. Eine Einführung. Heidelberg: Spektrum der Wissschaft.

Neuroscience-Tagung (2001). Wachsende Begeisterung über Stammzellen. In: http://www.

simmformation.de/Trend/Hirnforschung/hauptteil_hirnforschung.html.

Nicolelis, M. A. L./Chapin, J. K. (2003). Roboter steuern von Geistes Hand. In: Spektrum der Wissenschaft, 1, 74–82.

Nottebohm, F. (1989). Vom Vogelgesang der Bildung neuer Nervenzellen. In: Spektrum der Wissenschaft, 4, 112–117.

Oeser, E./Seitelberger, F. (1988). Gehirn, Bewusstsein und Erkenntnis. Darmstadt: Wissenschaftliche Buchgesellschaft.

Öhman, A. (2003). Erlernte Angst. In: Spektrum der Wissenschaft Spezial, Gedächtnis, 76–82.

OÖN (2001). Oberösterreichische Nachrichten, 27. Dezember 2001.

Orgel, L. E. (1995). Der Ursprung des Lebens. In: Spektrum der Wissenschaft Spezial, Leben und Kosmos, 44–51.

Österreichisches Bundesministerium für Unterricht und Kunst (o. J.). Gesund und munter. Bewegte Schule.

Otsuka, T./Sunaga, Y./Nagashima, K./Kuroume, T. (1993). Correlation in Children between P300 Latency and Scores on the Wechsler Intelligence Scale for Children – Revised. In: American Journal of EEG Technology, 33 (1), 49–58.

Oudermans, E. (2000). Akupunktur in der Alkohol- und Drogenentzugsbehandlung. 2. Aufl., Stuttgart: Hippokrates.

Painadath, S. (2003). Der Verwandlungsvorgang der mystischen Versenkung. Vortrag beim Dies academicus der Katholisch-Theologischen Privatuniversität Linz am 13. 11. 2003.

Palm, G. (1988). Assoziatives Gedächtnis und Gehirntheorie. In: Spektrum der Wissenschaft, 6, 54–64.

Parker, I. (2003a). Gedanken lesen I. In: Gehirn&Geist, 4, 56–62.

Parker, I. (2003b). Gedanken lesen II. In: Gehirn&Geist, 5, 76–83.

Pascalis, O. (2003). Woran ein Säugling sich erinnert. In: Spektrum der Wissenschaft Spezial, Gedächtnis, 58–61.

Paulsen, S. (2001). Die Kunst des Erinnerns. In: GEO, 12, 51–68.

Pekrun, R. (1992). Kognition und Emotion in studienbezogenen Lern- und Leistungssituationen: Explorative Analysen. In: Unterrichtswissenschaft, 4, 308–324.

Petit, L./Zago, L. (2003). Der Sitz des Arbeitsgedächtnisses. In: Spektrum der Wissenschaft Spezial, 5, 30–33.

Pfurtscheller, G. (1992). Event-related synchronization (ERS): an electrophysiological correlate of cortical areas at rest. In: Electroencephalography and clinical Neurophysiology, EEG 91635, 1–9.

Phillips, H. (2004). Die Glücksboten. In: Gehirn&Geist, 3, 42–45.

Picq, P. (2003). Die Evolution des Menschen. In: Spektrum der Wissenschaft, 1, 22–27.

Pinel, J. P. J. (1997). Biopsychologie. Eine Einführung. Heidelberg: Spektrum Akademischer Verlag.

Poeck, K. (1995). Sprache im Gehirn: eng lokalisierbar? In: Spektrum der Wissenschaft, 5, 92–98.

Pöppel, E. (Hrsg.) (1989). Gehirn und Bewusstsein. Weinheim: VCH.

Popper, K. R. (1994). Alles Leben ist Problemlösen. Über Erkenntnis, Geschichte und Politik. München: Piper.

Prasch, P. (2004). Früh übt sich das Sprachgenie. In: Spektrum der Wissenschaft, 3, 20–21.

Pribram, K. (1979). Hologramme im Gehirn. In: Psychologie heute, 10, 32–42.

Pritzel, M./Brand, M./Markowitsch, H. J. (2003). Gehirn und Verhalten. Ein Grundkurs der physiologischen Psychologie. Heidelberg: Spektrum Akademischer Verlag.

Ramachandran, V. S./Hubbard, E. M. (2003a). Hearing Colors, Tasting Shapes. In: Scientific American, 5, 43–49.

Ramachandran, V. S./Hubbard, E. M. (2003b). Blauer Dienstag, duftende Fünf. In: Gehirn&Geist 5, 59–65.

Restak, R. M. (1981). Geist, Gehirn und Psyche. Psychobiologie: Die letzte Herausforderung. Frankfurt: Umschau.

Riedl, R. (1976). Die Strategie der Genesis. München: Piper.

Riedl, R. (1994). Mit dem Kopf durch die Wand. Die biologischen Grenzen des Denkens. Stuttgart: Klett-Cotta.

Röbe, E. (1998). Neue didaktische Wunderwelt – ein pädagogischer Kommentar. In: Freund, J. et al.: Guter Unterricht – was ist das? Aspekte von Unterrichtsqualität. Wien: ÖBV, 243–268.

Roland, P./Hadjikhani, N. (2000). Manche Menschen rechnen farbig oder sehen Töne – Das Phänomen der Synästhesie. In: Psychotherapie, Bd. 1, Report: 2. August 2000.

Rondi-Reig, L./Mariani, J. (2003). Mehr Masse, mehr Klasse? In: Spektrum der Wissenschaft Spezial, 5, 28–29.

Roney, J. R. (2004). Diktat der Hormone. In: Spektrum der Wissenschaft, 1, 8.

Roth, G. (1996). Das Gehirn und seine Wirklichkeit. Frankfurt: Suhrkamp.

Roth, G. (2002a). Autonomie des Handelns und Willensfreiheit aus der Sicht der Hirnforschung. In: Quart, 1, 4–9.

Roth, G. (2002b). Gleichtakt im Neuronennetz. In: Gehirn&Geist, 1, 38–46.

Roth, G./Prinz, W. (Hrsg.) (1996). Kopf-Arbeit. Gehirnfunktionen und kognitive Leistungen. Heidelberg: Spektrum Akademischer Verlag.

Rothenberger, A./Banaschewski, T. (2004). Hilfe für den Zappelphilipp. In: Gehirn&Geist, 3, 54–61.

Sabbatini, R. M. E. (2001). The Evolution of Intelligence. Part 5: Language and Evolution. In: www.epub.org.br/cm/n12/mente/evolution/.

Sacks, O. (1990). Der Mann, der seine Frau mit einem Hut verwechselte. Reinbek bei Hamburg: Rowohlt.

Sagan, C. (1978). Die Drachen von Eden. Das Wunder der menschlichen Intelligenz. München: Droemer.

Sakmann, B. (o. J.). Möglichkeiten des Gehirns nutzen. In: http://www.mpimf-heidelberg.mpg.de.

Samac, K. (2001). Schulleistungen werden durch Edu-Kinestetik nicht besser. In: Forschungs- und Entwicklungsarbeit an der PA Krems, Bd. 1, 69–82.

Sandmeier, I. (2002). Zum Umgang mit Linkshändigkeit. Unveröffentlichte Diplomarbeit. Linz. Pädagogische Akademie der Diözese Linz.

Sandmeyer, P./Sadre-Chirazi-Stark, M. (2004). Ötzis Erbe. In: Gehirn&Geist, 2, 38–42.

Sandyk, R. (1992). Brief communication: Alpha rhythm and the pineal gland. In: International Journal of Neuroscience, 64, 221–227.

Sandyk, R. (1994). Rapid normalization of visual evoked potentials by picotesia range magnetic fields in chronic progressive multiple sclerosis. In: International Journal of Neuroscience, 77, 243–259.

Sandyk, R./Anninos, P. (1992). Magnetic fields alter the circadian periodicity of seizures. In: International Journal of Neuroscience, 63, 265–274.

Sapolsky, R. (2002). The Loveless Man. In: Scientific American, 11, 78–79.

Schachl, H. (1991). Lernen ohne Angst. Mehr Freude und Erfolg in der Schule. Wien: Bundesministerium für Unterricht und Kunst.

Schachl, H. (1992). Natürliche Intelligenz als Basis für Künstliche Intelligenz. In: IST-News, 2.

Schachl, H. (2004). Das lernende Gehirn. Skriptum an der Pädagogischen Akademie der Diözese Linz.

Schachl, H. (2004). Geist und Gehirn. Skriptum an der Pädagogischen Akademie der Diözese Linz.

Schedlowski, M. (1994). Stress, Hormone und zelluläre Immunfunktionen. Ein Beitrag zur Psychoneuroimmunologie. Heidelberg: Spektrum Akademischer Verlag.

Schmid, A. (2003). Fehler helfen lernen. In: bild der wissenschaft, 6, 62–65.

Schmidt, O. (2002). Nachwuchs im Gehirn. In: Gehirn&Geist, 4, 86–87.

Schmidt, R. F./Schaible, H.G. (Hrsg.). (2000). Neuro- und Sinnesphysiologie. 4. überarb. Aufl., Berlin: Springer.

Schneider, W. (2001). In Sandstein gemeisselt. In: Neue Zürcher Zeitung, Folio, 12, 73–78.

Schubert, F. (2004). Die Kunst des Selbstzweifels. In: Spektrum der Wissenschaft, 6, 14–15.

Schulter, G./Papousek, I. (1995). EEG-Asymmetrischen als Indikatoren funktionaler Spezialisierung der Großhirnhemisphären. In: Jirasko, M./Glück, J./Rollett, B. (Hrsg.) Psychologische Forschung in Österreich: Universität Wien: Institut für Psychologie.

Schumacher, K. (2003). Nach dem Rave kommt der Hirnschaden. In: Spektrum der Wissenschaft, 3, 8–9.

Seche, A. (2000). Hier denken zwei Gehirne. In: PM, 4, 76–81.

Segalowitz, S. J./Unsal, A./Dywan, J. (1992). Cleverness and Wisdom in 12-Year-Olds: Electrophysiological Evidence for Late Maturation of the Frontal Lobe. In: Developmental Neuropsychology, 2&3, 279–298.

Seidler, H. (1991). Wissen und Ignoranz – das Dilemma der Evolution zum Homo sapiens. Wien: Picus.

Selkoe, D. J. (1992). Alterndes Gehirn – alternder Geist. In: Spektrum der Wissenschaft, 11, 124–132.

Sesin, C.-P. (2002). Künstliche Künstler. In: Gehirn&Geist, 2, 52–53.

Shatz, C. J. (1992). Das sich entwickelnde Gehirn. In: Spektrum der Wissenschaft, 11, 44–52.

Siegel, J. (2004). Warum schlafen wir? In: Spektrum der Wissenschaft, 1, 30–35.

Singer, W. (2001). Das Ende des freien Willens? In: Spektrum der Wissenschaft, 2, 72–75.

Sonnenschmidt, R./Knauss, H. (1995). Musik-Kinesiologie. Kreativität ohne Stress im Musikerberuf. Freiburg: Verlag für Angewandte Kinesiologie.

Sowell, E. (2004). Zappelphilippe mit Hirnveränderungen. In: Gehirn&Geist, 1, 10.

Spengler, A. (2004). Unzulässig verkürzte Betrachtungsweise. In: Gehirn&Geist, 3, 6.

Spitzer, M. (2002). Lernen. Gehirnforschung und die Schule des Lebens. Heidelberg: Spektrum Akademischer Verlag

Springer, S. P./Deutsch, G. (1998). Linkes Rechtes Gehirn. 4. Aufl., Heidelberg: Spektrum Akademischer Verlag.

Stein, D. G./Brailowsky, S./Will, B. (2000). Brain-Repair. Das Selbstheilungspotential des Gehirns. Stuttgart: Thieme.

Steriade, M./Jones, E./Linas, R. (1990). Thalamic oscillations and signaling. New York: John Whiley & Sons.

Streri, A. (2004). Wie wir lernen, die Welt zu begreifen. In: Spektrum der Wissenschaft, 2, 52–57.

Stürmer, C. A. O. (1992). Regeneration von Nervenfasern im Sehsystem. In: Spektrum der Wissenschaft, 6, 40–49.

Tattersall, I. (2002). Wie der Mensch das Denken lernte. In: Spektrum der Wissenschaft, 4, 56–63.

Tattersall, J. (2000). Wir waren nicht die Einzigen. In: Spektrum der Wissenschaft, 3, 44–51.

Teicher, M. H. (2002). Scars that won't heal: The Neurobiology of Child Abuse. In: Scientific American, 3, 54–61.

Teml, H. und H. (1991). Komm mit zum Regenbogen. Phantasiereisen für Kinder und Jugendliche. Linz: Veritas.

Temml, C. (1993). Stress im Lehrberuf. Eine österreichweite Studie. Wien: Gewerkschaft Öffentlicher Dienst.

Trepel, M. (2004). Neuroanatomie. Struktur und Funktion. 3. überarb. Aufl., München: Urban & Fischer.

Urban, M. (2004). Missverständnisse. In: Spektrum der Wissenschaft, 5, 80–82.

Vaas, R. (2000). Die sprechenden Affen von Atlanta. In: bild der wissenschaft, 8, 36–41.

Vaas, R. (2001). Sprechen macht stark. In: bild der wissenschaft, 2, 22–30.

Vaas, R. (2002). Das neue Bild des Menschenaffen. In: bild der wissenschaft, 3, 36–46.

Vester, F. (1980). Denken, Lernen, Vergessen. Stuttgart: dtv.

Vester, F. (1984). Denken, Lernen, Vergessen. Stuttgart: dtv.

Vucsina, S. (1996). Deutsch anders unterrichten. Themen – Texte – Arbeitsblätter. Linz: Veritas.

Wagner-Oswald, U. (2003). Mit dem Willen Wunder schaffen. ARD-Film am 8. 10. 2003.

Walde, B. (2003). Ein Fingerschnipsen ist noch keine Partnerwahl. In: Gehirn&Geist, 2, 14–15.

Wanner, I./Vaas, R. (1995). Signalvorverarbeitung durch Dendriten im Kleinhirn. In: Spektrum der Wissenschaft, 6, 26–30.

Warnke, F./Hanser, H. (2004). Nachhilfe ade? In: Gehirn&Geist, 1, 64–67.

Washburn, S. L. (1985). Die Evolution des Menschen. In: Spektrum der Wissenschaft Evolution, 175–180.

Weinberg, S. (1978). Die ersten drei Minuten. Der Ursprung des Universums. München: Piper.

Weinberg, S. (1995). Leben und Kosmos. In Spektrum der Wissenschaft Spezial, Leben und Kosmos, 6–12.

Weinert, F. E. (1995). Die Entwicklung des menschlichen Gedächtnisses im Kindesalter: Differentialpsychologische Perspektive. In: Dörner, D./van der Meer, E. (Hrsg.). Das Gedächtnis. Probleme – Trends – Perspektiven. Göttingen: Hogrefe.

Whiten, A./Boesch, C. (2001). The Cultures of Chimpanzees. In: Scientific American, 1, 49–55.

Wilson, A. C./Cann, R. L. (1992). Afrikanischer Ursprung des modernen Menschen. In: Spektrum der Wissenschaft, 6, 72–87.

Winson, J. (1986). Auf dem Boden der Träume. Die Biologie des Unbewussten. Weinheim: Beltz.

Wong, K. (2003a). An Ancestor to Call Our Own. In: Scientific American, 1, 42–51.

Wong, K. (2003b). Stranger in a New Land. In: Scientific American, 11, 54–63.

Zänker, K. S. (Hrsg.) (1991). Kommunikationsnetzwerke im Körper. Psychoneuroimmunologie – Aspekte einer neuen Wissenschaftsdisziplin. Heidelberg: Spektrum Akademischer Verlag.

Stichwortverzeichnis

Bildnachweis

Bentelli Verlags AG, Wabern: 46

Breneis, Helmut, Linz: 5, 10, 12, 13, 14/1, 19/1, 19/2, 21, 22/2, 23/2, 25/1, 25/2, 41, 75/2, 78, 95, 99, 100, 101, 115, 132, 144, 148

Prunner, Irene, Krieglach: 14/2, 15/1, 15/2, 18, 20/1, 20/2, 22/1, 23/1, 24, 35, 36, 45, 50, 52/1, 52/2, 55, 59, 68, 70, 73, 75/1, 76, 79, 84, 96, 134, 135

Schachl, Hans, St. Georgen/Attergau: 44